Das Buch zur Fußball-WM

GERMANY 2006

Redaktion:
Volker Kluge
Brigitte Zimmermann, Gabriele Kluge,
Wolfgang Richter, Manfred Hönel

Fotos:
dpa Picture-Alliance GmbH

Erschienen:
am 14. Juli 2006,
fünf Tage nach Ende der Fußball-WM

Das Neue Berlin

Monica Lierhaus

GERMANY 2006

Das Buch zur Fußball-WM
The Football World Cup Book

Inhaltsverzeichnis
Contents

Freude, Heiterkeit, Emotionen
Joy, Fun, Emotion

Was Deutschland bei dieser Weltmeisterschaft leistet, ist sensationell. Das betrifft Atmosphäre und Logistik. Teams und Schiedsrichter werden gut betreut, die Stadien funktionieren perfekt. Dies ist die beste Weltmeisterschaft aller Zeiten. Noch nie ist ein Event so emotional und global dargestellt worden.

Germany's achievement at this World Cup is sensational. That goes for the atmosphere and the logistics. The teams and match officials are well looked after, the stadia function perfectly. This is the best World Cup of all time. Never has an event been presented so emotionally and globally.

Joseph S. Blatter
FIFA-Präsident
President, FIFA

Besser kann es nicht laufen. Ich empfinde im Moment nur Dankbarkeit. Unseren Slogan »Die Welt zu Gast bei Freunden« umzusetzen, ist uns ganz gut gelungen.

It couldn't be better. All I feel at the moment is gratitude. We have managed to successfully realise our slogan »A time to make friends«.

Franz Beckenbauer
Chef des Organisationskomitees
Chair of Organising Committee

Man lernt im Leben ständig dazu. Wir haben gelernt, wie es ist zu gewinnen. Jetzt haben wir gelernt, wie es ist zu verlieren.

In life you are always learning. We have learned what it's like to win. Now we've learned what it's like to lose.

Robinho
Spieler Brasiliens
Brazil, player

Das war eine tolle Weltmeisterschaft mit einer phantastischen Atmosphäre.

This was a great World Cup with a fantastic atmosphere.

Emmanuel Sheyi Adebayor
Spieler von Togo
Togo, player

Fußball ist das Heraustreten aus dem versklavten Ernst des Alltags in den freien Ernst dessen, was nicht sein muß und deshalb so schön ist.

Football means stepping out of everyday life, which one is forced to take seriously, into something one takes seriously without being forced to - and that is why it is so beautiful.

Papst Benedikt XVI.
Pope Benedict XVI

Die ganze Mannschaft meines Landes hat sich in Deutschland absolut wohlgefühlt.

The whole team from my country felt absolutely at home in Germany.

Guy Demel
Spieler der Elfenbeinküste
Ivory Coast, player

Ich finde gut, daß ich nicht mehr der einzige bin mit einer Flagge am Auto.

I like the idea that I'm no longer the only one with a flag on my car.

Horst Köhler
Bundespräsident
German Federal President

GERMANY 2006

Deutschland richtet die WM aus. Auch Bayern gibt bei der Eröffnung in München eine gute Figur ab.

Germany hosts the World Cup. Bavaria too shows itself to best advantage in Munich.

GERMANY 2006

Hochmodisch: Fußballgucken in Gemeinschaft. Fans feiern auf Kölns Heumarkt ein deutsches Elfmetertor.

High fashion: communal viewing. Fans at Cologne's Heumarkt celebrate a converted German penalty.

Coca-Cola
adidas
BALLACK

Duell in Dortmund: Das Finale vor Augen, kämpfen Kehl, Ballack und Totti um den Ball. Italien schafft es.

Duel in Dortmund: with their eyes on a place in the final, Kehl, Ballack and Totti fight for the ball. Italy gets there.

GERMANY 2006

Fußball und Kommerz sind nicht zu trennen. Hier aber rettet Frankreichs Torwart Barthez vor brauner Brause.

Football and commerce are inseparable. Goalkeeper Barthez saves against a soft drink background.

HYUNDAI
adidas

GERMANY 2006

Nicht alle Elfmeterschüsse fliegen so formvollendet ins Tor wie der des Ukrainers Gussew gegen die Schweiz.

Not all penalty shots fly so perfectly into the goal as this one by the Ukrainian Gusev against Switzerland.

kuffour
4
e.addo
18

TOSHIBA
FUJIFILM
Gillette
McDonald's

GERMANY 2006

Nur Fußball spielen ist schöner als fliegen: Ghanas Abwehr im Luftkampf.

Only football is better than flying: Ghana's defence in an aerial battle.

GERMANY 2006

Public Viewing:
Wie in der »adidas arena« vor dem Reichstag in Berlin werden in vielen deutschen Städten Spiele öffentlich übertragen.
Nächste Seiten: Olympiastadion Berlin – Ort des WM-Finales.

Just like in the »adidas arena« in front of the Reichstag in Berlin, games are being shown on television in the open air in many German towns and cities. Next pages: the Olympic Stadium in Berlin – venue for the World Cup Final.

PHILIPS
AVAYA
TOSHIBA
FUJIFILM
AVAYA
i'm lovin' it

Doppelreihe kontra Mauer: Portugals Team stellt sich für die Fotografen in Positur.

Double row against the wall: Portugal's team in position for the photographers.

16
17
19
13
1089
394
640
435
1019
408
132
221

Monica Lierhaus

Vier Wochen, die ein Land veränderten

Ein letztes Mal wird vor dem Brandenburger Tor in Berlin die deutsche Mannschaft gefeiert: Vor über einer halben Million Menschen interviewt ARD-Sportmoderatorin Monica Lierhaus in einer gemeinsamen Sendung mit dem ZDF den Torschützenkönig dieser Weltmeisterschaft, Miroslav Klose.

The German team is applauded one last time at the Brandenburg Gate in Berlin: in front of over half a million people ARD sports presenter Monica Lierhaus interviews in a joint programme with ZDF the top scorer at this World Cup, Miroslav Klose.

Hinter uns liegen vier Wochen, die nicht so schnell zu vergessen sind. Sie waren angefüllt mit Fußball auf hohem Niveau und begleitet von einer Euphorie, die kein Meinungsforschungsinstitut vorausgesagt hatte. Sie waren voller Leichtigkeit, wozu auch das für deutsche Verhältnisse außergewöhnlich gute Wetter beitrug. Selbst das hat Franz Beckenbauer noch perfekt »organisiert«.

Aber es waren auch vier Wochen, in denen man viel über unser Land erfahren konnte und die uns Gelegenheit gaben, uns selbst noch besser kennenzulernen. Das Lob unserer Gäste für die großartige Weltmeisterschaft war einhellig.

Die Themen des Alltags, zwar nicht vergessen, rückten vorübergehend in den Hintergrund: Deutschland als Sanierungsfall, die besorgniserregende Massenarbeitslosigkeit, Globalisierungsängste, die aus den Fugen geratene demographische Entwicklung, die Existenz von angeblichen oder tatsächlichen No-Go-Areas, vor deren Besuch man die WM-Gäste gewarnt hatte. Kein Lamento, nirgends. Zufall oder Berechnung? Aus Nürnberg wurde gemeldet, daß sich im Juni die Lage auf dem Arbeitsmarkt gebessert hatte. 138 000 Arbeitslose weniger als im Vormonat wurden registriert. Wohin man schaute: Nur kollektive Freude. Fußball als verbindendes Element. Menschen, die begeisterungsfähig waren und sogar Leidenschaft entwickelten, die wir sonst nur Bewohnern der südlichen Regionen zubilligen.

Dazu gehörte die Entdeckung des Public Viewing, des öffent-

Four weeks that changed a country

Behind us now are four unforgettable weeks. They were filled with football of a high standard, and accompanied by a euphoria which no public opinion pollsters had predicted. They were full of lightness, to which the good weather contributed. Even that was perfectly »organised« by Franz Beckenbauer.
But these were also four weeks in which it was possible to learn a lot about our country and which gave us the chance to get to know ourselves better. Our guests' praise for a tremendous World Cup was unanimous and increased our ability to realise just how much we were capable of achieving.

Erinnerungswürdig – die Ergebnisse des deutschen Teams.
Ganz oben: Glückliches Italien: Der vierte WM-Titel der Geschichte ist errungen. Kapitän Fabio Cannavaro zeigt den Weltpokal voller Stolz.

Well worth remembering – the German team's results.
Above: happy Italy: their fourth-ever World Cup title has been achieved. Team captain Fabio Cannavaro proudly displays the World Cup.

lichen Fernsehens auf Großbildleinwänden, vor denen sich Hunderttausende einfanden, die bei der Ermittlung der TV-Quoten, die mit jeder Runde höher wurden, nicht einmal berücksichtigt werden konnten. 29,66 Millionen Menschen sollen das Halbfinalspiel zwischen Deutschland und Italien gesehen haben. – Kaum zu glauben, daß die übrigen 52 Millionen nicht ebenfalls am Fernsehgerät zuschauten.
Es war ein Mentalitätswandel, der in diesen vier Wochen stattfand und der mit dem Auftreten der deutschen Mannschaft zusammenhing. Mit ihrer Absage an den Kampf- und Krampffußball früherer Turniere hin zum freudvollen, scheinbar mühelosen Spiel, als ob es um nichts ginge. Groß der Gegensatz auch zum blasierten Zweckfußball der Brasilianer, die an Ausstrahlung verloren und verdientermaßen vorzeitig ausscheiden mußten. Es war die Kreativität, die über die Routine der Etablierten triumphierte.
Wer erinnert sich nicht, wie Jürgen Klinsmann belächelt wurde, als er sein Ziel öffentlich machte: die Erringung des vierten deutschen Weltmei-

stertitels, für den es am Ende jedoch nicht ganz gereicht hat. Doch das war ja wohl immer mehr eine Hoffnung als eine Erwartung. Dennoch hat der in Kalifornien lebende Bundestrainer das Unrealistische realistisch werden lassen. Was gestandene Kollegen nach dem Rücktritt von Teamchef Rudi Völler abschreckte, begriff er als Herausforderung, obwohl er in seinem neuen Amt genauso unerfahren war wie sein Team, für dessen langfristigen Aufbau ihm keine Zeit gegönnt wurde. Der unabhängige Geist Klinsmann, der als Retter in der Not kam, suchte sich seine eigene Truppe – junge Spieler, mit denen er gegen Spitzenmannschaften demütigende Lehrstunden erleben mußte. Unbeirrt und mit Energie hielt er an seiner Linie fest und beschämte damit das große Heer der Nörgler. Der Weg, den er ging, war riskant, aber der Erfolg, den er mit dem Einzug seiner Mannschaft in das »kleine Finale« feiern durfte, hat ihn dafür belohnt.
Klinsmann ließ sich nicht einbinden, leistete sich den Luxus einer eigenen Meinung und hat dabei – wie sich jetzt zeigt – alles richtig gemacht. Letztlich war es die Leistung seiner Mannschaft, die überzeugte. Teamgeist statt Intrigantenstadl – »Seid nett zueinander« hieß seine Devise, mit der er sogar unerbittliche Rivalen und Streithähne versöhnte. Es war eine berührende Szene, als die bisherige Nummer eins im Tor, Oliver Kahn, vor dem Elfmeterschießen gegen Argentinien zu Jens Lehmann ging, um ihm Glück zu wünschen.
Mit ihrem Offensivfußball spielten sich die »Klinsmänner« in die Herzen der Fans, und schließlich besaß die Mannschaft auch die nötige innere Gelassenheit, um den großen Druck, den ein solches Heimspiel stets hervorbringt, auszuhalten.
Zu Recht hatte man von den Deutschen erwartet, daß sie diese 18. Weltmeisterschaft zur Zufriedenheit des Fußball-Weltverbandes und der Zuschauer ausrichten würden, und tatsächlich klappte die Organisation wie am Schnürchen. Rund 3,3 Millionen Tickets wurden verkauft, was im Durchschnitt 52 000 Zuschauern pro Spiel entsprach. Von den 64 Spielen gab es nur vier, bei denen einige wenige Plätze frei blieben. Damit wurde der Zuschauerrekord von 1994, als die WM in den USA stattfand, wo aber größere Arenen zur Verfügung standen, nahezu erreicht. Zum reibungslosen Funktionieren

Vier Jahre vor der nächsten WM ist Afrika schon an der Spitze: Kenias Kicker gewinnen vor 2500 Zuschauern auf dem Mariannenplatz in Berlin-Kreuzberg die ersten Weltmeisterschaft im Straßenfußball gegen Südafrika mit 4:3 im Elfmeterschießen.
Ganz oben: einen Klasse-Job gemacht: Jürgen Klinsmann und Kapitän Michael Ballack.
Rechts: Festliches Finale im Berliner Olympiastadion.

Four years before the next World Cup already at the top: in front of 2500 spectators on the Mariannenplatz in Berlin-Kreuzberg Kenya's footballers win the first Street Football World Championship against South Africa by 4:3 on penalties.
Top: a job well done: Jürgen Klinsmann and team captain Michael Ballack.
Right: festive final in the Berlin Olympic Stadium.

trugen vor allem auch die 15 000 freiwilligen Helfer bei, die das Organisationskomitee unter 50 000 Kandidaten aus mehr als 160 Ländern ausgesucht hatte.
Ohne staatliche Hilfen könnte ein Sportereignis dieser Größenordnung in Deutschland nicht stattfinden. Deshalb seien auch die Leistungen von Bund und Ländern nicht vergessen, die der Verbesserung der Infrastruktur dienten. Es war eine Menge Geld, das insbesondere in die Sanierung der Stadien gesteckt wurde. Fast jeder erinnert sich, daß wenige Wochen vor Beginn der WM eine Diskussion über die dort angeblich vorhandenen Sicherheitsmängel entfacht wurde.
Es waren die Fanfeste in den zwölf WM-Städten, die die Weltmeisterschaft in die Citys brachten, die einen beispiellosen Ansturm erlebten. So mußte die Berliner »Fan-Meile« zwischen Brandenburger Tor und Siegessäule, die für 750 000 Personen ausgelegt war, mehrfach wegen Überfüllung geschlossen werden. Besonders nach dem deutschen Sieg im Viertelfinale schien es, als wäre die Freude kaum noch steigerbar. Dann entschloß sich die Stadt sogar, die Kapazität nochmals zu erweitern, um im Halbfinale 900 000 Menschen unmittelbar am Begeisterungstaumel teilnehmen zu lassen. Eine solche Ansammlung bringt freilich auch Risiken mit sich. Umso schöner war es, daß die Polizei keine größeren Zwischenfälle zu melden brauchte. Das Sicherheitskonzept funktionierte – auch ohne Panzer vor den Stadien. Mit Ausnahme weniger Hooligans und eines Amokfahrers respektierte die breite Masse das oberste Gebot: Kein Foul am Mitmenschen! Um gewaltfreie Spiele zu erleben, sind die Fans auch bereit, Einschränkungen hinzunehmen und sich notfalls mal abtasten zu lassen.
Viel war in diesen Wochen die Rede von einem neuen oder auch »gesunden« Patriotismus, den manche Politiker zu entdecken glaubten. Es mag sein, daß der unverkrampfte Umgang mit unseren staatlichen Symbolen bei dem einen oder anderen ein Stück mehr an Vaterlandsliebe ausgelöst haben könnte, doch als nationaler Kitt in Krisenzeiten taugt die Fußballbegeisterung erfahrungsgemäß nicht. Deswegen hatten wohl eher diejenigen recht, die für die übermütige Beflaggung das Wort »Partyotismus« erfanden. Wer sich unter die Fans mischte, für den war es schwer, sich dieser guten Laune zu entziehen. Das war Ausgelassenheit pur, ein völlig neues Wir-Gefühl und Ausdruck dafür, daß ein Land bedingungslos und geschlossen hinter seiner Mannschaft steht.
Dabei fehlte es nicht an nachdenklichen Stimmen wie jener von Autor Daniel Kehlmann (»Die Vermessung der Welt«), der vor einem unreflektierten Patriotismus warnte. Um in der Sprache des Fußballs zu bleiben: Vor Abstaubern ist niemand gefeit. Doch es gibt eine große Koalition ehrlicher Fußballanhänger, die mit Leuten, die das Gift des Nationalismus und der Fremdenfeindlichkeit unters Volk tragen wollen, nichts am Hut haben. Das bewies auch der Beifall für den Aufruf der FIFA gegen Rassismus und Diskriminierung, der von den Mannschaftskapitänen vor Beginn der Viertelfinalspiele vorgetragen wurde. Und es kam wohl nicht von ungefähr, daß sich die NDP veranlaßt sah, ihren für den 1. Juli in München geplanten Aufzug abzusagen.
»Die Welt zu Gast bei Freunden« – das war ein anspruchsvolles Motto, das unser Land weltweit vier Wochen lang in den Blickpunkt des Interesses rückte. Wir sind dem Motto gerecht geworden. ■

Finale

Italien - Frankreich 1:1 (5:3 n. E.)

Spiel um Platz 3

Deutschland - Portugal 3:1

Halbfinale

Deutschland - Italien 0:2 n. V.	Portugal - Frankreich 0:1

Viertelfinale

Deutschland - Argentinien 1:1 (4:2 n. E.)	Italien - Ukraine 3:0	England - Portugal 0:0 (1:3 n. E.)	Brasilien - Frankreich 0:1

Achtelfinale

Deutschland - Schweden 2:0 Argentinien - Mexiko 2:1 n. V.	England - Ekuador 1:0 Portugal - Niederlande 1:0	Italien - Australien 1:0 Schweiz - Ukraine 0:0 (0:3 n. E.)	Brasilien - Ghana 3:0 Spanien - Frankreich 1:3

Vorrunde

Gruppe A		
Deutschland	8:2	9
Ekuador	5:3	6
Polen	2:4	3
Costa Rica	3:9	0
Deutschland - Costa Rica	4:2	
Polen - Ekuador	0:2	
Deutschland - Polen	1:0	
Ekuador - Costa Rica	3:0	
Ekuador - Deutschland	0:3	
Costa Rica - Polen	1:2	

Gruppe B		
England	5:2	7
Schweden	3:2	5
Paraguay	2:2	3
Trinidad/Tobago	0:4	1
England - Paraguay	1:0	
Trinidad/Tobago - Schweden	0:0	
England – Trinidad/Tobago	2:0	
Schweden - Paraguay	1:0	
Schweden - England	2:2	
Paraguay – Trinidad/Tobago	2:0	

Gruppe C		
Argentinien	8:1	7
Niederlande	3:1	7
Elfenbeinküste	5:6	3
Serbien-Montenegro	2:10	0
Argentinien - Elfenbeinküste	2:1	
Serbien-Mont. - Niederlande	0:1	
Argentinien – Serbien-Mont.	6:0	
Niederlande - Elfenbeinküste	2:1	
Niederlande - Argentinien	0:0	
Elfenbeinküste – Serbien-M.	3:2	

Gruppe D		
Portugal	5:1	9
Mexiko	4:3	4
Angola	1:2	2
Iran	2:6	1
Mexiko - Iran	3:1	
Angola - Portugal	0:1	
Mexiko - Angola	0:0	
Portugal - Iran	2:0	
Portugal - Mexiko	2:1	
Iran - Angola	1:1	

Gruppe E		
Italien	5:1	7
Ghana	4:3	6
Tschechien	3:4	3
USA	2:6	1
USA - Tschechien	0:3	
Italien - Ghana	2:0	
Tschechien - Ghana	0:2	
Italien - USA	1:1	
Tschechien - Italien	0:2	
Ghana - USA	2:1	

Gruppe F		
Brasilien	7:1	9
Australien	5:5	4
Kroatien	2:3	2
Japan	2:7	1
Australien - Japan	3:1	
Brasilien - Kroatien	1:0	
Japan - Kroatien	0:0	
Brasilien - Australien	2:0	
Japan - Brasilien	1:4	
Kroatien - Australien	2:2	

Gruppe G		
Schweiz	4:0	7
Frankreich	3:1	5
Südkorea	3:4	4
Togo	1:6	0
Südkorea - Togo	2:1	
Frankreich - Schweiz	0:0	
Frankreich - Südkorea	1:1	
Togo - Schweiz	0:2	
Togo - Frankreich	0:2	
Schweiz - Südkorea	2:0	

Gruppe H		
Spanien	8:1	9
Ukraine	5:4	6
Tunesien	3:6	1
Saudi-Arabien	2:7	1
Spanien - Ukraine	4:0	
Tunesien - Saudi-Arabien	2:2	
Saudi-Arabien - Ukraine	0:4	
Spanien - Tunesien	3:1	
Ukraine - Tunesien	1:0	
Saudi-Arabien - Spanien	0:1	

Finale

The Final

Das Objekt der Begierde ist 36,8 cm hoch, wiegt 6,175 kg und besteht aus 18karätigem Gold: der FIFA-Weltcup. Für die WM von 1974 von dem italienischen Bildhauer Silvio Gazzaniga geschaffen, wurde die begehrteste Sporttrophäe der Welt zum neunten Mal vergeben. Sie ging an Italien, das Frankreich im Finale der 18. Fußball-Weltmeisterschaft im Berliner Olympiastadion nach einem 1:1-Unentschieden in der Verlängerung durch ein 5:3 im Elfmeterschießen bezwang.

The object of desire is 36.8 cm high, weighs 6.175 kg and is made of 18-carat gold: the FIFA World Cup. Created for the 1974 World Championships by the Italian sculptor Silvio Gazzaniga, the most coveted sports trophy in the world was awarded for the ninth time. It went to Italy who in the final of the 18th World Cup at Berlin's Olympic Stadium defeated France – the score following extra time being still 1:1 – by 5:3 in the penalty shoot-out.

Glanz und Elend eines Finales

Rainer Kalb

Es hätte sein großer Abgang werden sollen. Den Weltpokal in den Händen wollte Zinedine Zidane nach 108 Länderspielen, nach zwölf Jahren in der »Equipe tricolore« seine Karriere beenden. Doch es kam ganz, ganz anders. Als Frankreich das WM-Finale gegen Italien in Berlin mit 3:5 im Elfmeterschießen verlor, war Zidane, der in seinen Hoch-Zeiten das Fußballspiel wie kein anderer prägte, schon nicht mehr auf dem Feld.

Und das kam so: Nach der regulären Spielzeit hatte es 1:1 gestanden. In der 18. Minute der Verlängerung lief Zidane nach einem Angriff zurück, vorbei an Marco Materazzi, kehrte nach vier Metern um und versetzte dem Italiener einen heftigen Kopfstoß gegen die Brust. Hatte der Italiener ihn grob beleidigt? Es war nach dem Abpfiff nicht in Erfahrung zu bringen; die Spieler und Verantwortlichen hielten dicht. Zidane ignorierte, wie üblich, die Verpflichtung, sich den Medien zu stellen.

Der argentinische Schiedsrichter Horacio Elizondo, der auch schon das Eröffnungsspiel leitete, hatte diese Attacke ebenso wie seine beiden Assistenten nicht gesehen. Es war der vierte Schiedsrichter, jener am Spielfeldrand, der Meldung machte. Luís Medina Cantalejo (Spanien) aktivierte sein Funkgerät, und Elizondo blieb nichts anderes übrig, als Zidane Rot zu zeigen.

Ohne ihn eines Blickes zu würdigen, ging Zidane nur zwei Meter am Weltpokal vorbei und stieg die Stufen in die Katakomben des Berliner Olympiastadions hinab. Es war ein trauriger, beschämender Abgang eines Großen, der sich nicht beherrschen konnte.

Trotzdem: Es gab keine Vorwürfe, nur Zuspruch. David Trezeguet: »Die Reaktion von Zinedine, das sind Reaktionen, wie sie im Spiel immer wieder mal vorkommen. Wir werden uns jetzt nicht an diesem Platzverweis festbeißen. Wir kennen Zidane als Menschen, und ich kann nur sagen: Bravo und Merci! Zidane hat eine ganze Epoche geprägt.«

»Der Schiedsrichter war nicht auf unserer Seite«, resümierte ein sichtlich betroffener Raymond Domenech. Der Trainer der Franzosen regte sich darüber auf, daß der vierte

Schiedsrichter nicht auch in anderen Situationen seinen Mund aufgemacht hatte.

Dabei hatte es bereits einen Elfmeter für die Franzosen gegeben. Schon in der siebten Minute durfte Zidane, der Kapitän, positive Schlagzeilen schreiben. Nach einem Foulspiel von Materazzi an Florent Malouda zeigte Schiedsrichter Elizondo sofort auf den Punkt. Zidane trat, wie schon im Halbfinale gegen Portugal, erneut zum Elfmeter an. Doch dieses Mal wählte er gegen Italiens

Rainer Kalb

**1954. Nach seinem Germanistik- und Philosophiestudium absolvierte er ein verkürztes Volontariat bei der »Rheinischen Post« in Düsseldorf. Danach ein Jahr Sportredakteur in Mönchengladbach, ehe er 1980 in die Zentralredaktion des »Kicker« nach Nürnberg wechselte. Seit 1986 selbständig, als Autor hauptsächlich für den Sport-Informations-Dienst tätig. Ab 1979 Deutschland-Korrespondent von »France Football« und »L'Equipe«. Seit 1982 Berichterstatter von allen Welt- und Europameisterschaften.*

Glückliches Italien: Der vierte WM-Titel der Geschichte ist errungen.
Rechts: Zu Recht außer Rand und Band: italienische Fans auf der Fan-Meile in Berlin.

Happy Italy: their fourth world cup title is achieved.
Right: understandably over-excited: Italian fans on the Fan Mile in Berlin.

Weltklasse-Torwart Gianluigi Buffon eine neue Taktik, um zum Erfolg zu kommen.
Eine Taktik, die allerdings den Fans der französischen Mannschaft die Haare zu Berge stehen ließ. »Zizou« schnippelte den Ball mit dem rechten Fuß ins rechte Eck, während Buffon nach links tauchte. Der Ball flog im Bogen aufs Tor, streifte die Unterkante der Latte und schlug fast im Zeitlupentempo einen halben Meter hinter der Torlinie auf den Boden – Tor für Frankreich.
Zidane hatte zum sechsten Mal in seiner Karriere einen WM-Treffer erzielt. Als vierter Spieler nach den Brasilianern Pelé und Vavá sowie Paul Breitner traf er in zwei WM-Finals. Im 108. Länderspiel war es sein 31. Treffer. Er überholte damit Just Fontaine und Ex-Bayern-Profi Jean-Pierre Papin in der ewigen französischen Torjägerliste und reihte sich hinter David Trezeguet (32) auf Rang vier ein. Höher kann er nicht mehr klettern, denn da er mit 34 Jahren seine internationale Karriere beendet, kann sich die Disziplinarkommission der FIFA die Reisekosten nach Zürich sparen, um über eine Sperre zu beraten.
Beim 3:0-Triumph 1998 im Stade de France von Paris gegen die brasilianische »Seleção« war Zidane mit zwei Kopfballtoren der Wegbereiter, avancierte zum Superstar beim ersten WM-Erfolg der »Equipe tricolore«.
Doch diesem Endspiel seinen Stempel aufzudrücken tat Zidane sich schwer. Sobald der Ex-Real-Madrid-Regisseur im Ballbesitz war, wurde er von der aggressiven Defensiv-Abteilung der Azzurris attackiert. Zidane blieb bei der Ballannahme kaum Zeit zum Luftholen, schon waren die italienischen Widersacher bei ihm. Oft wurde er sogar von zwei Gegnern bedrängt.
Entsprechend hoch war Zidanes Fehlerquote und entsprechend gering sein Einfluß aufs Spiel. Die Mißverständnisse häuften sich. Dabei hatte der dreimalige Weltmeister Pelé, dessen Brasilianer im Viertelfinale nach einer Zidane-Gala die Segel streichen mußten, ihn vor dem Endspiel über den grünen Klee

Mit Glück und Können erzielt Zidane in der siebten Minute per Elfmeter das 1:0 für Frankreich.
Darunter: Das 1:1 von Materazzi: Er springt höher als Vieira und köpft ein, Totti und Cannavaro jagen ihn vor Freude.

With luck and skill Zidane scores a seventh minute penalty to make it 1:0 for France.
Below: Materazzi's equalizer: he outjumps Vieira and heads it in, Totti and Cannavaro race joyfully after him.

gelobt: »Er ist das leuchtende Beispiel des Fußballs.«
In der 53. Minute gab es endlich wieder einen Geniestreich der Marke Zidane. Mit einem herrlichen Paß bediente der 34jährige erneut Malouda, der von Gianluca Zambrotta elfmeterreif gestoppt wurde. Der Pfiff blieb diesmal aber aus.
Es war eine der wenigen starken Aktionen des kahlgeschorenen Supertechnikers im weiteren Spielverlauf. Nach einer knappen Stunde gab es dennoch erstmals verhalten »Zizou«-Sprechchöre von den französischen Schlachtenbummlern.
In der Verlängerung wäre er dann doch noch fast zur absoluten Lichtgestalt des Finals avanciert, doch Italiens Schlußmann Buffon parierte Zidanes Kopfball in der 104. Minute mit einer Klasseparade. Nur sechs Minuten später stand Zidane nicht mehr auf dem Platz.
Den Ausgleich hatte Italien nach nur 19 Minuten erzielt. Andrea Pirlo schlug von rechts eine Ecke vor Frankreichs Tor, und ausgerechnet Materazzi, der den Elfmeter verursacht hatte, wuchtete den Ball, als Vieira ihn unterlief, per Kopf zum 1:1 ins französische Netz.

Bis dahin hatten die 69 000 im Berliner Olympiastadion ein packendes Spiel gesehen. Schon nach 30 Sekunden stockte den französischen Fans, die ihre Spieler unverdrossen mit »Allez les Bleus« anfeuerten, obgleich Frankreich das Spiel in Weiß bestritt, der Atem. Thierry Henry mußte nach einem Zusammenprall mit Italiens Kapitän Fabio Cannavaro, der sein 100. Länderspiel bestritt, minutenlang

Eine Vorentscheidung: Zidane erhält nach Kopfstoß gegen Materazzi Rot und verläßt gesenkten Blicks den Platz. Ganz unten: Henry versucht sich als Artist. Nach einem Foul wird er länger behandelt (rechts) und später ausgewechselt.

Early decision: Zidane gets a red card after hitting Materazzi with his head and leaves the field without looking up. Below: Henry tries out his artistic talent. After a foul he receives extended medical attention (rigth) and is later substituted.

auf dem Rasen behandelt werden; der französische Torjäger war sichtlich benommen.
Nach dem Ausgleich verflachte die Partie. Die Italiener fanden zu ihrer Ordnung und Sicherheit zurück, was im Klartext heißt, sie verteidigten mit Mann und Maus, stellten die Räume zu und warteten auf eine Kontergelegenheit.
Die Franzosen betrieben ein aggressives Forechecking, was Kraft kostete. Zudem schlichen sich immer wieder Fehler ins Paßspiel ein. Manchmal herrschte auf den Rängen Friedhofsstille, manchmal ertönten auch »Deutschland, Deutschland«-Rufe. Sie waren Ausdruck der Sehnsucht nach jenem frischen Offensivfußball der Klinsmann-Truppe angesichts des langweiligen Rasenschachs, das im Finale geboten wurde.
Frankreich hatte nach dem Seitenwechsel mehr Spielanteile, ohne sich entscheidend in Szene setzen zu können. Die Verlängerung war ausgeglichen. In den letzten zehn Minuten spielte Frankreich ohne Zidane nur noch auf das Erreichen des Elfmeterschießens, während Italien in Überzahl versuchte, eben dieses zu vermeiden.
Die hochkarätigen Chancen in diesem Endspiel sind rasch aufgezählt. In der 35. Minute wurde Torjäger Luca Toni im letzten Moment von Frankreichs Rekordnationalspieler Lilian Thuram am erfolgreichen Torschuß gehindert. Er traf nach dem anschließenden Eckball mit einem Kopfball nur die Latte.

Pech hatte Toni in der 62. Minute, als ein Kopfballtor von ihm wegen einer Abseitsposition nicht anerkannt wurde.
In der Verlängerung verpaßte Ribery mit einem Flachschuß, der am rechten Pfosten vorbeistrich, knapp die erneute Führung der Franzosen. So

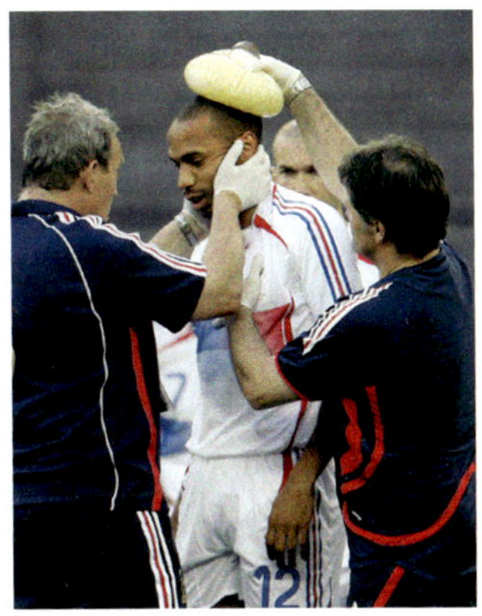

mußte das Elfmeterschießen entscheiden.
David Trezeguet, in der 100. Minute für Ribery eingewechselt, setzte den zweiten Strafstoß der Franzosen an die Unterkante der Latte. Da alle fünf Italiener trafen und der letzte Franzose nicht mehr anzutreten brauchte, sicherten sich die Azzuris ihren vierten Weltmeistertitel.
Zum zweiten Mal in der WM-Geschichte mußte ein Elfmeterschießen über den neuen Weltmeister entscheiden; 1994 hatte Italien in den USA gegen Brasilien verloren.
Den entscheidenden Elfmeter

verwandelte Fabio Grosso, der Italien gegen Deutschland kurz vor Ende der Verlängerung in Führung gebracht hatte.
Vor sechs Jahren hatte Trezeguet im EM-Finale in Holland gegen Italien das Golden Goal zum Gewinn der Europameisterschaft geschossen. Jetzt bescherte der Fehlschuß des Stürmers von Juventus Turin Italien die Weltmeisterschaft. Trezeguet mit Tränen in den Augen: »Elfmeterschießen sind eine Geschichte für sich. Ich bedaure nichts; schließlich habe ich Verantwortung übernommen. Der Schuß war einfach zu gut plaziert. Das haben mir auch meine Mitspieler gesagt, um mich zu trösten. Das Glück hat mich verlassen, aber das war schon während des gesamten Turniers so. Aber ich werde weiter meinen Kopf oben tragen. Wir haben geschlossener als die Italiener gespielt.«
Verteidiger William Gallas ergänzte: »Wir brauchen uns keine Vorwürfe zu machen. Wir haben bis zum Schluß gekämpft. Wir waren besser; das haben auch die Italiener gespürt. Das Schicksal hat sich die falsche Seite ausgesucht. Es war ein Endspiel, das auf des Messers Schneide stand.«
Die Italiener tobten ausgelassen wie Kinder auf dem Spielfeld herum. Mauro Camoranesi ließ sich noch auf dem Feld stutzen seine Haarpracht stutzen.

Das hätte die Führung für Frankreich sein können: Aber Buffon pariert den Kopfball von Zidane.
Unten: Immer noch fassungslos: die Franzosen bei der Ehrung als Vizeweltmeister.

That might have been the lead for France: but Buffon keeps Zidane's header out.
Below: still bewildered: the French at the awards ceremony for the losing finalists.

Claude Makelele und Trainer Raymond Domenech nahmen sich die Silbermedaillen gleich wieder ab. Domenech: »Wir haben nicht verloren, wir haben nur die Elfmeter nicht so geschossen, wie wir sie hätten schießen müssen. Ich kann damit nicht zufrieden sein, nur im Finale gestanden und kein Spiel verloren zu haben und dann doch nicht Weltmeister zu sein – die FIFA wertet das Endspiel ja als Unentschieden. Ich wollte gewinnen. Schade, daß uns Zidane in den letzten zehn Minuten gefehlt hat. Es gibt halt Situationen, wo einem die Sicherungen durchgehen. Ich kann die Sache nicht entschuldigen, aber trotzdem kann ich sie ein bißchen verstehen. Es war aber eine schlechte, völlig überflüssige Aktion. Ihm und uns allen tut es leid.«
Auch Franz Beckenbauer beschäftigte sich mit Zidane: »Irgendetwas muß man Zidane gesagt haben, denn er ist eigentlich ein eher zurückhaltender Mensch. Doch mit seiner Aktion hat er seine Mannschaft geschwächt. Wir wissen, wie sensibel Franzosen sind, wenn sie ihren Kapitän nicht mehr sehen. Es ist jammerschade, daß er aufhört und wir ihn nicht mehr erleben werden. Bei Bayern München würde er mit offenen Armen empfangen.«
Vor der Pokalübergabe wurde im Stadion der WM-Hit von 1990 gespielt, als Deutschland in Italien die Weltmeisterschaft gewann. Jetzt gewann Italien in Deutschland, und Gianna Nanini schlug mit ihrem »Italienischen Sommer« die Brücke.
Die Italiener konnten es gar nicht abwarten, bis FIFA-OK-Chef Lennart Johansson – FIFA-Präsident Joseph S. Blatter hatte es vorgezogen, auf der Tribüne zu bleiben – ihnen den Weltpokal überreichte. Immer wieder streichelten und küßten sie das Objekt der Begierde.
Trainer Marcello Lippi: »Ich habe schon die Champions League gewonnen, aber dies ist die Krönung der Karriere eines jeden Sportlers. Die Freude ist einfach riesig. Der Zusammenhalt der Mannschaft war einfach enorm. Sie hat sich durch nichts beeinflussen lassen. Ich persönlich widme diesen WM-Titel meiner Familie.«
Und Luca Toni jubelte: »Unglaublich, unbeschreiblich, spektakulär: Wir sind Weltmeister! Dieser Sieg gehört allen Italienern von Sizilien bis in die Lombardei. Wir haben Italien wieder vereint.« Konfettischnipsel flatterten in die Arena, ein Feuerwerk tauchte das jubelnde Areal in buntes Licht. Auf den Straßen Berlins sangen die Tifosi: »Campeone, Campeone« und »Adieu les Bleus«. ■

Italien – Frankreich 1:1 (1:1, 1:1), 5:3 n. E. Berlin, 9. Juli, 20 Uhr

Italien: *Buffon; Zambrotta, Cannavaro, Materazzi, Grosso; Camoranesi (86. Del Piero), Gattuso, Pirlo, Perrotta (61. Iaqunita); Totti (61. De Rossi); Toni*
Frankreich: *Barthez; Sagnol, Thuram, Gallas, Abidal; Makelele, Vieira (56. Diarra); Ribery (100. Trezeguet), Zidane (110. Rot), Malouda; Henry (107. Wiltord)*
Tore: *0:1 Zidane (7., Foulelfmeter), 1:1 Materazzi (19.)*
Schiedsrichter: *Elizondo (ARG),* ***Assistenten:*** *García, Otero (beide ARG)*
Zuschauer: *69 000 (ausverkauft)*

Elfmeterschießen:

Schütze	Resultat	Stand
Pirlo (ITA)	verwandelt	1:0
Wiltord FRA)	verwandelt	1:1
Materazzi (ITA)	verwandelt	2:1
Trezeguet (FRA)	Lattenschuß	2:1
De Rossi (ITA)	verwandelt	3:1
Abidal (FRA)	verwandelt	3:2
Del Piero (ITA)	verwandelt	4:2
Sagnol (FRA)	verwandelt	4:3
Grosso (ITA)	verwandelt	5:3

Das Spiel in der Statistik

	ITA–FRA
Schüsse zum Tor	5:13
Torschüsse	3:5
Fouls	17:24
Ecken	5:7
Abseits	4:2
Gelbe Karten	1:3
Rote Karten	0:1
Ballbesitz (%)	55:45

Torschützenliste der WM

Nach 64 Spielen (147 Tore)

5 Tore

Klose (GER)

3 Tore

Crespo (ARG), M. Rodríguez (ARG), Ronaldo (BRA), Podolski (GER), Henry (FRA), Zidane (FRA), Villa (ESP), Torres (ESP)

2 Tore

Cahill (AUS), Adriano (BRA), Wanchope (CRC), Delgado (ECU), C. Tenorio (ECU), Dindane (CIV), Gerrard (ENG), Vieira (FRA), Schweinsteiger (GER), Toni (ITA), Bravo (MEX), Bosacki (POL), Maniche (POR), Materazzi (ITA), Frei (SUI), Rosický (CZE), Schewtschenko (UKR)

1 Tor

Flávio (ANG), Tévez, Cambiasso, Saviola, Messi, Ayala (alle ARG), Moore, Kewell, Aloisi (alle AUS), Fred, Gilberto, Juninho, Kaká, Zé Roberto (alle BRA), Gómez (CRC), Neuville, Lahm, Frings (alle GER), Kaviedes (ECU), B. Koné, Kalou, Drogba (alle CIV), Beckham, J. Cole, Crouch (alle ENG), Ribery, Zidane (beide FRA), Gyan, Dramani, Appiah, Muntari (alle GHA), Bakhtiarizadeh, Golmohammadi (beide IRN), Gilardino, Pirlo, Inzaghi, Totti, Zambrotta, Iaquinta, Grosso, Del Piero (alle ITA), Tamada, Nakamura (beide JPN), Srna, N. Kovač (beide CRO), Fonseca, Márquez, Sinha (alle MEX), Robben, van Persie, van Nistelrooy (alle NED), Cuevas (PAR), Ronaldo, Deco, Pauleta, Simão, Gomes (alle POR), Al-Jaber, Al-Kahtani (beide KSA), Ljungberg, Larsson, Allbäck (alle SWE), Senderos, Barnetta (beide SUI), Žigić, Ilić (beide SCG), Juanito, Raúl, Alonso (alle ESP), Ahn Jung-Hwan, Lee Chun-Soo, Park Ji-Sung (alle KOR), Kader (TOG), Koller (CZE), Mnari, Jaidi, Jaziri (alle TUN), Russol, Kalinitschenko, Rebrow (alle UKR), Dempsey (USA)

Eigentore (4)

Zaccardo (ITA), Gamarra (PAR), Petit (POR), Sancho (TRI)

(Tore aus den Elfmeterschießen sind nicht berücksichtigt)

Elfmeterschießen bei Weltmeisterschaften

Jahr	Runde	Spiel	Ergebnis
1982	Halbfinale	Deutschland-Frankreich	5:4 (3:3 n.V.)
1986	Viertelfinale	Brasilien-Frankreich	3:4 (1:1 n.V.)
		Deutschland-Mexiko	4:1 (0:0 n.V.)
		Spanien-Belgien	4:5 (0:0 n.V.)
1990	Achtelfinale	Irland-Rumänien	5:4 (0:0 n.V.)
	Viertelfinale	Argentinien-Jugoslawien	3:2 (0:0 n.V.)
	Halbfinale	Argentinien-Italien	4:3 (1:1 n.V.)
		Deutschland-England	4:3 (1:1 n.V.)
1994	Achtelfinale	Mexiko-Bulgarien	1:3 (1:1 n.V.)
	Viertelfinale	Rumänien-Schweden	4:5 (2:2 n.V.)
	Finale	Brasilien-Italien	3:2 (0:0 n.V.)
1998	Achtelfinale	Argentinien-England	4:3 (2:2 n.V.)
	Viertelfinale	Italien-Frankreich	3:4 (0:0 n.V.)
	Halbfinale	Brasilien-Niederlande	4:2 (1:1 n.V.)
2002	Achtelfinale	Spanien-Irland	3:2 (1:1 n.V.)
	Viertelfinale	Spanien-Südkorea	3:4 (0:0 n.V.)
2006	Achtelfinale	Schweiz-Ukraine	0:3 (0:0 n.V.)
	Viertelfinale	Deutschland-Argentinien	4:2 (1:1 n.V.)
	Viertelfinale	England-Portugal	1:3 (0:0 n.V.)
	Finale	Italien-Frankreich	5:3 (1:1 n.V.)

Rote Karten

Cufré (ARG), Rooney (ENG), Materazzi (ITA), Zidane (FRA)

Gelb-Rote Karten

Van Bronckhorst, Boulahrouz (beide NED), Costinha, Deco (beide POR), Gyan (GHA), Lucic (SWE)

Gelbe Karten

Insgesamt 75: Portugal 11, Frankreich 10, Deutschland 8, Argentinien 6, Brasilien 6, England 5, Italien 5, Ghana 4, Mexiko 4, Australien 3, Ekuador 3, Niederlande 3, Ukraine 3, Schweden 2, Schweiz 1, Spanien 1

Goldener Schuh

1. Miroslav Klose (GER)
2. Hernán Crespo (ARG)
3. Ronaldo (BRA)

Goldener Ball

	Stimmen
1. Zinedine Zidane (FRA)	2012
2. Fabio Cannavaro (ITA)	1977
3. Andrea Pirlo (ITA)	715

Bester Torwart

Gianluigi Buffon (ITA)

Rangfolge nach den 64 WM-Spielen

	Spiele	Tore	Punkte
1. Italien*	7	12:2	19
2. Frankreich*	7	9:3	14
3. Deutschland*	7	14:6	18
4. Portugal*	7	7:5	15
5. Argentinien*	5	11:3	10
6. Brasilien	5	10:2	10
7. England*	5	6:2	10
8. Ukraine*	5	5:7	9
9. Spanien	4	9:4	9
10. Schweiz*	4	4:0	7
11. Niederlande	4	3:2	7
12. Ekuador	4	5:4	6
13. Ghana	4	4:6	6
14. Schweden	4	3:4	5
15. Mexiko	4	5:5	4
16. Australien	4	5:6	4
17. Südkorea	3	3:4	4
18. Paraguay	3	2:2	3
19. Elfenbeinküste	3	5:6	3
20. Tschechien	3	3:4	3
21. Polen	3	2:4	3
22. Kroatien	3	2:3	2
23. Angola	3	1:2	2
24. Tunesien	3	3:6	1
25. USA	3	2:6	1
25. Iran	3	2:6	1
27. Trinidad/Tob.	3	0:4	1
28. Saudi-Arabien	3	2:7	1
29. Japan	3	2:7	1
30. Togo	3	1:6	0
31. Costa Rica	3	3:9	0
32. Serbien-Mont.	3	2:10	0

*Die Tore aus den Elfmeterschießen sind nicht berücksichtigt

Bester junger Spieler

Lukas Podolski (GER)

Alle WM-Endrunden auf einen Blick

Jahr	Land	Teams	Spiele	Tore	Ø	Finale	Schiedsrichter	Zuschauer	Ø
1930	URU	13	18	70	3,89	ITA-ARG 4:2	John Langenus (BEL)	434 500	24 139
1934	ITA	16	17	70	4,12	ITA-TCH 2:1	Ivan Eklind (SWE)	358 000	21 059
1938	FRA	15	18	84	4,67	ITA-HUN 4:2	Georges Capdeville (FRA)	376 000	20 889
1950	BRA	13	22	88	4,00	URU-BRA 2:1	George Reader (ENG)	1 043 500	47 432
1954	SUI	16	26	140	5,38	GER-HUN 3:2	William Ling (ENG)	889 500	34 212
1958	SWE	16	35	126	3,60	BRA-SWE 5:2	Maurice Guigue (FRA)	919 580	26 274
1962	CHI	16	32	89	2,78	BRA-TCH 3:1	Nikolai Latyschew (URS)	899 074	28 096
1966	ENG	16	32	89	2,78	ENG-GER 4:2	Gottfried Dienst (SUI)	1 635 000	51 094
1970	MEX	16	32	95	2,97	BRA-ITA 4:1	Rudi Glöckner (GDR)	1 603 975	50 124
1974	GER	16	38	97	2,55	GER-NED 2:1	John Taylor (ENG)	1 768 152	46 530
1978	ARG	16	38	102	2,68	ARG-NED 3:1	Sergio Gonella (ITA)	1 546 151	40 688
1982	ESP	24	52	146	2,81	ITA-GER 3:1	Arnaldo Coelho (BRA)	2 109 723	40 572
1986	MEX	24	52	132	2,54	ARG-GER 3:2	Romualdo Arppi Filho (BRA)	2 393 331	46 026
1990	ITA	24	52	115	2,21	GER-ARG 1:0	Edgardo Codesal Méndez (MEX)	2 516 348	48 391
1994	USA	24	52	141	2,71	BRA-ITA 0:0, 11-m-Sch. 3:2	Sándor Puhl (HUN)	3 587 538	68 991
1998	FRA	32	64	171	2,67	FRA-BRA 3:2	Said Belqola (MAR)	2 785 100	43 517
2002	KOR/JPN	32	64	161	2,52	BRA-GER 2:0	Pierluigi Collina (ITA)	2 775 197	42 269
2006	GER	32	64	147	2,30	ITA-FRA 1:1, 11-m-Sch. 5:3	Horacio Elizondo (ARG)	3 329 605	52 025

Spiel um Platz 3

The match for 3rd Place

Wie der Gastgeber die Weltmeisterschaft begonnen hatte, so beendete er sie auch: mit einem Sieg. Deutschland schlug Portugal in Stuttgart im Spiel um Platz drei klar mit 3:1, wozu Bastian Schweinsteiger mit zwei Treffern beitrug. Nach 1970 gewann damit zum zweiten Mal eine deutsche Mannschaft die Bronzemedaillen. Ein WM-Abschied wurde das Match für Torwart Oliver Kahn und Portugals Stürmerstar Luís Figo.

The World Cup hosts ended their championship as they had begun it: with a win. Germany had a decisive 3:1 victory over Portugal in Stuttgart in the match for third place, Bastian Schweinsteiger contributing two goals. This was, following their 1970 third place, the second time that a German team had won the bronze medals. For goalkeeper Oliver Kahn and Portugal's star striker Luís Figo the match meant their last appearance in a World Cup.

Der schönste dritte Platz

Oliver Trust

Manchmal braucht es keine Worte und langen Reden, manchmal reichen Gesten und Blicke, um zu ahnen, welche Gefühle einen Menschen bewegen. Wer am Abend des 8. Juli ins Gesicht von Bundestrainer Jürgen Klinsmann schaute, sah einen Mann, der kurz davorstand zu weinen. Freude, Stolz und Schmerz hatten den 41 Jahre alten Schwaben in ein paar Momenten im FIFA-WM-Stadion Stuttgart ergriffen. Stuttgart ist nicht nur seine Heimat, es war heute Endstation eines Fußballturniers, das so noch keiner erlebte und dessen triumphalen Verlauf und Abschluß sich kaum jemand so vorstellen konnte.

Millionen Menschen – von Flensburg bis Garmisch, von Görlitz bis Saarbrücken – feierten an diesem Tage eine gigantische Party. Quell der Freude war diese Arena an den Ufern des Neckars – ein Tollhaus.

Die Fans in ganz Deutschland feierten euphorisch den dritten Platz. Und mittendrin in all dem überschwenglichen Trubel: Jürgen Klinsmann, seine Spieler und sein Trainer- und Betreuerstab. Das Ergebnis: 3:1 über Portugal. Zwei tolle Tore von Bastian Schweinsteiger und ein Eigentor des Portugiesen Petit (nach einer scharfen Schweinsteiger-Flanke) sorgten für ein märchenhaftes Happyend in Schwarz, Rot und Gold.

Am Nachthimmel zerstoben in bunten Farben Feuerwerksraketen, und auf und neben dem Rasen spielten sich Szenen ab, die mehr Emotionen ausstrahlten, als ein solcher Abend eigentlich tragen kann. »Die größte WM, die es je gab«, sagte Klinsmann mit feuchten Augen. »Der Fußball hat Phantastisches geleistet, vor allem in Form von Lebensfreude. Es ist absolut überragend«, so der Bundestrainer tief bewegt. Mil-

Oliver Trust

**1961; freier Journalist in Stuttgart. Seit 19 Jahren im Sportjournalismus tätig, schreibt u.a. für »Frankfurter Allgemeine«, »Der Tagesspiegel«, »taz«, »Stuttgarter Zeitung«, »Weser-Kurier«, den Züricher »Tagesanzeiger« und das japanische Fußballmagazin »world soccer«. Schrieb gemeinsam mit dem WM-Schiedsrichter Markus Merk dessen Biografie »bewegend«. Er berichtete von seiner dritten WM.*

Die Mannschaft Deutschlands, die in Stuttgart den dritten Platz wie einen WM-Titel feiert.
Rechts: Das wird das 3:0: Schweinsteiger setzt zum Weitschuß an. Abwehrspieler Costa kommt zu spät.

The German team celebrate their third place in Stuttgart as if they were world champions.
Right: that'll make it 3:0: Schweinsteiger lines up his long-range shot. Costa arrives too late.

lionen saßen vor Fernsehgeräten und Großbildschirmen. Was sich in den Stadtzentren abspielte, waren fröhliche Volksfeste mit Millionen-Publikum.
52 000 Zuschauer verwandelten die schwäbische Arena in einen Partykessel. Auf der Tribüne feierte viel Prominenz. Und wer Bundespräsident Horst Köhler und Bundeskanzlerin Angela Merkel bei ihren Freudentänzen sah, der ahnte, daß die deutsche Fußball-Spaßgesellschaft auch die Politik erreicht hat, die sich so gerne mit Sporthelden schmückt. »Das Land ist fröhlich geworden, und es hat seine Flagge wiedergewonnen«, schrieb die Londoner »Times« einigermaßen erstaunt.
Noch in der Kabine liefen den Spielern Tränen über die Wangen. »Manche sitzen da und weinen vor Freude«, berichtete Joachim Löw, der Assistenztrainer, der im Stab Klinsmann für die Taktik zuständig ist. Auch gegen Portugal ging sie auf. Draußen sangen Zehntausende die deutsche Nationalhymne und manchen Gassenhauer aus den Hitparaden. »Was wollt ihr mit dem ersten Platz, den großen Preis habt ihr längst gewonnen, den Stolz einer ganzen Nation«, stand auf drei gigantischen Spruchbändern, die in der Cannstatter Kurve wie eine frohe Botschaft in die Dunkelheit hinausleuchteten.
Der Überschwang kannte keine Grenzen. »Stuttgart ist viel schöner als Berlin«, trällerten die Schwaben, was nicht böse gemeint war und nur ausdrükken sollte, daß man auch im Süden zu feiern versteht.
Stuttgart bereitete Klinsmann & Co. zum WM-Abschied einen würdigen Rahmen, der seinesgleichen suchte. Jeder der Männer im deutschen Trikot wurde mit Sprechchören gefeiert. Wie Oliver Kahn, der als Dankeschön für seine tadellose Einstellung als »Nummer zwei« mit dem Einsatz gegen Portugal belohnt wurde und mit 37 Jahren nach seinem 86. Länderspiel seinen Rücktritt bekannt gab. Oder wie Miroslav Klose, der fünf WM-Tore schoß und damit bester Torschütze wurde. Und ganz besonders der Architekt des neuen deutschen Fußball-Wunders, Bundestrainer Jürgen Klinsmann.
Von dem wußte an diesem Abend keiner, ob er seine am Ende so erfolgreiche Karriere als Bundestrainer fortsetzt. »Man kann gar nicht in Worte fassen, was sich hier heute abend abgespielt hat. Das ist nicht mehr zu toppen. Ich bin wahnsinnig stolz. Jetzt feiern wir die Nacht durch. Ich werde einige Tage brauchen, um das alles zu verstehen«, sagte Jürgen Klinsmann.
Eine Augenweide waren allein die Tore des Münchners Bastian Schweinsteiger. Minute 56: Ein Distanzschuß, der Portugals Torwart Ricardo überraschte, und Deutschland führte just in einer Phase des Spiels, als Portugal stärker zu werden drohte. 60. Minute: Schweinsteiger trat einen Freistoß scharf in den Strafraum der Portugiesen.

Schweinsteiger und Jansen (20) sind intensiv beschäftigt mit Cristiano Ronaldo.
Ganz oben: Kehl (5) und der Portugiese Simão (11) beim Kopfballduell.

Schweinsteiger and Jansen (20) are intensively occupied with Cristiano Ronaldo.
Above: Kehl (5) and the Portuguese Simão (11) try to head the ball.

Verteidiger Petit von Benfica Lissabon fälschte beim Rettungsversuch den Ball so unglücklich ab, daß Ricardo keine Abwehrchance blieb – 2:0. Die Partie war entschieden. Portugal hatte nicht mehr die Kraft, das Spiel zu drehen. Schon jetzt vollführten die deutschen Trainer, Betreuer und Reservespieler muntere Tänze vor ihrer Bank.
Dann die 78. Minute: Schweinsteiger wurde zum Mann des Spiels und setzte seiner bravourösen Leistung selbst noch die Krone auf: wieder ein Distanzschuß aus mindestens 25 Metern. Der Ball flitzte wie an einer Schnur gezogen ins Netz. Ein Traumtor, das alle Dämme brechen ließ. Klinsmann hüpfte wieder wie ein Häschen umher und alle fielen sich in die Arme. Schweinsteiger bedankte sich bei seinem Vereinskollegen und Freund Oliver Kahn für dessen jahrelange Unterstützung.
Es gab viele solcher Bonbons an diesem Abend. Auch der Bundestrainer verteilte zwei Jahre vor der nächsten Europameisterschaft in der Schweiz und Österreich »Geschenke«: Die Reservisten durften ran. Mike Hanke und Thomas Hitzlsperger, die beide noch keine einzige Minute spielten, wurden eingewechselt. Damit brachten Klinsmann & Co. das Kunststück fertig, alle Feldspieler aus dem Kader einzusetzen. Nur der dritte Torwart Timo Hildebrand blieb auf der Bank.
Kurz vor dem Duell im »kleinen Finale« gegen Portugal verletzte sich Verteidiger Robert Huth am Knöchel und mußte verzichten. Für ihn spielte Jens Nowotny, der sich mit einer bemerkenswerten Leistung ins deutsche Kollektiv einfügte.

Sie haben neuen Schwung in den deutschen Fußball gebracht: Teamchef Jürgen Klinsmann, Manager Oliver Bierhoff, Trainer Joachim Löw und Torwarttrainer Andreas Köpke.
Darunter: Der »beste junge Spieler« der Endrunde: Lukas Podolski ist vor Deco am Ball.

They have brought new dynamism to German football: team boss Jürgen Klinsmann, manager Oliver Bierhoff, coach Joachim Löw and goalkeeping coach Andreas Köpke.
Below: the »best young player« of the final rounds: Lukas Podolski gets to the ball before Deco.

Deutsche Bilanz

Jahr	Trainer/Teamchef	Endergebnis
1930	Otto Nerz	keine Teilnahme
1934	Otto Nerz	3. Platz
1938	Sepp Herberger	Achtelfinale
1950	Sepp Herberger	keine Teilnahme
1954	Sepp Herberger	Weltmeister
1958	Sepp Herberger	4. Platz
1962	Sepp Herberger	Viertelfinale
1966	Helmut Schön	2. Platz
1970	Helmut Schön	3. Platz
1974	Helmut Schön	Weltmeister
	Georg Buschner (DDR)	6. Platz
1978	Helmut Schön	Zwischenrunde
1982	Jupp Derwall	2. Platz
1986	Franz Beckenbauer	2. Platz
1990	Franz Beckenbauer	Weltmeister
1994	Berti Vogts	Viertelfinale
1998	Berti Vogts	Viertelfinale
2002	Rudi Völler	2. Platz
2006	Jürgen Klinsmann	3. Platz

Dagegen saßen Arne Friedrich, Per Mertesacker, Tim Borowski und Kapitän Michael Ballack verletzt draußen.
»Die Mannschaft hat wie aus einem Guß gespielt«, lobte der Trainer. »Ich habe in den letzten zwei Jahren eine Verbindung zu dieser Spielergeneration aufgebaut. Jeder hat sich in verschiedenen Bereichen verbessert. Es ist auch eine Freundschaft zu jedem einzelnen entstanden.«
Daß Portugal noch ein Treffer gelang und Oliver Kahns Abschied nicht ohne Gegentor blieb, schien am Ende wie eine freundliche Geste für die Gäste aus dem Süden. Indes: Gegen den Kopfball von Nuno Gomes (88.), war nichts zu machen. Kahn nahm die Sache gelassen. Den gebürtigen Karlsruher bewegte anderes: sein Abschied aus der Nationalmannschaft. Was bis dahin keiner wußte, verkündete er vor laufenden Kameras. »Es ist Zeit aufzuhören«, sagte er. Allein war er zur Ehrenrunde gestartet, und spätestens da konnte man ahnen, daß es die Abschiedstour eines außergewöhnlichen Torwarts werden würde. Schließlich kam Luís Figo, der große »alte« Mann des portugiesischen Fußballs, zu Kahn und umarmte ihn. Für ihn war es ebenfalls das letzte Länderspiel.
Auch Luíz Felipe Scolari, der Brasilien zum Weltmeistertitel führte und nun Nationaltrainer in Portugal ist, eilte herbei, um »Auf Wiedersehen« zu sagen und dem »Titan« seinen großen

Zwei Große des Weltfußballs am Ende ihrer Karrieren in der Nationalmannschaft: Oliver Kahn und Luís Figo (unten), der sich nach seiner Einwechslung ein letztes Mal die Kapitänsbinde anlegt.
Two greats of world football at the end of their careers in the national team: Oliver Kahn and Luís Figo (below), who after coming on as a substitute puts on the captain's armband for the last time.

Respekt zu zollen. Der Stammkeeper von Bayern München hatte mit den Tränen zu kämpfen, als er sagte: »Ich konnte mich in diesem Spiel noch einmal auszeichnen; besser kann man es nicht bekommen. Es wird noch viele Wochen dauern, um das zu verarbeiten, zumal ich denke, daß dies mein letztes Länderspiel war. Die WM war die härteste Zeit meiner Karriere.« Und das Spiel um Platz drei sicher eines der emotionalsten Spiele seiner gesamten Laufbahn.

Das dürfte auch für die meisten Spieler des deutschen Teams gelten. Noch lange nach dem Schlußpfiff waren sie unterwegs auf ihrer Ehrenrunde. Sie ließen sich feiern und wurden nicht müde, mit dem begeisterten Publikum in die LaOla-Welle einzutauchen. Sie standen in einer Reihe und fielen gleichzeitig auf den Rücken. Was heißen sollte: Ihr seid umwerfend! ■

Das Spiel in der Statistik

	GER–POR
Schüsse zum Tor	12:13
Torschüsse	5:8
Fouls	15:15
Ecken	2:7
Freistöße aufs Tor	3:3
Abseits	1:3
Gelbe Karten	2:3
Ballbesitz (%)	43:57

Deutschland – Portugal 3:1 (0:0) Stuttgart, 8. Juli, 21 Uhr

__Deutschland:__ Kahn; Lahm, Nowotny, Metzelder, Jansen; Kehl, Frings; Schneider, Schweinsteiger (79. Hitzlsperger); Klose (65. Neuville), Podolski (71. Hanke)

__Portugal:__ Ricardo Pereira; Ferreira, Meira, Costa, Valente (69. Gomes); Costinha (46. Petit), Maniche; Simão, Deco, Ronaldo; Pauleta (77. Figo)

__Tore:__ 1:0 Schweinsteiger (56.), 2:0 Petit (60. Eigentor), 3:0 Schweinsteiger (78.), 3:1 Gomes (88.)

__Schiedsrichter:__ Kamikawa (JPN), __Assistenten:__ Hiroshima (JPN), Kim (KOR)

__Zuschauer:__ 52 000 (ausverkauft)

Das Halbfinale

The Semi-finals

Der Traum der »Klinsmänner« vom Weltmeistertitel endete im Halbfinale. Die deutsche Mannschaft verlor in Dortmund in der Verlängerung gegen Italien mit 0:2. Sie durfte sich aber mit dem Einzug ins »kleine Finale« trösten, wo sie auf die Portugiesen traf, die einen Tag später in München durch einen von Zinedine Zidane verwandelten Elfmeter gegen Frankreich verloren.

The World Cup dream of the »Klinsmen« ended at the semi-final stage. In Dortmund the German team lost 0:2 to Italy in extra time. They could however console themselves with the knowledge that they were in the »little final« against the Portuguese, who lost the next day in Munich to France through a penalty converted by Zinedine Zidane.

O sole mio – kein deutscher Titel

Rainer Kalb

Es hat nicht sollen sein. Der Traum vom vierten Titelgewinn ist zerborsten. Ein 0:2 nach Verlängerung geht in die Annalen ein. Doch das nackte Ergebnis sagt nichts über die Dramatik dieses Halbfinales. Die Aufregung begann bereits vor dem Spiel. Torsten Frings, im Viertelfinale gegen Argentinien ein überragender Akteur im defensiven Mittelfeld, wurde vom Fußball-Weltverband rund 30 Stunden vor dem Spiel gesperrt. Er soll beim Gerangel nach dem Viertelfinale dem Argentinier Julio Cruz einen Faustschlag versetzt haben. Seltsam: Zunächst sprach die FIFA alle Deutschen von einem Verdacht frei; erst später entdeckten die Funktionäre Bilder, die Frings belastet haben sollen. Pikanterweise wurden sie zuerst von einem italienischen Fernsehsender verbreitet. Frings setzte sich jedoch nicht auf die Tribüne, sondern auf die Bank zu den Reservespielern – im roten Ausgangs-Outfit der Nationalmannschaft. Es wirkte, als wolle er die Aufmerksamkeit auf sich ziehen. Ein rotes Polohemd, obgleich er nie eine Rote Karte gesehen hatte.
Seine Mitspieler hatten ihm versprochen, sich zu zerreißen, um ihm die Finalteilnahme zu schenken. Zerrissen haben sie sich, doch mit dem Finale hat es trotzdem nicht geklappt. Eine Minute vor dem Ende der Verlängerung erzielte Fabio Grosso, der linke Verteidiger von US Palermo, sein zweites Länderspiel-Tor. Es war ein Messerstich ins Herz der Deutschen. Das zweite Gegentor durch den in der Verlängerung eingewechselten Juve-Stürmer Alessandro Del Piero interessierte dann kaum mehr. Die deutsche Mannschaft hatte alles nach vorne geworfen und spielte Hopp oder Top. Es wurde Hopp. Der Glücksfaden war gerissen. Italiens Trainer Marcello Lippi sagte: »Es ist phantastisch. Wir haben eine zauberhafte Partie abgeliefert. Ich bin sehr glücklich. Wir haben den Sieg verdient, weil wir überlegen waren. Meine Spieler waren großartig, denn sie haben ja

Lehmann und Perrotta im Parallelflug zum Ball.
Darunter: Aus der Traum: Jürgen Klinsmann tröstet den weinenden Odonkor.
Andere Seite: Torschütze Grosso (Mitte) feiert mit Zambrotta und Pirlo das 1:0 für Italien.

Lehmann and Perrotta fly after the ball in parallel.
Below: the dream is over: Jürgen Klinsmann consoles the weeping Odonkor.
Other page: goalscorer Grosso (centre) celebrates Italy's 1:0 lead along with Zambrotta and Pirlo.

auch gegen 50 000 leidenschaftliche deutsche Zuschauer gespielt. Wir wollten ein Elfmeterschießen vermeiden, weil das immer eine Lotterie ist.« Die Deutschen hingegen spekulierten auf das Elfmeterschießen. Doch da standen zwei Statistiken gegeneinander. Die Gastgeber hatten in Dortmund noch nie verloren. Und: Sie gewannen sämtlich ihre bislang vier Elfmeterschießen bei Weltmeisterschaften. Die Italiener hingegen konnten keine ihrer drei Entscheidungen vom Elfmeterpunkt zum Sieg nutzen. Ihre Statistik besagte aber auch, bei einer WM oder EM noch nie gegen Deutschland verloren zu haben. Dann kam die 119. Minute, und wieder verlor Italien nicht gegen Deutschland.
Die Miene von Jürgen Klinsmann spiegelte nach dem Abpfiff sekundenlang Fassungslosigkeit und Ungläubigkeit.
Er wollte seit zwei Jahren Weltmeister werden und konnte seinen Spielern den Glauben an diese Möglichkeit vermitteln. Später ließen sich davon auch die Fans anstecken. Und nun kam eine Minute vor der »Elfmeter-Lotterie«, die die Italiener so sehr fürchteten, dieser Dolchstoß!
Nachdem Klinsmann seine Worte wiedergefunden hatte, kommentierte er: »Wenn man ein solches Spiel verliert, ist die Enttäuschung natürlich groß. Dennoch ein großes Lob an die Mannschaft, wie sie sich bei dieser WM präsentierte.
Sie hat Charakter, sie hat ein ganzes Land mit Stolz erfüllt. Man kann ihr nur Komplimente machen. Diese WM war ein Riesenerfolg für ganz Deutschland. Wir haben der Welt ein sympathisches Gesicht von Deutschland gezeigt.«
Der gesperrte Torsten Frings war vom Dortmunder Lokalmatador Sebastian Kehl ersetzt worden. Er hatte bei seinem ersten Einsatz zunächst Probleme, die Bindung zu den Mitspielern zu finden. Erst in der zweiten Halbzeit gelang es ihm, die Kreise von Totti einigermaßen einzuengen, aber ein vollwertiger Frings-Ersatz war er nie. Auch der Schachzug, Tim Borowski statt Schweinsteiger auf der linken Seite spielen zu lassen, zahlte sich nicht aus. Zudem konnte Schweinsteiger, in der 73. Minute für Borowski gekommen, das Spiel nicht spürbar beleben. Von seinen Wadenproblemen genesen, setzte Kapitän Michael Ballack in der Anfangsphase Akzente. Er wurde aber mit zunehmender Spielzeit unauffälliger. Der Star des Abends war Jens Lehmann. Jeder objektive Beobachter muß zugeben, daß die Italiener die bessere, die abgeklärtere Mannschaft waren, auch wenn die Deutschen heroisch dagegenhielten. Aber wenn 40 Sekunden nach Beginn der Verlängerung Pfosten und kurz danach die Latte für das deutsche Team retten müssen, darf sich niemand über den Ausgang beschweren. Lehmann, außer im Elfmeterschießen gegen Argentinien in keinem Spiel ernsthaft geprüft, konnte unter Beweis stellen, daß er ein würdiger Nachfolger von Oliver Kahn ist. Lehmann gegen Perrotta, Lehmann gegen Grosso, Lehmann schimpfend, anfeuernd, wütend – immer wollte er das Perfekte, das die Mannschaft im zweiten Spiel über 120 Minuten aber nicht mehr zu geben vermochte.

Ein Schlenzer, der alles entschied: Grosso mit Übersicht zum 1:0. Die deutsche Abwehr ist ausgespielt.
Unten: Abschiedsgeste: Ballack grüßt die Fans und kämpft mit seiner Trauer.

A decisive nudge of the ball: Grosso looks ahead to the first goal. The German defence is well beaten.
Below: farewell gesture: Ballack salutes the fans and struggles with his grief.

Deutschland – Italien 0:2 (0:0, 0:0) n. V. Dortmund, 4. Juli, 21 Uhr

Deutschland: Lehmann; Lahm, Metzelder, Mertesacker, Friedrich; Schneider (83. Odonkor), Ballack, Kehl, Borowski (73. Schweinsteiger); Klose (111. Neuville), Podolski
Italien: Buffon; Zambrotta, Cannavaro, Materazzi, Grosso; Camoranesi (91. Iaquinta), Pirlo, Gattuso, Perrotta (104. Del Piero); Totti; Toni (74. Gilardino)
Tore: 0:1 Grosso (119.), 0:2 Del Piero (120.+1)
Schiedsrichter: Archundia (MEX), **Assistenten:** Ramírez (MEX), Vergara (CAN)
Zuschauer: 65 000 (ausverkauft)

Das Spiel in der Statistik

	GER–ITA
Schüsse zum Tor	13:15
Torschüsse	2:10
Fouls	21:19
Ecken	4:12
Abseits	2:11
Gelbe Karten	2:1
Ballbesitz (%)	43:57

Bisherige WM-Spiele GER–ITA

1962 Vorrunde	0:0
1970 Halbfinale	3:4 n. V.
1978 Finalrunde	0:0
1982 Finale	1:3
DDR – Italien:	
1970 Qualifikation	2:2, 0:3

Zum offenen Schlagabtausch kam es erst in der Verlängerung, als alle taktischen Fesseln fielen. Italien hatte am Ende vier Stürmer auf dem Platz! So dramatisch wie 1970 in Mexiko, als in der Verlängerung fünf Tore fielen, wurde es zwar nicht, aber die zwei waren schon zwei zuviel. Nicht umsonst analysierte FIFA-Präsident Sepp Blatter anschließend: »Hätten beide Mannschaften so wie in der Verlängerung gespielt, wäre es ein großartiges Halbfinale geworden. In der regulären Spielzeit haben sich beide Teams praktisch neutralisiert. Bei der deutschen Mannschaft ist der Glücksfaden gerissen, und ich kann natürlich auch die Enttäuschung der Fans verstehen. Man muß ihr aber dazu gratulieren, was sie geleistet hat. Ich bin begeistert von der Stimmung, die die Fans hier verbreiten.«
Die trotz der Niederlage stürmisch gefeierten Spieler machten aus ihrer Enttäuschung und ihren Tränen keinen Hehl. Deutschland-Italien – das war kein Spiel der Buchhalter, sondern ein heroisches, listiges, an physische und psychische Grenzen gehendes Match. »Kaiser« Franz Beckenbauer, der vor sechs Jahren federführend diese WM nach Deutschland geholt hatte, sei das Schlußwort gegönnt: »Es war das beste Spiel, das ich in letzter Zeit gesehen habe. Man kann nicht sagen, daß Italien um zwei Tore besser war. Auch wir hätten es verdient gehabt, ins Finale einzuziehen, aber am Ende war Italien etwas glücklicher und cleverer.« ■

Abgebrühte Franzosen

Oliver Trust

Es war ihr Moment. Der von zweien, die sich mögen und schätzen, vielleicht von Freunden. Zinedine Zidane und Luíz Figo. In der WM-Arena in München-Fröttmaning trällerten die Zuschauer munter Lieder, es wurde geschunkelt, und mancher der Sieger aus Frankreich stand wie ein Dirigent vor der Tribüne und genoß die gesanglichen Darbietungen von den Rängen. Auch die Musik huldigte den Gewinnern. Und mittendrin standen sie: Zidane und Figo. Allein, wie abgekapselt. Für ein paar Augenblicke jedenfalls.

Die »alten Männer« wurden sie genannt, was ganz schön frech übertrieben war, denn die beiden sind gerade mal 34 bzw. 33 Jahre alt. Aber sie sind eben schon lange dabei. Und wer hätte ihnen das noch einmal zugetraut in einer Welt, die ständig nach neuen Gesichtern verlangt und das Tempo verschärft, als garantiere das allein den Erfolg. Sie gingen aufeinander zu. Ein paar Worte, ein paar Blicke, es waren ihre Momente.

Als sie sich dann umarmten, trug Zidane das Trikot von Figo und Figo den Dreß von Zidane. Auch das zeugte von tiefem Respekt. Man kennt sich aus den gemeinsamen Tagen bei Real Madrid. Der Portugiese, der sich und seinem Land wieder einmal nicht den Traum von einem Titel erfüllen konnte, nutzte die letzte Gelegenheit, sich das Trikot Zidanes zu sichern. Er trug es wie eine Trophäe davon.

Daß es nicht der Weltpokal wurde, den viele Portugiesen erwartet hatten, lag an den Franzosen. Sie spielten zu abgebrüht und gut strukturiert. Portugals Elf hingegen war zu verspielt und wenig konsequent vor dem Tor.

Am Ende standen die beiden Spielmacher auch für das Ergebnis. Figo versank nach und nach im Mittelmaß, das seine Kollegen vorgegeben hatten. Zidane dagegen ragte aus einem Team heraus, das es sich leisten konnte, das zweite Semifinale mit angezogener Handbremse zu bestreiten. Sie schienen alles für ihn bereitet zu haben, Frankreichs alten und neuen Fußball-Gott, den sie nur noch ein paar Tage genießen konnten. Heute rollten sie ihm den roten Teppich aus. Als Figo Zidane umarmte, sagte er einem der bedeutendsten Spieler »au revoir«. Zidane wird gehen, und allein deshalb standen die Zuschauer auf und applaudierten einer großen Karriere.

Es paßte als weiteres Kapitel

Kapitän Zidane (10) an der Spitze seiner Männer vor dem Halbfinale gegen Portugal.
Team captain Zidane (10) leads his men out before the semi-final against Portugal.

Das einzige Tor: der Elfmeter von Zinedine Zidane.
Rechts: Deco versucht Makelele (links) und Wiltord zu entkommen.

The only goal: Zinedine Zidane's penalty.
Right: Deco tries to get away from Makelele (left) and Wiltord.

seiner Erfolgsgeschichte, daß er zum Elfmeter antrat. In der 33. Minute kam sein Moment. Kurzer Anlauf, kurzer Blick, und der Ball rauschte ins linke Eck. Hart und plaziert – Zidane legte alle Entschlossenheit in seinen Schuß. »Ich will noch einmal Weltmeister werden«, verkündete der eher Zurückhaltende, der Frankreich schon 1998 in Paris zum Titel geführt hatte.
Erst Spanien, dann Brasilien und nun Portugal – die Reihe, der von Frankreich geschlagenen Mannschaften wuchs um einen weiteren klangvollen Namen. Auch der Halbfinalgegner schaffte es nicht, das »Zentralmassiv« zu überwinden,

Portugal – Frankreich 0:1 (0:1) München, 5. Juli, 21 Uhr

Portugal: *Ricardo; Miguel (62. Ferreira), Meira, Carvalho, Valente; Costinha (75. Postiga), Maniche; Figo, Deco, Ronaldo; Pauleta (68. Simão)*
Frankreich: Barthez; Sagnol, Thuram, Gallas, Abidal; Makelele, Vieira; Ribery (72. Govou), Zidane, Malouda (69. Wiltord); Henry (85. Saha)
Tor: *0:1 Zidane (33. Foulelfmeter)*
Schiedsrichter: *Larrionda (URU),* ***Assistenten:*** *Rial, Fandino (beide URU)*
Zuschauer: *66 000 (ausverkauft)*

Das Spiel in der Statistik

	POR–FRA
Schüsse zum Tor	12:5
Torschüsse	5:4
Fouls	18:11
Ecken	8:3
Abseits	4:0
Gelbe Karten	1:1
Ballbesitz (%)	59:41

Henry mit gefährlichem Torschuß, Meira ist ausgespielt.
Unten: Vieira foult Ronaldo, der losschreit.

Henry with a dangerous shot, Meira is beaten.
Below: Vieira fouls Ronaldo, who reacts with a shout.

ein Beiname, den sich die Mittelfeldspieler Patrick Vieira und Claude Makelele redlich verdiente hatten.
Sie hielten auch diesmal Zidane den Rücken frei, wofür sich »Zizou« mit dem entscheidenden Treffer bedankte. Er traf, rannte zur Mitte, griff sich links oben an die Brust, da, wo das Emblem des französischen Verbandes sitzt. Er zog es ein Stück nach vorne und warf einen Kuß darauf.
Erst spät entdeckte Frankreich bei dieser WM die Liebe zu seiner Mannschaft. Ihr hatte man nichts zugetraut. Vor allem dem Nationaltrainer Raymond Domenech nicht. Einen Sturkopf nannten sie den Hobby-Schauspieler. Der aber holte Zidane, Thuram und Makelele zurück. Und nun stand er als Sieger vor den Kameras. »Wir sind im Finale« hauchte er ergriffen. »Unglaublich!«
In Frankreich tanzten derweil die Menschen auf den Straßen; Paris versank in einem Fahnenmeer aus Blau, Weiß und Rot. Verteidiger Willy Sagnol umarmte Torwart Fabien Barthez. »Unglaublich«, sagte auch er. Der Profi von Bayern München durfte den Traum vom Sprung ins Finale in »seinem« Stadion erleben. »Das ist etwas ganz Besonderes, etwas Einzigartiges. Ich kann gar nicht ausdrücken, was einem da durch den Kopf geht.« Während viele seiner Teamkollegen schon 1998 dabei waren, war es für Sagnol eine neue Erfahrung. Er feierte deshalb besonders ausgelassen in seinem »Wohnzimmer«.
Zum ersten Mal erreichte Frankreich das Finale einer WM, die nicht in Frankreich stattfand. Dreimal mußte die Mannschaft im Halbfinale ausscheiden: 1958 scheiterte die »Equipe tricolore« an Brasilien und 1982 und 1986 an Deutschland. »Am Anfang hat man uns für tot erklärt, und jetzt stehen wir im Finale. Wir haben nicht an 1998 gedacht, wir haben uns darauf konzentriert, einen Schritt nach dem anderen zu machen«, sagte Thierry Henry. »Unser Sieg war auch ein Sieg der Erfahrung. Wir werden von Spiel zu Spiel besser«, fügte Patrick Vieira hinzu.
In Portugal wehte indessen Trauer durch die Straßen. In Lissabon und Porto herrschte für ein paar Minuten lähmende Stille. Das erste Mal nach 1966 hatte das portugiesische Team wieder die Chance gehabt, ein WM-Finale zu erreichen. Damals scheiterte man an England, diesmal an Frankreich.
Nach dem so knapp verlorenen EM-Finale vor zwei Jahren und einem Tag gegen Griechenland im Estadio da Luz hätte ein Erfolg gut getan. »Jetzt wollen wir in Stuttgart gegen Deutschland Dritter werden«, sagte Fernando Meira entschlossen. »Dritter, das ist doch auch etwas«, meinte der Verteidiger vom VfB Stuttgart. ■

Ohne Holland, mit Angola

Christoph Dieckmann

Christoph Dieckmann
**1956; als ostdeutscher Pfarrersohn aufgewachsen am Harz; Filmvorführer; Studium der Theologie; bis zur Wende beschäftigt bei der evangelischen Kirche; seit 1991 Autor der Hamburger Wochenzeitung »DIE ZEIT«; zahlreiche Bücher; zuletzt »Rückwärts immer. Deutsches Erinnern« (Ch. Links Verlag, 2005); Mitglied des PEN und des FC Carl Zeiss Jena; lebt in Berlin.*

Zunächst ein unpatriotisches Bekenntnis: Ich bin Fußball-Internationalist. Das kommt vom »Wembley-Tor«. Das '66er WM-Finale England gegen BRD erlebte ich als zehnjähriges Kind inmitten einer Rotte alter Kameraden der Frontgeneration. Nach Hursts Lattenkracher, den Schiedsrichter Dienst als Englands 3:2 anerkannte, gefror der Fernsehraum. Ins schockstarre Schweigen krähte ich, die Lage heiter verkennend: »Ein Glück, daß es nicht gilt! Der Ball war ja drin!« Ein Wutsturm brüllte los. Die Frontkämpfer machten mich

Rechts: Anteilnahme bei Bundeskanzlerin Angela Merkel während des Elfmeterschießens gegen Argentinien. Links: Kollektives Fernsehen: Vor Großbildschirmen wie im Zentrum Berlins jubeln Hunderttausende über den Sieg der »Klinsmänner« gegen Polen. Darunter: Begeisterung in weiblicher Ausdrucksform.

Right: great interest is shown by German chancellor Angela Merkel during the penalty shoot-out with Argentina. Left: mass viewing: in front of giant screens as here in the centre of Berlin hundreds of thousands cheer on the victory of the »Klinsmen« over Poland. Below: enthusiasm au féminin.

nieder. Dank entschlossenen Losheulens durfte ich das Spiel zu Ende gucken, fand mich jedoch der deutschen Fußball-Volksgemeinschaft dauerhaft entfremdet.
Mein WM-Herz habe ich dann wechselnd verschenkt, an Dänen, Iren und ähnliche Großmächte. Und an die Schönheit. Es war tragisch, daß 1974 nicht Holland den Titel errang. 1982 schnitt Brasilien durchs Turnier wie ein heißes Messer durch die Butter – und scheiterte an Italien, das dann im Finale die häßlichste deutsche Mannschaft aller Zeiten bezwang. Unvergeßlich: das Schandspiel gegen Österreich in Gijon, das Knochenbrecher-Foul des zynischen Torwarts Schumacher am Franzosen Battiston. Täter und Opfer begegneten sich wieder, 1986 in Mexiko. Nachdem Frankreich Brasilien ausgetanzt hatte, zerbrach es abermals an sturer deutscher Effizienz.
Wenn die Deutschen spielten, hörte ich in meiner Phantasie unter dem Rasen eine Maschine surren, betrieben von Tausenden Männchen, die wie der Teufel in die Pedale treten. Das sagte Jorge Valdano, Argentiniens Weltmeister-Stürmer von 1986 und Buchautor. Der Fußball-Philosoph Valdano ist ein Gegner jenes 1:0-Stils, der nur aufs Ergebnis zielt und nichts ahnt von der Metaphysik des Spiels. Dafür stand deutscher Fußball, jahrzehntelang. Jetzt das Unfaßbare: Valdano lobt die Deutschen. Klinsmanns Elf verkörpere Ideale, Jugend und Abenteuerlust. Noch unglaublicher: Der Mann hat recht.
Selten wurde einem deutschen Team vor einer WM so wenig zugetraut. Als Gastgeber blieb Deutschland die Qualifikation erspart – und die Bewährung versagt. Testspiele gegen starke Partner (Italien, Niederlande)

verliefen peinlich. Jungtrainer Klinsmann experimentierte endlos und nervte mit vulgärpsychologischem Motivations-Slang. Fußball-Deutschland gefiel sich in Häme, zumal dem sogenannten Vizeweltmeister von 2002 abermals nur schwächere Gegner zugelost wurden: Costa Rica, Polen, Ekuador. Im Achtelfinale folge der K.o.! Garantiert!

Aber dann. 4:2 gegen Costa Rica, ein heiterer Aufgalopp – vorne hui und hinten pfui. Dann der Kraftakt gegen die tapferen Polen. In der Nachspielzeit erfuhren Klinsmanns Buben, daß der alte Mythos von den späten deutschen Toren immer noch kräftig sei. Es folgte ein lockeres 3:0 gegen selbstgenügsame Ekuadorianer. Gruppensieg, Achtelfinale. Auf Deutschland wartete Schweden. Dem Tempospiel der Klinsmannschaft hatten die »Tre Kronor« nichts entgegenzusetzen als ihren bravourösen Torwart Isaksson. Klose zeigte Höchstform, Podolski traf, Frings und Schneider trieben an. Auch Lahm, der quirlige Linksverteidiger, wirbelte als Offensivgeist und half, die

Die Party ist erst einmal aus: ein Fan in der Dortmunder Innenstadt nach dem Spiel gegen Italien.

The party's over for now: a fan in Dortmund city centre after the game against Italy.

Links: Team und Fans in landsmannschaftlicher Geschlossenheit.
Unten: Tor für Deutschland! An der Rheinpromenade in Düsseldorfs Altstadt wird gefeiert.
Darunter: Respekt für alle: Martin Hoffmann mit seinem »Fan-Mobil« unterwegs durch die Oberpfalz.

Left: team and fans in patriotic camaraderie.
Below: goal for Germany! Celebrations all along the Rheinpromenade in Düsseldorf's old town.
Bottom: respect all round: Martin Hoffmann with his »Fan-mobile« on his travels through Germany's Upper Palatinate region.

Defizite des Kollegen Friedrich zu kaschieren. Fehler seien erlaubt, hatte Klinsmann immer wieder gesagt. Seine Jungs entdeckten ihre Lust, über sich hinauszuwachsen, befeuert von der Euphorie des Publikums. Deutscher Fußball, das war über Jahrzehnte ein langsames Spiel. Unglaublich, jetzt rannten die Deutschen.

Die erste Halbzeit Deutschland gegen Schweden gehörte zum Besten dieses Turniers, das ansonsten weithin enttäuschte. Von Kroatien und der Schweiz war kein Rausch zu erhoffen. Brasiliens Altstars trugen ihren Ruhm spazieren, Frankreich schien eine Zinedine-Zidane-Gedächtnisband. England rumpelte bieder vor sich hin, wie früher die Deutschen. Marco van Bastens Holländer hatten das Fliegen verlernt; sie verabschiedeten sich mit einer Tretorgie gegen Portugal. Portugiesen und Italiener spielten ihr Übliches; es reichte. Mexiko blieb Mexiko; das war wieder nicht genug. Das wuselige Spiel der Japaner und Südkoreaner hatte die Spannkraft von 2002 verloren. Der afrikanische Fußball stagnierte. Gern sah man die US-Amerikaner mit ihrer Kriegsrhetorik scheitern. Ach, und die tragischen Tschechen! Die moralischen Europameister von 2004 fuhren wieder keine Ernte ein, sondern nach drei Spielen heim.

Und das Positive? Australien kämpfte mit Herz, Spanien spielte mit Zauber. Das junge Team des alten Luis Aragonés zerlegte die Ukraine derart, daß es sofort zum WM-Favoriten ausgerufen wurde. Worauf im Achtelfinale das Altbekannte folgte. Als erster Titelkandidat galt Argentinien. Mit ihrem 6:0-Sturmlauf strichen Riquelme & Co. Serbien-Montenegro von der Fußball-Weltkarte. Im genialischen Jungspund Messi erkannte Maradona seinen Erben – wieder einmal ...

Zum Zeitpunkt, da dies geschrieben wird, steht das Halbfinale bevor. Die alten Franzosen waren aufgeblüht und hatten die Brasilianer in Pension geschickt. Italien putzte die Ukraine, Portugal und sein Elfmetertöter Ricardo Pereira bescherten England ein weiteres Nationaldrama – verdient, zumal nach Pitbull Rooneys ekelhaftem Foul.

Und die Deutschen? Sie reiften zur größten Überraschung des Turniers. Macht es der Jubel in den Stadien? Liegt es an Klins-

Fanfest in Hannover zum Spiel Deutschland-Italien: Die Polizei kann ruhig zuschauen.
Fan party in Hanover for the Germany-Italy game: there's nothing for the police to do but watch.

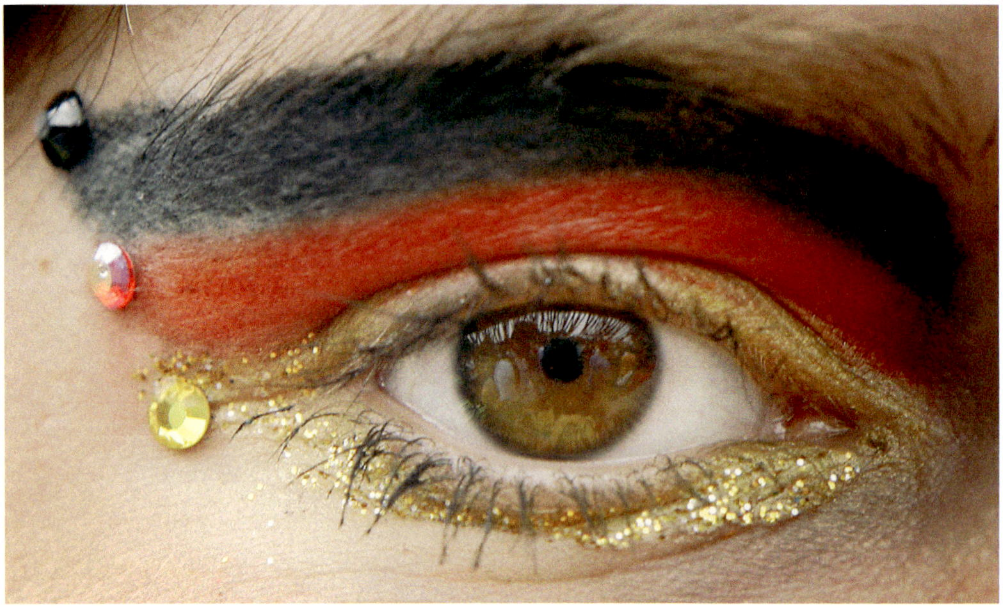

manns Stürmerseele? Tut es die Autosuggestion? Von allem etwas und der Mannschaftsgeist, der ein Ensemble schafft. Selbst der entthronte Torwart-König Kahn bezwang sich und wünschte seinem Konkurrenten Lehmann Glück.
Das Viertelfinale war ein Ritt auf Messers Schneide, Argentiniens Überlegenheit lange frappant – doch sie kreierte keine Chancen, bis zum 0:1. Und warum wechselte Trainer Pekerman Riquelme und Crespo aus, warum Messi nicht ein? Nach Kloses spätem Ausgleich wußte man, was geschehen würde, zumal der Torschütze Argentiniens Keeper Abbondanzieri, einen Strafstoß-Spezialisten, bereits aus dem Spiel gefoult hatte.
Wie gesagt: Das Ende ist noch offen. Wird Deutschland Weltmeister? Klar doch, da es das Halbfinal-Elfmeterschießen gegen Italien natürlich gewinnt. Und wenn nicht? Dann hat Klinsmanns Elf sich fabelhaft geschlagen und dem ganzen Land ein großes Fest beschert, eine Vier-Wochen-Party in Schwarzrotgold. Ach ja, der Patriotismus. In Quadratkilometern von Text wird er bereits analysiert. Luchsäugig prüfen, preisen, beargwöhnen die Medien Deutschlands kollektiven Überschwang. Ist er gefährlich? Leugnet er Vergangenheit? Vertuscht es heutigen Rassismus, wenn die Deutschen derartig flaggen, singen, trinken, hupen? Mehrheitlicher Tenor: Nein, es handelt sich um Karneval. Freilich vernimmt man auch völkisches Gequatsche und die dämlichen »Ohne-Holland«-Chöre. Auch die Argentinier dürften sich im Berliner Olympiastadion nicht »zu Gast bei Freunden« vorgekommen sein. Und lassen sich Deutschlands Probleme durch ein Ballspiel lösen? Kittet Fußball die wachsenden Risse im Sozialgefüge? Rettet Klinsmann die Gesundheitsreform, die Arbeitsplätze bei VW? Stoppt er die groteske Kommerzialisierung des Fußballs, die Okkupation des Spiels durch die Hochfinanz?
Die Weltmeisterschaft ist ein Festival. Sie schafft, für ein Weilchen, Gemeinsamkeiten und ein globales Datum der Erinnerung. Fußball wurde zur Weltsprache Nummer eins. Nationalität relativiert sich immer mehr. Vielfach stehen sich Akteure gegenüber, die sonst im selben Club ihr Geld verdienen. Die Globalisierung macht vor den Fans nicht halt. Deutschlands Frontgeneration stirbt aus.
Mehrfach-Identitäten werden spielerisch möglich, das erfuhr ich während der WM im altdeutschen Celle. Dort hatten sich die Angolaner eingemietet. Die städtische Begeisterung schlug hohe Wellen. Sportchef Bernd Nitsche mietete den Sonderzug, mit dem 1954 die deutsche Weltmeistermannschaft von Bern nach München gefahren war. Nun reisten 147 Celler Fußballfreaks in Herbergers Triumphshuttle von Celle nach Köln, um Angola gegen Portugal zu unterstützen. Afrikanisch beflaggt, jauchzten kreuzbiedere Niedersachsen: »Mit Angola fahrn wir zur WM!« Hoch die internationale Solidarität! Nur ins Stadion kamen wir nicht. Ein angolanischer Fußball-Sekretär hatte die versprochenen Tickets meistbietend auf dem Schwarzmarkt verhökert. ■

Viertelfinale
The Quarter-finals

Wie eng die Spitzenmannschaften beieinander lagen, zeigte das Viertelfinale. Zwei von vier Spielen wurden durch Elfmeterschießen entschieden: Deutschland bezwang Argentinien, Portugal warf England aus dem Wettbewerb. In den beiden anderen Partien setzten sich Italien mit einem klaren 3:0-Erfolg über die Ukraine und Frankreich mit einem 1:0-Sieg gegen Titelverteidiger Brasilien durch. Damit erreichten nur europäische Teams die Halbfinals – wie 1934, 1966 und 1982.

The closeness of the top teams was demonstrated in the quarter-finals. Two of the four matches were determined by penalties: Germany defeated Argentina, Portugal threw England out of the competition. In the two other games Italy had a clear 3:0 win over the Ukraine and France got through 1:0 versus titleholders Brazil. Thus only European teams reached the semi-finals – as in 1934, 1966 and 1982.

Lehmann mit sicherem Griff

Rainer Kalb

Während die Mitspieler noch ausgelassen über den Rasen tanzten und die Hände zum Himmel reckten, war der Held des Tages schon in den Katakomben des Berliner Olympiastadions verschwunden. Das 37. Länderspiel von Jens Lehmann war vielleicht sein wichtigstes, denn beim 4:2 im Elfmeterschießen gegen Argentinien wehrte der Londoner zwei Elfmeter ab. Während Oliver Neuville, Michael Ballack, Lukas Podolski und Tim Borowski trafen, hielt Lehmann die Strafstöße von Roberto Ayala und Esteban Cambiasso, so daß Torsten Frings gar nicht mehr antreten mußte. Selbst Bundeskanzlerin Angela Merkel ging bei der entscheidenden Parade von Lehmann aus sich heraus und riß jubelnd die Arme hoch. »Als Torwart wird von einem erwartet, daß man im Elfmeterschießen Elfmeter hält. Zum anderen haben aber unsere vier Schützen auch toll getroffen. Das Ganze ist phantastisch für uns. Das war das Viertelfinale, aber nun kommt die nächste große Herausforderung. Die Leute sollen jetzt feiern. Ich bereite mich auf Dienstag vor«, kommentierte Lehmann weit später seine Galavorstellung und seinen stillen Abgang.
Es war das vierte Elfmeterschießen für Deutschland bei einer WM, die alle gewonnen wurden: 1982 gegen Frankreich 5:4, 1986 gegen Mexiko 4:1, 1990 gegen England 4:3, und jetzt eben 4:2. Nach diesem Nervenspiel lobte Jürgen Klinsmann die Fähigkeiten seines Schlußmanns in den höchsten Tönen: »Wir haben großes Vertrauen zu Jens Lehmann. Ich als ehemaliger Stürmer würde gegen ihn nicht spielen wollen. Er hat ein Gespür dafür, wo der Torschütze hinschießt; das hat er heute wieder bewiesen.«
Eine schöne Geste gab es vor dem Elfmeterschießen. Oliver Kahn ging zu Lehmann und wünschte ihm viel Glück. Er umarmte ihn noch einmal, als sein Rivale sich nach dem Ende aus der Spielertraube befreit hatte, die ihn schier zu erdrükken drohte. Der Bundestrainer hatte Lehmann vor der WM zu seiner Nummer eins gemacht und den früheren »Welttorhüter« Kahn auf die Reservebank gesetzt. Klinsmann: »Die Szene zeigt, was für ein großartiger Sportsmann Oliver Kahn ist, und daß wir wirklich eine Mannschaft sind.«
Nach der regulären Spielzeit und der Verlängerung hatte

Ende des Elfmeterschießens: Lehmann hält zweimal und wird von Odonkor, Friedrich und Borowski gefeiert. Unten: Der eingewechselte Odonkor belebt das Spiel. Hier sprintet er gegen Tévez.

End of the penalty shoot-out: Lehmann kept two out and is applauded by Odonkor, Friedrich and Borowski. Below: Odonkor, who has just come on, livens the game up. Here he's in a sprint with Tévez.

Kloses Ausgleichstor zum 1:1: Sorin und Torwart Franco haben das Nachsehen.
As Klose equalizes to make it 1:1, Sorin and goalkeeper Franco are left standing.

es 1:1 gestanden. Bei einem scharfen Eckball von Spielmacher Juan Román Riquelme in der 49. Minute übersprang Abwehrspieler Roberto Ayala den nicht gerade kopfballschwachen Miroslav Klose und wuchtete den Ball mit der Stirn zur Führung ins Netz. Doch zehn Minuten vor dem Abpfiff schlug Kapitän Michael Ballack eine Flanke in den argentinischen Strafraum. Tim Borowski verlängerte per Kopf, und der sonst eher blaß gebliebene Klose köpfte ins lange Eck. Sechs Minuten später wurde er mit Wadenkrämpfen ausgewechselt. Es war keines der ganz großen Spiele, weil beide Mannschaften viel Respekt voreinander hatten und sie versuchten, die Räume eng zu machen. In der ersten Halbzeit kamen die Deutschen nicht ins Spiel, und auch die zweite Halbzeit der Verlängerung gehörte den Argentiniern. Michael Ballack, der mit Wadenkrämpfen durchhielt, weil das Auswechselkontingent erschöpft war, und der dann auch noch zum Elfmeterschießen antrat, analysierte das Spiel so: »Das war sensationell. Von den Torchancen her war es für die Zuschauer nicht so interessant, aber es stand auf einem hohen taktischen Niveau. Wir haben bis zum Schluß gefightet und nicht viel zugelassen. Ein Sieg im Elfmeterschießen ist immer etwas glücklich. Wir spielen seit WM-Beginn auf einem hohen Level und machen dabei wenig Fehler.«
Auch Jürgen Klinsmann unterstrich den unbändigen Siegeswillen seiner Schützlinge: »Es war verdammt hart, denn immerhin standen sich hier die beiden bisher besten Teams der WM gegenüber. Wir haben immer an uns geglaubt und gewußt, daß wir nach dem Rückstand zurückkommen werden. Wir sind sehr, sehr stolz auf unsere Mannschaft, vor allem wenn man bedenkt, daß fünf Spieler noch in der U21 hätten spielen können.«
Argentiniens Trainer José Pekermann, der auf der Pressekonferenz nach dem Spiel seinen Rücktritt erklärte, sagte: »Es war eine sehr harte, sehr emotional geführte Partie – eines Viertelfinales absolut würdig. Argentinien hat wie ein Favorit gespielt. Richtig gut, obwohl wir am Ende leider verloren haben. Deutschland hat das Glück erzwungen, aber wir haben ein großes Turnier gespielt.«
Allerdings bis auf die Szenen nach dem Abpfiff, als es zu regelrechten Tumulten kam, die durch einen Tritt des Argentiniers Leandro Cufré gegen den deutschen Verteidiger Per Mertesacker hervorgerufen wurden. Daraufhin gingen die Beteiligten aufeinander los. Vor allem Argentiniens Verteidiger Roberto Ayala und DFB-Teammanager Oliver Bierhoff, der zu schlichten versuchte, gerieten dabei aneinander. Anstifter Cufré vom AS Rom sah als Reservist noch im nachhinein die Rote Karte. Einen Tag vor dem Halbfinale erhielt auch noch Torsten Frings eine Sperre – eine unverständliche Entscheidung der FIFA-Disziplinarkommission. ■

Deutschland – Argentinien 1:1 (1:1, 0:0) n.V., 4:2 i.E. Berlin, 30. Juni, 17 Uhr

Deutschland: *Lehmann; Friedrich, Mertesacker, Metzelder, Lahm; Schneider (62. Odonkor), Frings, Ballack, Schweinsteiger (74. Borowski); Klose (86. Neuville), Podolski*

Argentinien: *Abbondanzieri (71. Franco); Coloccini, Ayala, Heinze, Sorin; Mascherano; González, Rodríguez; Riquelme (72. Cambiasso); Tévez, Crespo (79. Cruz)*

Tore: *0:1 Ayala (49.), 1:1 Klose (80.)*

Schiedsrichter: *Michel (SVK),* ***Assistenten:*** *Slysko, Balko (beide SVK)*

Zuschauer: *72 000 (ausverkauft)*

Elfmeterschießen:

Schütze	**Resultat**	**Stand**
Neuville (GER)	*verwandelt*	*1:0*
Cruz (ARG)	*verwandelt*	*1:1*
Ballack (GER)	*verwandelt*	*2:1*
Ayala (ARG)	*gehalten*	*2:1*
Podolski (GER)	*verwandelt*	*3:1*
Rodríguez (ARG)	*verwandelt*	*3:2*
Borowski (GER)	*verwandelt*	*4:2*
Cambiasso (ARG)	*gehalten*	*4:2*

Gregor Derichs

Hohe Schule der Verteidigung

Die Tifosi und die unparteiischen Beobachter waren sich nach dem Viertelfinale in Hamburg einig: Beim 3:0 gegen die Ukraine hatte Italien seine bis dahin beste Leistung gezeigt. Der Jubel um die »Squadra Azzurra« war riesengroß, nachdem die erste Halbfinalteilnahme seit zwölf Jahren feststand. »Doch wir sind noch lange nicht am Ziel«, sagte Trainer Lippi mit Blick auf das Halbfinale gegen Deutschland.

Lippis Ausführungen war Genugtuung zu entnehmen, denn vor dem Duell gegen die Ukraine gab es Zweifel. Italien hatte bis dahin zwar seine Spielstärke aufblitzen lassen, in bester Form befand sich das Team aber nicht. Aus der Heimat waren neue negative Nachrichten ins Duisburger WM-Quartier gedrungen. Der Prozeß wegen des Liga-Skandals, in dem den Vereinen von 14 Nationalspielern drakonische Strafen drohen, stand vor seinem Beginn.

Perrotta gegen drei ukrainische Riesen. Gussew muß um seine Textilien fürchten.
Perrotta against three Ukrainian giants: Gusev's clothing is in some danger.

Mindestens genauso hart wurde die Mannschaft von der Meldung getroffen, daß Gianluca Pessotto, der Ex-Verteidiger von Juventus Turin und der Nationalelf, einen Selbstmordversuch begangen hatte. Der Team-Manager von Juventus war aus dem Fenster gesprungen, wobei er sich schwer verletzte.

Gregor Derichs
**1954; Diplom-Sportlehrer; 1978 bis 1986 Redakteur beim Sport-Informations-Dienst, danach bis 2000 leitender Redakteur beim dpa; seit 2001 freier Journalist; Berichterstatter von acht Olympischen Spielen und sieben Fußball-Weltmeisterschaften; lebt in Dormagen.*

Swiderski foult Camoranesi.
Darunter: Totti im Duell mit Schelajew.
Ganz unten: Italien im Glück: Toni freut sich über das 2:0. Auch das spätere 3:0 ging auf sein Konto.

Sviderskyi fouls Camoranesi.
Below: Totti in a duel with Shelayev.
Italy rejoices: Toni celebrates the second: 2:0. Later on he scores again to make it 3:0.

Zwei Tage vor dem Viertelfinale flogen Gianluca Zambrotta, Alessandro Del Piero und Assistenztrainer Ciero Ferrara deshalb nach Turin, um den um sein Leben ringenden 35jährigen zu besuchen. »Diesen Sieg widmen wir Gianluca Pessotto«, sagte Lippi.
Bevor der Meistercoach und seine Spieler die Hansestadt verließen, wetterten sie aber erst einmal gegen die internationalen Medien, die die offensichtliche Rückkehr zum Catenaccio, dem überwunden geglaubten Defensivfußball alter Prägung, kritisiert hatten. »Wir spielen nicht rückwärts gewandt«, behauptete Lippi. »Jede Nation hat ihren charakteristischen Fußball. Brasilien spielt wie Brasilien, Deutschland wie Deutschland. Und wir spielen eben unseren Stil.«
Was er darunter versteht, war in der Viertelfinalpartie gegen den WM-Neuling aus Osteuropa zu beobachten. Und man sah, wie erfolgreich die italienische Elf die ergebnisorientierte Spielweise aufgriff, mit der die Vereine des Landes über Jahrzehnte die europäischen Wettbewerbe dominiert hatten.
Der Blitzstart mit einem Tor von Zambrotta (6.) erleichterte den Italienern die Umsetzung ihrer Strategie. Gegen die sichere Deckung hatten es die Ukrainer schwer. Denn vor der Viererkette standen drei defensive und zwei offensiv agierende Mittelfeldspieler sowie mit Luca Toni nur ein Stürmer.
Die Schützlinge von Trainer Oleg Blochin bissen sich an den doppelten Abwehrketten der Italiener die Zähne aus. »Es war sehr schwierig, auch nur zu versuchen, den Ausgleich zu schießen, geschweige denn gegen die Italiener zu gewinnen«, sagte Andrej Schewtschenko. »Wir haben gegen eine perfekte italienische Weltklassemannschaft gespielt, die verdient gewonnen hat«, erklärte »Sheva«, dessen Wechsel zu FC Chelsea an jenem Tage um Mitternacht – 70 Minuten nach dem Abpfiff – wirksam wurde.
In einer Phase italienischer Verlegenheit war es Torwart Buffon, der auf einen von Oleg Gussew getretenen Ball glänzend reagierte und ihn an den Pfosten lenkte (58.). Den Nachschuß von Andrej Gusin wehrte Zambrotta auf der Linie ab.
Lippi reagierte mit taktischen Wechseln, mit denen er seine Elf noch defensiver einstellte. Daß diese Ausrichtung aber nicht mit einem gedrosselten Drang nach vorn verbunden war, machte das 2:0 deutlich, das Toni mit seinem ersten WM-Tor nach Vorarbeit von Francesco Totti kurz darauf erzielte. Spätestens als Gusin per Kopfball nur die Latte traf (62.), ahnten die Gelben, daß dieser Abend für sie ohne Erfolgserlebnis zu Ende gehen würde.
Der überragende Zambrotta bereitete bei einem Konter das 3:0 von Toni vor.
Die erfahrenen Italiener hatten eindrucksvoll bewiesen, daß sie das taktisch stärkste Team der Welt sind, was jedoch im ausgeglichenen Feld des internationalen Fußballs nicht zwangsläufig zu Siegen führen muß. Während die Azzurris relativ nüchtern auf ihre Halbfinalqualifikation reagierten, zog Blochin trotz der Niederlage ein positives Fazit: »Kein Ukrainer sollte enttäuscht sein. Wir haben unser Land beim WM-Debüt würdig vertreten, indem wir unter den acht besten Mannschaften der Welt vertreten waren.« ■

Italien – Ukraine 3:0 (1:0) Hamburg, 30. Juni, 21 Uhr

Italien: *Buffon; Zambrotta, Barzagli, Cannavaro, Grosso; Perrotta, Pirlo (68. Barone), Gattuso (77. Zaccardo); Camoranesi (68. Oddo), Totti, Toni*
Ukraine: *Schowkowski; Gussew, Russol (47. Waschtschuk), Swiderski (20. Worobjew), Nesmatschni; Timoschtschuk; Gusin, Schelajew, Kalinitschenko; Milewski (72. Belik), Schewtschenko*
Tore: *1:0 Zambrotta (6.), 2:0 Toni (59.), 3:0 Toni (69.)*
Schiedsrichter: *De Bleeckere (BEL),* ***Assistenten:*** *Hermans, Vromans (BEL)*
Zuschauer: *50 000 (ausverkauft)*

Ronald Reng

Englands Schicksal sind elf Meter

Als auch die ereignislose Verlängerung abgepfiffen war, wurde ein Lied aufgelegt. Es dauerte einen Moment, bis es die Zuschauer im Gelsenkirchner WM-Stadion, der Arena Auf Schalke, erkannten. Dann stimmten die englischen Fans ein, zunächst ein paar Hundert, bis es zum Gesang von Tausenden anschwoll: »Que será, que será« – Was sein wird, wird sein. Doch wirklich: In diesem Moment hofften sie noch, daß es diesmal anders kommen würde. Einmal muß es doch anders ausgehen! Oder nicht?

Ein paar Minuten und neun Elfmeter später war es, wie es sein mußte: England war im Viertelfinale gegen Portugal auch bei dieser WM im Elfmeterschießen mit 1:3 gescheitert, nachdem es nach 120 Minuten 0:0 gestanden hatte. Dabei machten es ihnen anfangs die Portugiesen mit zwei Fehlschüssen von Hugo Viana und Petit leichter denn je. Doch dann verschossen diesmal halt gleich drei Engländer – Frank Lampard, Jamie Carragher und Steven Gerrard. Einzig Owen Hargreaves traf aus elf Metern, »und der ist eigentlich Deutscher«, schrieb Martin Samuel, einer der besten Kolumnisten Englands, eingedenk der Tatsache, daß Hargreaves als Fußballer bei Bayern München groß wurde.

Der englische Abgang bei einer Welt- oder Europameisterschaft ist längst nur noch eine einzige, ewige Wiederholung. Zum fünften Mal bei den letzten acht Turnierteilnahmen scheiterte man im Elfmeterschießen. 1990 ging es im Halbfinale gegen Deutschland los; nun schien die Zeit endgültig stillzustehen: Wie 2004 bei der EM waren es diesmal wieder das Viertelfinale, wieder Portugal und wieder die elf Meter, die das »so schmerzhafte wie vorhersehbare Ende« brachten, wie Samuel in der Sonntagszeitung »News of the World« notierte. Es ist längst ein englisches Trauma geworden. Die BBC drehte Dokumentarfilme über das Elfmeterschießen, aus denen staunend zur Kenntnis genommen wurde, daß die Deutschen bei solchen Schüssen eine Erfolgsquote von 90 Prozent erzielen. Ein ganzes Buch ist dem Thema gewidmet: »On Penalties«, von Andrew Anthony.

Szenen, an die sich in Deutschland kaum noch wer erinnert, haben sich in England tief ins nationale Gedächtnis gegraben. Wie Andreas Möller jubelte, nachdem er im EM-Halbfinale 1996 in Wembley den entscheidenden Elfmeter verwandelt hatte: Stillgestanden, rammte er die Hände in die Hüften, schob die Brust raus und grinste feist. Es war eine spontane, undurchdachte Geste. Doch kein englischer Fan, der sich nicht daran erinnert. »The Peacock« tauften sie die Jubelgeste: der Pfau. Möller, »der Pfau«, das steht für die Engländer mehr als

Ronald Reng
**1970, arbeitet seit zehn Jahren als Fußballreporter und wurde für seine Reportagen dreimal mit dem Großen Preis des Verbandes Deutscher Sportjournalisten ausgezeichnet. Sein bei Kiepenheuer & Witsch erschienenes Buch »Der Traumhüter« gewann 2004 den Preis des besten Sportbuchs des Jahres; lebt in Barcelona.*

Vorsicht, Fuß von hinten! Meira spitzelt Crouch den Ball weg.
Unten: Portugal im Halbfinale. Der Torwart und sein Team feiern in Bodenlage.
Andere Seite: Das war das Aus für England! Mit drei gehaltenen Bällen beherrscht Portugals Torwart Ricardo das Elfmeterschießen – Hargreaves überwand ihn allerdings.

Watch out, there's a foot behind you! Meira sneaks the ball away from Crouch.
Below: Portugal in the semi-finals. The keeper and his team have a rest to celebrate.
Other page: England out! By stopping three penalties Portugal's goalkeeper Picardo dominates the shoot-out – here against Hargreaves.

alles andere – für eine Erniedrigungen, die sie aus elf Metern Entfernung erfahren haben. »Wir haben bei dieser WM Elfmeter so oft geübt. Ich weiß nicht, was wir noch tun sollen!«, rief Englands schwedischer Trainer Sven-Göran Eriksson verzweifelt. Dann brach es aus ihm heraus: »Es tut mir so leid.« Es waren seine Abschiedsworte.

Der erste Ausländer, der die Nationalelf des selbsternannten Mutterlands des Fußballs trainieren durfte, verläßt nach fünf Jahren England. Und man sah, daß die Elf nach all den Hoffnungen mit ihm keinen Schritt weitergekommen war. Noch 2001 schien der organisiert vorsichtige Fußball, den Eriksson installierte, wie ein neuer Anfang. In der WM-Qualifikation für 2002 konterte England Deutschland in München gnadenlos aus und siegte 5:1. Doch die nächste Stufe hat die Elf nie erreicht. Sie blieb eine blutleere, kalkulierende Mannschaft, die all die klassischen Zutaten des englischen Spiels mied: das Risiko, das Tempo, den Rausch. Sie erreichte unter Eriksson bei Welt- und Europameisterschaften dreimal das Viertelfinale – das war eine Konstanz, die England in keiner anderen Etappe vorweisen konnte. Aber das Gefühl blieb, daß diese Ausnahmegeneration – mit David Beckham, Frank Lampard, Wayne Rooney, Steven Gerrard, Michael Owen und, und, und – mehr hätte erreichen müssen. Eriksson selbst fühlte das auch: »2002 war es noch okay, im Viertelfinale auszuscheiden. Diesmal nicht. Doch wir waren nicht gut genug.« Dabei übertünchte das herzzerreißende Drama des Elfmeterschießens sogar noch, wie schlecht die Engländer gespielt hatten. Spieler wie Lampard und Beckham blieben weit unter ihren Möglichkeiten. Ausgewechselt mit einem verdrehten Knie, saß Beckham weinend auf der Ersatzbank, als die Elfmeter und die Hoffnung an den Fäusten von Portugals Torwart Ricardo abgeprallt waren. War es mit 31 Jahren seine letzte WM? »Es ist zu Ende gegangen«, sagte er. Ein einfacher Satz, der so viel sagte. Der Stadionsprecher legte nun Gloria Gaynor auf: »I will survive« – Ich werde überleben. Am nächsten Tag erklärte Beckham seinen Rücktritt als Nationalmannschaftskapitän. ■

England – Portugal 0:0 n. V., 1:3 n. E., Gelsenkirchen, 1. Juli, 17 Uhr

England: Robinson; Neville, Ferdinand, Terry, A. Cole; Hargreaves; Beckham (52. Lennon, 119. Carragher), Lampard, J. Cole (65. Crouch); Gerrard; Rooney (62. Rot)
Portugal: Ricardo; Miguel, Meira, Carvalho, Valente; Petit, Maniche; Figo (86. Postiga), Tiago (74. Viana), Ronaldo; Pauleta (63. Simão)
Schiedsrichter: Elizondo (ARG), **Assistenten:** García, Otero (beide ARG)
Zuschauer: 52 000 (ausverkauft)

Elfmeterschießen:

Schütze	**Resultat**	**Stand**
Simão (POR)	verwandelt	0:1
Lampard (ENG)	gehalten	0:1
Viana (POR)	Pfosten	0:1
Hargreaves (ENG)	verwandelt	1:1
Petit (POR)	verschossen	1:1
Gerrard (ENG)	gehalten	1:1
Postiga (POR)	verwandelt	1:2
Carragher (ENG)	gehalten	1:2
Ronaldo (POR)	verwandelt	1:3

Oliver Trust

Das Wunder von Frankfurt

Sie bildeten Spalier wie für einen König. Betreuer, Trainer, Funktionäre – die Männer in den dunklen Anzügen waren auf dem Rasen angetreten. Einer neben dem anderen, wie bei einem Staatsempfang. Oben auf der Tribüne stand Jacques Chirac, der erste Mann im Staate Frankreich, der aber für diesen Abend seinen Titel los war. Sie standen alle auf für einen anderen. Für den Mann, der einmal Postbote werden wollte und im Armenviertel Castellane hoch über Marseille aufwuchs. Ihr König war Zinedine Zidane. Eigentlich sollte er gar nicht mehr dabei sein. Zidane ist 34 Jahre alt, müde und all dessen überdrüssig, was man auf seinen Schultern abgeladen hatte. Tonnen von Erwartungen, die ihn vor vier Jahren bei der WM in Südkorea und Japan mit dem Rest einer scheinbar ausgebrannten Mannschaft in die Knie gehen ließen. Was 2004 folgte, war der bittere Abgang bei der EM in Portugal, als sich der spätere Europameister Griechenland nicht bezwingen ließ. Doch im Sommer 2006 tanzten sie wieder auf dem Rasen. Sie schrieen, jubelten und beklatschten sich selbst wie besessen Beifall. Frankreich hatte das Halbfinale erreicht. Jene Mannschaft, die 2002 ohne ein einziges Tor in der Vorrunde sang- und klanglos ausgeschieden war und die man mit Hohn und Spott überschüttet hatte. Zu groß war vielleicht die eigene Überraschung darüber, wie leicht es gewesen war, den fünfmaligen Weltmeister Brasilien aus dem Gleichgewicht zu bringen und aus dem Turnier zu werfen. »Es war körperlich ein enormes Spiel. Wir haben verdient gewonnen«, sagte Zidane, der an diesem Abend als Attraktion herumgereicht wurde. Auch diese Rolle füllte er aus.
Eine Mannschaft feierte beim 1:0-Sieg über Brasilien ihre Wiederauferstehung. Die von Nationaltrainer Domenech aus purer Verzweiflung zurückgerufene Garde alter Männer hatte es wieder einmal allen gezeigt. Zuerst das 3:1 gegen Spanien, und nun dieser Triumph.
Extra für diese WM kam Zidane für ein paar Monate zurück wie ein Teilzeitarbeiter. Anschlie-

Unterwegs zum 1:0: Henry schießt und dreht zum Jubeln ab. Dida kann nur noch den Ball aus dem Netz holen.
Rechts: Das war's, kein Halbfinale für Brasilien. Ronaldo ist zutiefst enttäuscht.
Andere Seite: Barthez mit einer Faust gegen Adriano und Gilberto Silva.

En route to 1:0: Henry shoots and turns away in jubilation. All Dida can do is pick the ball out of the net.
Right: It's over: Brazil can't defend their title, and Ronaldo is disappointed.
Other page: Barthez with a one-handed punch-out against Adriano and Gilberto Silva.

Brasilien – Frankreich 0:1 (0:0) Frankfurt, 1. Juli, 21 Uhr

Brasilien: *Dida; Cafu (76. Cicinho), Lúcio, Juan, Roberto Carlos; Gilberto Silva, Zé Roberto; Kaká (79. Robinho), Juninho (63. Adriano); Ronaldinho, Ronaldo*
Frankreich: *Barthez; Sagnol, Thuram, Gallas, Abidal; Vieira, Makelele; Ribery (77. Govou), Malouda (81. Wiltord); Zidane; Henry (86. Saha)*
Tor: *0:1 Henry (57.)*
Schiedsrichter: *Medina Cantalejo (ESP),* **Assistenten:** *Giraldez Carrasco, Medina Hernández (beide ESP)*
Zuschauer: *48 000 (ausverkauft)*

ßend will er wieder in den Fußballer-Ruhestand treten. »Weil er aufhören wird, hat er so befreit aufgespielt. Deshalb hat er soviel investiert«, erklärte Domenech, der sich von der Vorstellung seiner Mannschaft wie berauscht fühlte. »Ich kann es nicht glauben«, hauchte er. Wie Frankreichs Trainer ging es auch den meisten der 48 000 Zuschauer. Die Galavorstellung der »Equipe tricolore« mit dem zurückgekehrten Zinedine Zidane machte sie sprachlos vor Staunen.
Zur Erinnerung: Da spielte nicht irgendwer. Es waren die Brasilianer, es waren »Weltfußballer« wie Ronaldinho und Ronaldo, den sie das Phänomen nennen und dessen Ballkünste man oft genug bewundert hatte. Doch in der 57. Minute dieses Spiels war es an den Brasilianern, über Zidane zu staunen. Er stieß einen Freistoß quer über den Platz bis ans lange Eck, wo Thierry Henry, die einzige Spitze der Franzosen, stand, der diese präzise Vorlage mit einem Treffer vollendete.
Daß dieses einzige Tor spielentscheidend blieb, dafür sorgten auch Claude Makelele und Patrick Vieira als unüberwindliche Mauer im Mittelfeld und ein starker Willy Sagnol von Bayern München. Und eben »Zizou«, wie Zidane genannt wird. Was er nach dem Match sagte, klang wie eine Drohung: »Ich habe noch zwei Spiele, um zu zeigen, was ich kann.« Als ob er noch jemand etwas beweisen müßte? »Die Rolling Stones« des Fußballs wären unterwegs, schrieben vorher die Zeitungen mit sarkastischem Unterton. Von wegen »Altherrentruppe«! Torschütze Henry sah das ganz anders: »Wir haben jetzt das Recht zu träumen.«
Brasilien dagegen versank in Trauer und Depression. Es klang wie ein Statement der Ohnmacht, als Carlos Alberto Parreira bekannte, er sei auf diese Niederlage nicht vorbereitet gewesen. »Ich habe meine Pflicht nicht erfüllt, es fehlt etwas«, sagte der Trainer, der Brasilien 1994 zum vierten Titel geführt hatte. Doch jetzt war aus der Weltmeisterschaft eine Europameisterschaft geworden, mit Argentinien auch die andere südamerikanische Mannschaft ausgeschieden.
»Diese Niederlage ist ein Schock für uns«, sagte Ronaldinho. Und Ronaldo, der nach 1998 zum zweiten Mal einen Albtraum durchmachte, den er nie wieder erleben wollte, gestand ein: »Zidane hat besser gespielt als wir.« ■

Wo bleibt der Fernsehbeweis?

Ralph Durry

Es ist schon ein sonderbarer Job, den die Männer ausüben, die eine Trillerpfeife tragen. Sie müssen 22 Fußballer im Zaum halten, die um eine Kunststoffkugel kämpfen und das »Runde« ins »Eckige« – den Ball ins Tor – befördern wollen. Damit das Spiel in geordneten Bahnen verläuft, hat man ihm Regeln gegeben, die überschaubar sind. Es sind nur 17 Stück, über deren Einhaltung der 23. Mann auf dem Platz – in Deutschland sind zwei Prozent der Referees Frauen – zu wachen hat.
Damit er den Überblick behält, amtieren an den Seitenauslinien zwei sogenannte Assistenten, die bis 1996 Linienrichter genannt wurden. In der Hand tragen sie eine Fahne, mit der sie manchmal aufgeregt hin und her wedeln – etwa um eine Abseitsstellung anzuzeigen. Was das ist? Das ist doch wohl klar: »Abseits ist, wenn der Schiri pfeift« – keine Fußballregel ist so umstritten und wurde so oft verändert.
Seit einiger Zeit gibt es den vierten Offiziellen, der auch eine Art Schiedsrichter ist und der unter anderem dafür zu sorgen hat, daß die Trainer ihre Coaching-Zone nicht verlassen. Und bei der WM 2006 wurde nun noch ein fünfter Offizieller eingeführt, der normalerweise als Assistent fungiert. Nummer vier und fünf unter den »Match Officials« sind gleichzeitig für den Notfall gedacht, denn es könnte ja sein, daß sich einer der Protagonisten verletzt.
Eine kluge Idee des Fußball-Weltverbandes, der bei den letzten WM über seine »Pfeifenmänner« nicht immer glücklich war. Diese agierten nämlich immer häufiger, als wären sie aufreizend blind, während andere gar meinten, sie seien bestochen gewesen. Ein Sturm der Entrüstung brach beispielsweise 2002 nach der WM los, weil sich Teams wie Italien oder Spanien von den Unparteiischen um die Früchte ihrer Arbeit betrogen sahen. Das zeigt, daß die Schiedsrichter immer noch das angreifbarste Glied in der Kette sind, mit denen man auch mal das eigene Versagen erklären kann.
Abwegig sind dennoch solche Argumentationen nicht, wie der Fall des Brasilianers Edilson Pereira de Carvalho, der

Schiedsrichter Elizondo zeigt im Spiel gegen Portugal dem Engländer Rooney die Rote Karte.
Referee Elizondo shows the Englishman Rooney the red card during the match against Portugal.

Ralph Durry
**1960; Fußball-Chef und Mitglied der Redaktionsleitung des Sport-Informations-Dienstes (sid), dem er seit 1983 angehört. Der gebürtige Gerolsteiner war Berichterstatter von acht Olympischen Spielen und sechs Fußball-WM. Als ehemaliger Eishockey-Reporter ist er Träger der goldenen Ehrenmedaille des Eishockey-Weltverbandes. Von 1992 bis 1998 war er sid-Reporter bei der deutschen Fußballnationalmannschaft. Hauptveranwortlicher für die WM 2006 im sid.*

Überfordert: Schiedsrichter Iwanow zückt im Spiel Portugal-Niederlande 16mal die Gelbe Karte – hier für Costinha. Selbst der vierte Offizielle hilft zu schlichten.
Links: Zeit zum Auswechseln! Der Schiedsrichterassistent gibt dem Referee das Zeichen.
Unten: Klare Zeichensprache: Dr. Markus Merk im Spiel Ghana-USA.

Just too much: referee Ivanov shows 16 yellow cards in the Portugal–Netherlands match – here to Costinha. Even the fourth official helps to sort things out.
Left: Time for a substitution! The assistant referee gives the referee the signal.
Below: Clear sign language: Dr Markus Merk during the Ghana - USA match.

regelmäßig Spiele verschoben hat, und der jüngste Fußballskandal in Italien zeigen – und dabei liegt noch nicht einmal die ganze Wahrheit auf dem Tisch. Daß auch in Deutschland Manipulationen möglich sind, hat nicht zuletzt der ehemalige Berliner Schiedsrichter Robert Hoyzer bewiesen, der sich – als wäre das eine Selbstverständlichkeit – in der Wettszene bewegt hatte. Aber es wäre ja auch zu seltsam, wenn ausgerechnet der Fußball, der regelmäßig Millionen und bei der WM-Endrunde sogar Milliarden Menschen bewegt, nicht das Objekt der Begierde windiger Geschäftemacher wäre. Und über wen könnten jene Leute besser Zugang zu diesem lukrativen Spiel finden, wenn nicht über den Schiedsrichter, dessen Entscheidungen definitiv sind? Er kann eine Partie regelgetreu leiten, aber auch einen Elfmeter nicht geben oder ein harmloses Foul mit Platzverweis ahnden.
Der allmächtige Weltverband weiß natürlich um die Gefahren, weshalb er für diese WM eine Tochtergesellschaft namens FIFA Early Warning System gründete, deren Aufgabe es ist, vor allem das Geschehen auf dem Wettmarkt zu überwachen und rechtzeitig vorbeugende Maßnahmen zu treffen. FIFA-Boß Joseph S. Blatter spricht verharmlosend gerne von den »Abwegen des Fußballs«, den »Deviationen«. Um alle auf dem rechten Weg zu halten, verfiel die FIFA auf die Idee, die WM-Teilnehmer – von den Spielern, über die Trainer und Funktionäre bis zu den Schiedsrichtern – vor Turnierbeginn einen Ehrenkodex unterschreiben zu lassen. Darin verpflichteten sie sich, Fairplay walten zu lassen, sich gegen Rassismus und Diskriminierung einzusetzen und natürlich auf das Wetten zu verzichten. Das alles firmiert bei der FIFA unter Ethik, mit der Blatter die Welt verbessern will.
Selten zuvor war aber auch so viel Geld im Spiel wie bei dieser WM. Beim Tanz ums Goldene Kalb sind die Schiedsrichter nach wie vor nur Amateure – wahrscheinlich die

Elfmeter kurz vor Toresschluß! Nicht nur der Australier Lucas Neill findet die Entscheidung von Medina Cantalejo unbegreiflich.
Darunter: Platzverweis: Vergeblich ruft der Italiener Materazzi im Spiel gegen Australien den Himmel an. Der Referee zeigt ihm die Rote Karte.

Penalty just before the end! It's not just the Australian Lucas Neill who finds Medina Cantalejo's decision hard to understand.
Below: Sent off: it's no good the Italian Materazzi imploring heaven for help in the game against Australia. The Referee shows him the red card anyway.

letzten in einem WM-Turnier, denn Blatter will zukünftig nur noch Profi-Referees einsetzen. Dahinter steckt die Überlegung, daß ein bezahlter Schiri besser mit Kritik umgehen kann, auf Anfeindungen unempfindlicher reagiert und sich dem obskuren Wettbetrieb besser entziehen kann. Warten wir es ab.
Die ersten Profi-Schiedsrichter kamen bei dieser WM bereits zum Einsatz. Einer von ihnen war der Engländer Graham Poll. Dem bislang untadeligen Unparteiischen unterlief allerdings der Lapsus, dem aus Berlin stammenden Kroaten Josip Šimunić dreimal den gelben Karton zu zeigen, obwohl der Herthaner nach zwei Verwarnungen per Gelb-Roter Karte eigentlich vom Platz gemußt hätte. Poll wurde anschließend nicht mehr eingesetzt und beendete noch während der WM seine internationale Karriere.
In seinem Bemühen, alles zu perfektionieren, vergaß der Weltverband allerdings, daß auch Referees Menschen sind, die irren können. Auf die steigende Zahl falscher Karten reagierte Blatter höchst aggressiv, womit er die Schiedsrichter noch zusätzlich verunsicherte. Es kam sogar der Verdacht auf, daß die im Grunde positiven Bemühungen, im Vorfeld der WM eine einheitliche Regelauslegung per Dekret und Schulung zu erreichen, sich als kontraproduktiv herausstellen. Was man selbst von renommierten europäischen Referees sah, die ansonsten ihr Metier verstehen, war teilweise lachhaft. Es waren viele, die patzten, darunter der zum »Welt-Schiedsrichter« gewählte Dr. Markus Merk.
Aber es gab auch bemerkenswerte Leistungen wie jene des Slowaken Luboš Michel, der das hitzige Viertelfinalspiel zwischen Deutschland und Argentinien souverän über die Bühne brachte. Selbst als nach dem Elfmeterschießen unter den Spielern und Betreuern ein Tumult ausbrach, behielt er den

WM-Schiedsrichter und ihre Assistenten

Afrika:
Essam Abd El Fatah (EGY)
Coffi Codjia (BEN)
Asien:
Toru Kamikawa (JPN)
Shamsul Maidin (SIN)
Mark Shield (AUS)
Europa:
Frank de Bleeckere (BEL)
Massimo Busacca (SUI)
Luis Medina Cantalejo (ESP)
Walentin Iwanow (RUS)
Dr. Markus Merk (GER)
Luboš Michel (SVK)
Graham Poll (ENG)
Eric Poulat (FRA)
Roberto Rosetti (ITA)
CONCACAF:
Benito Archundia (MEX)
Marco Rodríguez (MEX)
Südamerika:
Carlos Amarilla (PAR)
Horacio Elizondo (ARG)
Jorge Larrionda (URU)
Oscar Ruiz (COL)
Carlos Simon (BRA)
Förderungs- und Supportgruppe:
Khalil Al Ghamdi (KSA)
Carlos Chandia (CHI)
Jerome Damon (RSA)
Mohamed Guezzaz (MAR)
Kevin Stott (USA)

Überblick und fand in dem Argentinier Cufré, der Mertesacker einen Fußtritt versetzt hatte, den Übeltäter heraus, um ihm noch nachträglich die Rote Karte zu zeigen.
Dennoch war das positive Gesamtfazit, das der Chef der FIFA-Schiedsrichter, der Spanier Angel Maria Villar, zog, ein wenig übertrieben. Es erweckte den Anschein einer Vogel-Strauß-Taktik. Eine glasklare Analyse wäre hilfreicher.
Dazu zählt auch, endlich das Thema »Technische Hilfsmittel« zu diskutieren und den Fernsehbeweis zuzulassen – bisher ein Tabu. Immerhin sind ja die Schiri-Gespanne schon seit einigen Jahren miteinander verkabelt – eine Idee des deutschen Schiedsrichters Rudolf Kreitlein, der ein Funkleitsystem mit einem Sender in der Fahne und einem Empfänger am Arm des Schiedsrichters entwikkelte. Inzwischen können Referee und Assistenten auch direkt miteinander kommunizieren.
Was im Eishockey, wo zusätzliche Technik die Unparteiischen entlastet und sich der unabhängige Oberschiedsrichter bewährte, möglich war, sollte auch für den Fußball gelten. Zudem könnte das Hinzuziehen einer unbestechlichen Videoaufnahme der Entscheidungsfreiheit des Unparteiischen überlassen bleiben. So würde dessen Autorität auch nicht unterminiert, er erhielte sogar die Möglichkeit, Fehlentscheidungen zu korrigieren und sein Ansehen zu stärken. Also kein »Big Brother is watching You«, sondern Anpassung an moderne Zeiten. Die Spieler hätten es verdient, korrekt beurteilt zu werden. ■

»Schiri« Rosetti sieht alles: Im Achtelfinale zieht er für Frankreichs Zinedine Zidane Gelb Nummer drei.
Links: Spielverderber: Brasiliens Adriano hat für den slowakischen Schiedsrichter Luboš Michel nur eine Grimasse übrig.

Ref Rosetti sees everything: in the second round match he pulls out yellow card number three for France's Zinedine Zidane.
Left: Spoilsport: Brazil's Adriano has only a scornful laugh for the Slovakian refereee Luboš Michel.

Schiedsrichterassistenten
Afrika:
Aboudou Aderodjou (BEN)
Dramane Dante (MLI)
Mamadou Ndoye (SEN)
Celestin Ntagungira (RWA)
Asien:
Eisa Ghuloum (UAE)
Nathan Gibson (AUS)
Yoshikazu Hiroshima (JPN)
Kim Dae Young (KOR)
Prachya Permpanich (THA)
Ben Wilson (AUS)
Europa:
Matthias Arnet (SUI)
Martin Balko (SVK)
Francesco Buragina (SUI)
Cristiano Copelli (ITA)
Lionel Dagorne (FRA)
Victoriano Giraldez Carrasco (ESP)
Nikolaj Golubjow (RUS)
Peter Hermans (BEL)
Pedro Medina Hernández (ESP)
Jan-Hendrik Salver (GER)
Christian Schraer (GER)
Philip Sharp (ENG)
Roman Slysko (SVK)
Alessandro Stagnoli (ITA)
Vincent Texier (FRA)
Glenn Turner (ENG)
Jewgeni Wolnin (RUS)
Walter Vromans (BEL)
CONCACAF:
José Luis Camargo (MEX)
Leonel Leal (CRC)
José Ramírez (MEX)
Hector Vergara (CAN)
Südamerika:
Amelio Andino (PAR)
Manuel Bernal (PAR)
Ednilson Corona (BRA)
Pablo Fandino (URU)
Dario García (ARG)
José Navia (COL)
Rodolfo Otero (ARG)
Walter Rial (URU)
Fernando Tamayo (ECU)
Aristeu Tavares (BRA)
Förderungs- und Supportgruppe
Hamdi Al Kadri (SYR)
Fathi Arabati (JOR)
Gregory Barkey (USA)
Brahim Djezzar (ALG)
Jean-Marie Endeng Zogo (CMR)
Rodrigo González (CHI)
Cristian Julio (CHI)
Enock Molefe (RSA)
Chris Strickland (USA)
Justice Yeboah (GHA)

Farbige Spiele

COPA
2006
oho! D

Vom Schiff grüßen brasilianische Fans, am Ufer antwortet man mit »LaOla«.

From the ship Brazilian fans wave in greeting, from the shore they answer with »LaOla«.

Achtelfinale

Last Sixteen

Mit dem Achtelfinale begannen die K.o.-Runden der Weltmeisterschaft. Bei einem Unentschieden nach Ende der regulären Spieldauer folgte eine Verlängerung von zweimal 15 Minuten ohne Pause. Bei einem erneuten Remis, wie im Falle des Spiels Ukraine gegen die Schweiz, mußte das 1978 eingeführte Elfmeterschießen entscheiden, in dem sich die Ukraine durchsetzte. Außerdem qualifizierten sich Deutschland, Argentinien, Italien, England, Portugal, Brasilien und Frankreich für das Viertelfinale.

With the second-round matches, involving the last sixteen teams, the World Cup entered the knock-out stages. If a match was still a draw at the end of the normal period of play, there followed an extra time period of twice 15 minutes, without a break. One match was still drawn after extra time, that between the Ukraine and Switzerland, and a penalty shoot-out, introduced in 1978, decided the outcome in the Ukraine's favour. The other qualifiers for the quarter finals were Germany, Argentina, Italy, England, Portugal and France.

Kloses Gala, Podolskis Tore

Ralph Durry

So etwas hatte München lange nicht mehr erlebt. Trotz der Erfolge des Aushängeschilds FC Bayern – der deutsche Rekordmeister gibt mit seinen zahlreichen Erfolgen genug Anlaß zu Fußball-Feiern – war dieser 24. Juni 2006 ein ganz besonderer Tag. Das WM-Achtelfinale zwischen Gastgeber Deutschland und Schweden hatte dafür gesorgt, daß die bayerische Metropole zum Mittelpunkt der deutschen WM-Begeisterung wurde. Schon viele Stunden vor dem Spiel zogen die Schlachtenbummler durch die City. Sie duellierten sich mit den Anhängern der »Tre Kronor« mit hitzigen Gesängen und ließen ihrer Vorfreude freien Lauf.

Auch die Münchner WM-Arena präsentierte sich als stimmungsvoller Fußball-Tempel, der der Heimmannschaft zum Vorteil gereichen sollte. Die »Klinsmänner« nahmen die Begeisterung von der Tribüne

Souveräne Nummer 1: Unterstützt von Klose, klärt Jens Lehmann vor dem Schweden Mellberg mit der Faust. Darunter: Ljungberg und Ballack im Kampf um den Ball.

Number 1 in full control: supported by Klose, Jens Lehmann uses his fist to clear from the Swede Mellberg Below: Ljungberg and Ballack fighting for the ball.

auf und zeigten das wohl beste deutsche WM-Spiel seit jenem traumhaften 2:1 gegen die Niederlande im Achtelfinale der Coppa del Mondo in Italien 1990. Trotz brütender Hitze legte die deutsche Mannschaft wie die Feuerwehr los, schnürte die Skandinavier von Beginn an in deren Hälfte ein.

Vor allem Miroslav Klose zeigte Fußball wie von einem anderen Stern. Der Bremer Sturmführer bestach nicht nur mit seiner Schnelligkeit, seiner Ballfertigkeit und Raffinesse, sondern er begeisterte auch mit Übersicht und seinem unermüdlichen Einsatzwillen. »Der Unterschied von heute zu meiner Verfassung von vor zwei Jahren ist ganz einfach: Ich bin hundertprozentig fit und in körperlichem Topzustand«, erklärte er hinterher. Mit einem unwiderstehlichen Dribbling setzte sich der Werderaner schon in der vierten Minute gegen die schwedische Abwehr durch und versuchte, auch noch den Torhüter auszutanzen. Der konnte jedoch den Ball abwehren – aber genau vor die Füße von Lukas Podolski, der keine Mühe hatte, zum 1:0 einzuschießen. Das war der Anfang einer »Klose-Podolski-Show«. Nur acht Minuten später legte der Bremer dem künftigen Münchner erneut den Ball maßgerecht vor, und der vollstreckte zum 2:0. Mit seinem dritten WM-Treffer machte »Prinz Poldi« damit Jagd auf Klose, der zu dieser Zeit noch ein Tor mehr auf seinem Konto hatte. Trotzdem stand Podolski an die-

Doppelter Torschütze: Schon in der vierten Minute schießt Lukas Podolski das 1:0 für Deutschland.
Two-goal marksman: after less than four minutes' play Lukas Podolski makes it 1:0 for Germany.

sem Tag im Schatten von Klose, der mit einer Leichtigkeit die Gegner stehen ließ, die einfach verblüffte. »Ich habe mir für die WM einiges vorgenommen«, hatte er vorher prophezeit. Doch mit seinem brillanten Spiel übertraf er sein Versprechen um ein Vielfaches. In dieser Verfassung braucht er sich vor keinem Stürmer der Welt zu verstecken. Daß die deutsche Mannschaft »eine außergewöhnliche erste halbe Stunde bot«, so Bundestrainer Jürgen Klinsmann, lag vornehmlich an Klose, der die Schweden von einer Verlegenheit in die andere stürzte.
Die schwedische Mannschaft, die mit dem glorreichen Trio Fredrik Ljungberg, Zlatan Ibrahimovic und Henrik Larsson angetreten war, wurde bei Temperaturen von über 30 Grad Celsius im Schatten kalt erwischt. Zu allem Überfluß flog der Ex-Leverkusener Teddy Lucic (35.) per Gelb-Roter Karte vom Platz. Und auch Larsson konnte ein Elfmetergeschenk in der 53. Minute nicht verwerten: Er schoß den Ball über das Tor. Dennoch gab es keinen Zweifel daran, daß die deutsche Elf völlig verdient ins Viertelfinale eingezogen war. Auch Kapitän Michael Ballack, den seine Wadenverletzung zurückgeworfen hatte, sprühte wieder vor Spielfreude. Er schoß so oft wie noch in keinem anderen WM-Spiel auf das gegnerische Gehäuse. Es schien, als wollte der künftige Londoner in seinem bisherigen Heim-Stadion unbedingt ein Tor machen. Aber es blieb ihm versagt.
Für Aufsehen sorgte auch Mittelfeldspieler Torsten Frings, der in der 49. Minute sein Schuhwerk wechselte. Der Bremer schlüpfte in goldene Schuhe, was hoffentlich ein gutes Omen für den weiteren WM-Verlauf war.
Die Zufriedenheit im deutschen Lager war jedenfalls überall zu spüren. »Jetzt ist alles möglich. Das war heute der erste Schritt; nun sind noch drei zu machen«, verkündete Podolski selbstbewußt. Sogar Brasiliens Fußball-Ikone Pelé war sehr angetan von der deutschen Gala. »Man spürt dieser Mannschaft die Leidenschaft an. Ich habe immer gesagt: Der Klinsmann braucht mit dem Aufbau einer neuen Mannschaft Zeit. Mittlerweile ist die Abwehrreihe geschlossen, das Mittelfeld kompakt, und Klose und Podolski bilden ein Klasse-Sturm-Duo. Das Ergebnis gegen Schweden hat mich nicht überrascht.«
Auch Michael Ballack bewertete die Vorstellung der deutschen Auswahl überaus euphorisch. »Wir haben sensationell gespielt und alles umgesetzt, was wir uns vorgenommen hatten«, meinte er. Die Statistik bestätigte die Überlegenheit: 63 Prozent Ballbesitz, 11:2 Torschüsse und 26:5 Schüsse.
»Eine solche Leistung einer deutschen Nationalmannschaft hat man lange nicht mehr gesehen. Das hat uns auch nicht mehr auf der Bank gehalten«, beschrieb Klinsmann den Jubel an der Seitenlinie. Die 66 000 Fans in der WM-Arena skandierten »Oh, wie ist das schön ...« Nach dem Platzverweis für Lucic, als Deutschland vorübergehend ein wenig seine Linie verloren hatte, kämpfte sich das Klinsmann-Team wieder nach vorn. Nur die Torausbeute ließ im zweiten Durchgang zu wünschen übrig. So bilanzierte der Trainer zufrieden: »Wir sind in der Lage, ohne Probleme ein hohes Tempo zu gehen. Wir können ein sehr schnelles Kombinationsspiel aufziehen, und auch das Spiel ohne Ball funktioniert. Zudem haben wir keinen verletzten Spieler.«
Der WM-Gastgeber hatte den Königsweg eingeschlagen und wollte ihn nicht mehr verlassen. Doch Lampenfieber bekam die Klinsmann-Truppe trotz der großen Erwartungshaltung nicht. »Wer ein Lachen im Gesicht hat, kann nicht nervös sein. Und die Jungs lachen sehr viel«, sinnierte Klinsmann, wobei er übers ganze Gesicht strahlte. ■

Deutschland – Schweden 2:0 (2:0) München, 24. Juni, 17 Uhr

Deutschland: *Lehmann; Friedrich, Mertesacker, Metzelder, Lahm; Schneider, Frings (85. Kehl), Ballack, Schweinsteiger (72. Borowski); Klose, Podolski (74. Neuville)*
Schweden: *Isaksson; Alexandersson, Mellberg, Lucic (35. Gelb-Rot), Edman, Linderoth; Jonson (52. Wilhelmsson), Källström (39. Hansson), Ljungberg; Larsson, Ibrahimovic (72. Allbäck)*
Tore: *1:0 Podolski (4.), 2:0 Podolski (12.)*
Schiedsrichter: *Simon (BRA),* ***Assistenten:*** *Tavares, Corona (beide BRA)*
Zuschauer: *66 000 (ausverkauft)*

Freudentanz nach »Sonntagsschuß«

Gottfried Weise

Als der hagere Mann mit silbernem Haar und melancholischen Gesichtszügen am 24. Mai an der Spitze seiner argentinischen Expedition auf dem Flughafen Ezeiza von Buenos Aires zum Abenteuer Weltmeisterschaft aufbrach, schleppte er eine gewaltige Last mit sich – die Last aus Mißtrauen, Argwohn und Hochnäsigkeit aus der sogenannten Expertenecke. Der 56 Jahre alte José Nestor Pekerman hatte zwar als Trainer schon drei WM-Titel für Argentinien errungen – aber nur mit den Junioren.

Diese Erfolge zählen in den Augen der vielen Gurus nicht. Cesar Luis Menotti, Coach der Weltmeister-Elf von 1978, stichelte: »Ich will die Jugendarbeit nicht werten, weil auf diesem Niveau einfach kein Druck ist.« Drastischer wurde der einstige »Fußball-Genius« Diego Armando Maradona: »Pekerman kann einen Knabenchor dirigieren, aber keine abgezockte Männertruppe«. Doch was hat der stille »Dirigent« mit seinem munteren »Knabenchor« hier bei der WM nicht schon alles erreicht?

Rodríguez (links) beim Ansatz zu einem Traumtor: 2:1 für Argentinien in der Verlängerung. Mexikos Torwart Sánchez streckt sich vergeblich.
Rodríguez (left) during the build-up to a dream goal: 2:1 for Argentina in extra time. Mexico's goalkeeper stretches out in vain.

Das 2:1 zum Auftakt gegen die starke Elfenbeinküste mit Anmut, Schwung und Klasse – ein Befreiungsschlag. Das 6:0 gegen Serbien-Montenegro – mit einem epochalen Tor nach 26 Ballkontakten von neun Feldspielern. Das 0:0 gegen die Niederlande – schon vor dem Anpfiff war das Achtelfinale erreicht und damit das schmachvolle Vorrunden-Aus von 2002 verdrängt.

Argentinien war das Team der Vorrunde. Die Frage hieß nun: Wie bewältigt José Pekerman das Achtelfinale gegen die unbequemen Mexikaner mit der »Albiceleste«, den Himmelblauweißen?

»Maxi, Maxi, Maxi«, schrie Maradona mit 20 000 Landsleuten. Nie schien er ein böses Wort über den Trainer gesagt zu haben. Er wedelte mit seinem Trikot und hüpfte auf seinem Platz wie ein ausgelassener Junge. Neben sich seine ge-

Gottfried Weise
**1944; Diplom-Journalist; Autor von Fußball-Büchern, 1967-1969 Fußballredakteur beim »Deutschen Sportecho« , 1969-1991 Sportreporter beim DDR-Fernsehen bzw. DFF; 1991-1993 »Screensport« London und Korrespondent des Züricher »Sport«; seit 1994 Kommentator für Eurosport; berichtete seit 1974 von neun Fußball-Weltmeisterschaften.*

Mexikos Sinha will es wissen; Scaloni hat etwas dagegen.
Mexico's Sinha wants to know; Scaloni objects.

schiedene Frau und jetzige Managerin Claudia sowie seine jüngere Tochter Giannina. Um ihn herum tobten und feierten seine Jünger, die das geistige Oberhaupt der »Maradona-Gemeinde« schon bei den vorangegangenen Partien in die Stadien geführt hatte.
In der achten Minute der Verlängerung – nach der regulären Spielzeit stand es 1:1 – schlug Argentiniens Kapitän Juan Pablo Sorin von links einen diagonalen Paß. Maxi Rodríguez stoppte diesen mit der Brust und drosch den Ball vom rechten Strafraumeck direkt zum 2:1 in den äußersten Torwinkel. »Das war das Tor meines Lebens«, freute sich der 25jährige Mittelfeldspieler von Atlético Madrid, der einen der spektakulärsten Distanz-Treffer dieser WM erzielte und damit Doppel-Weltmeister Argentinien ins Viertelfinale hievte. »Prinz Maximiliano. Genial, erhaben, sensationell«, schwärmte tags darauf die Sportzeitung »Olé«. Logisch, daß Maximiliano Rubén Rodríguez auch zum »Man of the Match« gekürt wurde. Der in Rosario aufgewachsene Rodríguez gehörte zu jenen elf Spielern im Kader, die unter José Pekerman 1995, 1997 und 2001 Weltmeister in der U20 wurden.
Dabei hatte für ihn bei dieser WM alles ganz merkwürdig-mißverständlich begonnen. Pekermann ließ seinen Doppel-Torschützen vom 6:0 gegen Serbien-Montenegro zunächst links beginnen, wo er sich ein ums andere Mal mit Sorin ins Gehege kam. Erst in der zweiten Halbzeit machte Rodríguez wieder über rechts Druck, während Sorin links agierte. Beide produzierten dann auch das entscheidende Tor.
Anfangs hatten die Mexikaner den Favoriten Argentinien in der hitzigen Atmosphäre der mit 43 000 Zuschauern ausverkauften Leipziger WM-Arena mit aggressiver Aufmüpfigkeit verblüfft. Konsequentes Spiel über die doppelt besetzten Außenpositionen brachte die argentinische Defensive unerwartet stark in Verlegenheit. Bereits nach sechs Minuten verlängerte Méndez per Kopf die erste Freistoßflanke, und der am Pfosten lauernde Kapitän Márquez vom Champions-League-Gewinner FC Barcelona verwandelte direkt mit links. Das Zentralstadion tobte.
Sollten die Mexikaner nach einer relativ schwachen Vorstellung in den Gruppenspielen wieder zu jener Form finden, in der sie vor einem Jahr beim Confederations Cup in Deutschland Brasilien mit 1:0 besiegt und gegen Argentinien erst im Halbfinale im Elfmeterschießen verloren hatten?
Vier Minuten später trat Riquelme für Argentinien die erste Ecke. Mit artistischem Einsatz bugsierte Hernán Crespo unter Mithilfe seines Gegenspielers Borgetti aus wenigen Metern Entfernung den Ball an Keeper Sánchez vorbei zum 1:1. Alles in allem: Ein schnelles, ein spannendes, aber kein hochklassiges Match, in dem Saviola für Argentinien und Borgetti in der zweiten Hälfte die besten Chancen hatten.
Eine Attraktion bei seinem Kurzeinsatz war Lionel Messi, der an diesem Tag 19 Jahre alt wurde. Nur er, so scheint es, könnte wohl irgendwann einmal zum großen Maradona aufrücken. Schon jetzt war Messi Pekermans stärkster Joker bei der Erfüllung des argentinischen »Staatsauftrages« Nummer eins, der Erringung des WM-Titels. ■

Argentinien – Mexiko 2:1 (1:1, 1:1) n. V. Leipzig, 24. Juni, 21 Uhr

Argentinien: *Abbondanzieri; Scaloni, Ayala, Heinze, Sorin; Mascherano; Cambiasso (76. Aimar), Rodríguez; Riquelme; Saviola (84. Messi), Crespo (76. Tévez)*
Mexiko: *Sánchez; Márquez, Osorio, Salcido; Méndez, Pardo (38. Torrado), Guardado (66. Pineda); Castro, Morales (74. Sinha); Borgetti, Fonseca*
Tore: *0:1 R. Márquez (6.), 1:1 Crespo (10.), 2:1 Rodríguez (98.)*
Schiedsrichter: *Busacca (SUI),* ***Assistenten:*** *Buragina, Arnet (SUI)*
Zuschauer: *43 000 (ausverkauft)*

»Prinz Löwenherz« rettet England

Oliver Trust

Wo ist ein Anspielpunkt? Von Reasco angegriffen, hält David Beckham Ausschau.
Where can I play it to? Attacked by Reasco, David Beckham has a good look round.

Als David Beckham kurz vor Schluß tatsächlich vom Platz geht, lächelt er. Ganz leicht, kaum zu sehen. Er tätschelt seinem Auswechselspieler Aaron Lennon den Kopf. Später winkt er ins Publikum und herzt seine Mitspieler. Es war sein Spiel, aber noch ahnt keiner, wie sehr sich Englands Superstar quälen mußte. Seit Wochen hatten sie in England über ihn diskutiert; über den Mann, der Kapitän ist, aber kein Anführer, der die »elf Löwen« zufriedenstellend inspiriert. Immer wieder hatten die Zeitungen im Vereinigten Königreich orakelt, daß es doch endlich Zeit sei, den Star abzuservieren und auf die Bank zu verbannen. Alle druckten dieses Zitat von Englands scheidendem Nationaltrainer Sven-Göran Eriksson, das in den Wochen vor der WM allzu populistisch klang: »Ich bin nicht mit ihm verheiratet. Wenn die Leistung nicht stimmt, werde ich ihn auswechseln.« Nun ist die Zahl der Eriksson-Gegner mindestens so groß wie die Zahl der Befürworter, die sich nicht Beckham, sondern Kämpfer wie Frank Lampard oder Steven Gerrard als »Chef« der englischen Nationalelf wünschen.

Als Beckham jedoch nach dem 1:0-Sieg über Ekuador vom Feld schreitet, wollen das nur noch ganz wenige, falls es an diesem Abend überhaupt jemand gibt. Es ist »Prinz Löwenherz«, der zähe Ritter, der England in der 60. Minute mit seinem Freistoßtor erlöst, was oben auf der Tribüne bei Gattin Victoria einen so ekstatischen Jubel auslöst, daß einer der Beckham-Söhne – von der Begeisterung seiner Mutter überrascht – alle Hände voll zu tun hat, um sein Schoko-Eis zu retten.

Hauptsache, der Familie geht es gut, auch wenn der Vater gerade durch die Hölle gehen muß! »Ich habe mich in der zweiten Hälfte etwas unwohl gefühlt«, sagt Beckham später, wobei er sich alle Mühe gibt, nett zu grinsen. Während des Spiels stand er zuvor an der Seitenlinie und hustete seltsam. Am Tag danach drucken die Zeitungen Fotos, die den 31jährigen zeigen, wie er sich übergibt. England liebt Fußballer, die sich bis aufs Letzte ausgeben können.

»Ich habe nicht gewußt, daß er sich unwohl fühlt. Daß dem aber so war, haben wir alle in der zweiten Hälfte gesehen.« Laut Trainer Eriksson war der Kreislauf schuld, was bei den hochsommerlichen Temperaturen, die an diesem Tag in Stuttgart herrschen, kein Wunder ist. Beckham wird in den Teambus begleitet. Alleine gehen? Zu gefährlich. Er bekommt Infusionen, und die Nation macht sich Sorgen. Ehefrau Victoria verläßt sofort ihren Platz, um ihrem Gatten beizustehen.

Eine gute halbe Stunde nach dem Schlußpfiff erscheint Beckham vor den Kameras und sagt, er habe lange kein Freistoßtor mehr erzielt. Aus dieser

Delgado (Mitte) versucht Hargreaves (links) und Gerrard aufzuhalten.
Darunter: Englands Mauer: Beckham, Carrick, Gerrard, Lampard und Rooney versuchen, das Schlimmste zu verhindern.
Unten: Da kann Mora nur noch hinterherschauen: Beckhams Freistoß entscheidet das Spiel.

Delgado (centre) tries to stop Hargreaves (left) and Gerrard.
Below: England's wall: Beckham, Carrick, Gerrard, Lampard and Rooney try to prevent the worst.
All Mora can do is look behind him: Beckham's free kick decides the match.

Saison könne er sich an keines erinnern. »Aber nun haben wir unseren Job gemacht und sind durch. Wir sind glücklich. Aber eines ist auch klar: Wir können uns noch steigern. Es war ein schwieriges Spiel, und es war nicht immer schön«.
Dann geht er und überläßt es den Statistikern, seine Rolle für eine Mannschaft zu analysieren, die bis dahin bei dieser WM allenfalls durchschnittliche Leistungen abliefert und in fast jedem Spiel zittern muß. Man denke allein an die Großchance von Carlos Tenorio in der 11. Minute! Es war nur Joe Coles Stiefelspitze zu danken, die den Ball in letzter Sekunde an die Latte lenkte. Dagegen war »Becks« an vier der sechs englischen Vorrunden-Tore beteiligt. Drei hat er allein vorbereitet und eines selbst erzielt.
Vielleicht gehört das zu den Geschichten, die einer wie er schreibt. Es gibt immer wieder diese besonderen Momente. Vor allem dann, wenn die Kritik am lautesten ist. Vor fünf Jahren stieg er vom Verschmähten zum Helden auf, als er einen Freistoß ins griechische Tor setzte und England die Qualifikation zur WM 2002 sicherte.
Beckham sieht gut aus und wandelt stets auf dem schmalen Grat jener Männer, die anders sind als die Masse. Vieles, was über ihn berichtet wird, paßt nicht zusammen. Er ist verheiratet mit einem ehemaligen Pop-Sternchen, wohnt in einem hochherrschaftlichen Schloß und ist das Zugpferd einer gigantischen Werbeindustrie. Andererseits berichten diejenigen, die ihn wirklich kennen, von einem »normalen jungen Mann«.
Mit seinem Freistoß in einem Spiel auf erschreckend schwachen Niveau erweist Beckham schließlich auch seinem Trainer einen großen Gefallen. Eriksson war in den vergangenen Wochen unter Druck geraten, weil er Wayne Rooney mit in seinen WM-Kader nahm, obwohl der sich erst sieben Wochen zuvor einen Mittelfußknochenbruch zugezogen hatte. Doch der Schwede zeigt sich davon unbeeindruckt: »Ich habe aufgehört, den Kritikern zuzuhören und zu antworten.« Und über Beckham, mit dem er noch vor kurzem nicht verheiratet sein wollte, sagt er jetzt: »Er ist für mich einer der Besten der Welt.« ■

England – Ekuador 1:0 (0:0) Stuttgart, 25. Juni, 17 Uhr

England: *Robinson; Hargreaves, Ferdinand, Terry, A. Cole; Carrick; Beckham (87. Lennon), Lampard, J. Cole (77. Carragher); Gerrard (90+2. Downing), Rooney*
Ekuador: *Mora; De la Cruz, Hurtado, Espinoza, Reasco; Castillo, E. Tenorio (69. Lara); Valencia, Méndez; Delgado, C. Tenorio (72. Kaviedes)*
Tor: *1:0 Beckham (60.)*
Schiedsrichter: *De Bleeckere (BEL),* ***Assistenten:*** *Hermans, Vromans (beide BEL)*
Zuschauer: *52 000 (ausverkauft)*

Kartenspiel in Gelb und Rot

Jens-Jörg Rieck

Nicht orange, sondern gelb war die bestimmende Farbe der dramatischen Nacht in Nürnberg. Die Niederländer, die schon seit 15 Jahren auf einen Sieg gegen die Portugiesen warten, unterlagen in der bislang umkämpftesten Partie der Weltmeisterschaft nur denkbar knapp mit 0:1. Doch nicht der Torschütze des einzigen Treffers, der für Chelsea London spielende Maniche, war die zentrale Figur des Abends, sondern der russische Schiedsrichter Walentin Iwanow: Vier Gelb-Rote Karten und weitere acht Gelbe Karten sind ein beschämender WM-Rekord. »So hart war das Spiel doch gar nicht. Der Schiedsrichter hat sehr kleinlich gepfiffen und alles damit kaputt gemacht«, schimpfte Maniche. Ähnlich äußerte sich sein brasilianischer Coach Luiz Felipe Scolari: »Es war ein sehr enges, manchmal überhartes, aber auch ein sehr schönes Spiel mit vielen guten Chancen auf beiden Seiten.«

Schiedsrichter Iwanow in Geberlaune: Viermal Rot – hier wird der Portugiese Deco vom Platz gestellt.
Referee Ivanov feeling generous: four red cards – here the Portuguese Deco is sent off.

Jens-Jörg Rieck
**1963, stammt aus Berlin; Diplom-Journalist; seit 1988 Sportreporter/-Redakteur; ab 1991 beim SWF/SWR in Baden-Baden angestellt, berichtete von vier Olympischen Spielen und seit 1994 von vier Fußball-Weltmeisterschaften.*

Beim Revancheduell für die holländische Halbfinal-Niederlage bei der EM vor zwei Jahren zeigten beide Teams großen Respekt voreinander, wobei die »Oranjes« sich zu Beginn die besseren Chancen erarbeiteten. Schon nach einer Minute strich ein Schuß von Mark van Bommel knapp am Tor vorbei. Der Mittelfeldstar von Barcelona hatte wieder den Vorzug vor Rafael van der Vaart in der Startformation erhalten, zudem machte Trainer Marco van Basten seine Ankündigung

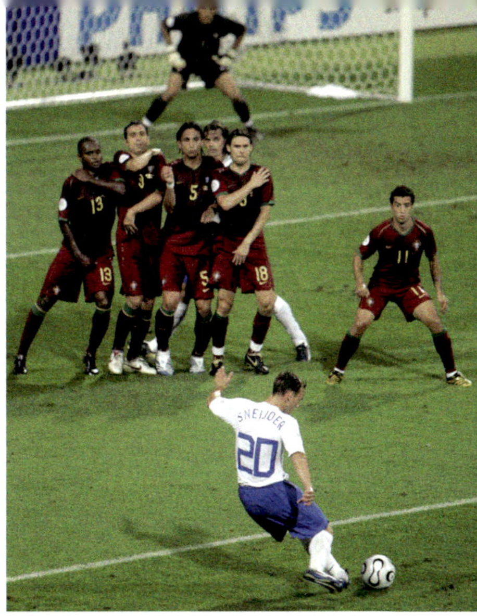

Sneijder beim Freistoß, der keinen Erfolg hatte.
Links: Maniche schießt Portugal ins Viertelfinale.

Snejder taking an unsuccessful free kick.
Left: Maniche scores to put Portugal in the quarter-final.

wahr und verpaßte Ruud van Nistelrooy einen Denkzettel. Der Torjäger von Manchester United saß wegen Formschwäche draußen und sah nach sieben Minuten die ersten rüden Fouls seiner Teamkollegen. So mußte der portugiesische Jungstar Ronaldo nach einem üblen Tritt von Boulahrouz – dieses brutale Foul hätte mit Rot bestraft werden müssen! – unter Tränen den Platz verlassen. Zwischendurch gab es aber auch Phasen mit richtig viel Fußball. Zum Beispiel in der 23. Minute: Geschickt legte Pauleta eine Hereingabe Decos für den heraneilenden Maniche ab, der gleich mehrere Niederländer umkurvte und den Ball aus zwölf Metern ins Netz hämmerte.
Die Niederländer wirkten geschockt und hätten kurz vor der Pause beinahe den zweiten Gegentreffer kassiert: Pauleta prüfte aus Nahdistanz Edwin van der Sar, doch der Kapitän des holländischen Teams, der in Nürnberg sein 113 Länderspiel absolvierte und damit zum alleinigen Rekord-Nationalspieler avancierte, reagierte glänzend. In der Nachspielzeit der ersten Halbzeit schwächten sich die Portugiesen dann selbst. Der nach Foulspiel bereits verwarnte Costinha sah nach einem unnötigen Handspiel die erste Gelb-Rote Karte.
Portugals Trainer Scolari mußte reagieren und richtete seine Mannschaft auf eine Abwehrschlacht aus. Er tauschte Mittelstürmer Pauleta gegen den defensiven Mittelfeldspieler Petit, und dennoch schien es nur noch eine Frage der Zeit, bis die in Pflichtspielen unter Marco van Basten ungeschlagenen Holländer zum Ausgleich kommen würden. Zunächst setzte Cocu einen herrlichen Drehschuß an die Unterlatte, eine Minute später lenkte Torwart Ricardo Pereira einen Aufsetzer van Bommels mit Mühe um den Pfosten. Der holländische Bondscoach Marco van Basten erhöhte den Druck und brachte HSV-Spielmacher van der Vaart. Mitte der zweiten Halbzeit glitt die Partie dem russischen Unparteiischen vollends aus den Händen. Selbst der portugiesische Weltstar Luís Figo konnte sich der aufgeheizten Atmosphäre nicht entziehen. Er wurde für seinen Kopfstoß gegen van Bommel allerdings nur mit Gelb bestraft. In der 63. Minute war der personelle Gleichstand zunächst wieder hergestellt. Boulahrouz sah nach einem weiteren groben Foul, einem Ellenbogenschlag in das Gesicht von Figo, die zweite Gelbe Karte und mußte – längst überfällig – vom Platz.
Die Partie wurde jetzt immer ruppiger, ein rüdes Foul jagte das nächste, und bei fast jeder Aktion gab es eine Gelbe Karte. Die Portugiesen, die erst zum zweiten Mal nach 1966 das Viertelfinale einer Weltmeisterschaft erreichten, verloren in der 78. Minute auch noch Spielmacher Deco. Bei den Niederländern wurde Giovanni van Bronckhorst in der Nachspielzeit ebenfalls nach Gelb-Roter Karte vom Platz gestellt.
Für Luiz Felipe Scolari setzte sich mit dem Einzug ins Viertelfinale eine einmalige Serie fort: Der 57jährige ist als Trainer seit elf Weltmeisterschaftsspielen unbesiegt. 2002 hatte er noch die Brasilianer zum Titel geführt. Dementsprechend hoch waren die Erwartungen im Land des letzten EM-Gastgebers nach den vier von Portugal bis dahin gewonnenen WM-Spielen, obwohl zu diesem Zeitpunkt schon feststand, daß im Viertelfinalspiel gegen England mit Deco und Costinha zwei wichtige Stützen fehlen würden.
Für die Niederländer war das Ausscheiden im insgesamt 25. Länderspiel unter Marco van Basten hingegen eine bittere Enttäuschung. Vor allem die Art und Weise wie es zustande kam. Denn eine Werbung für den Fußball war dieses Spiel mitnichten!

Portugal – Niederlande 1:0 (1:0) Nürnberg, 25. Juni, 21 Uhr

Portugal: *Ricardo Pereira; Miguel, Meira, Carvalho, Valente; Costinha (45.+1 Gelb-Rot), Maniche; Deco (78. Gelb-Rot); Figo (84. Tiago), Ronaldo (34. Simão); Pauleta (46. Petit)*
Niederlande: *van der Sar; Boulahrouz (63. Gelb-Rot), Ooijer, Mathijsen (56. van der Vaart), van Bronckhorst (90.+5 Gelb-Rot); Sneijder; van Bommel (67. Heitinga), Cocu (84. Vennegoor of Hesselink); van Persie, Robben, Kuyt*
Tor: *1:0 Maniche (23.)*
Schiedsrichter: *Iwanow (RUS),* ***Assistenten:*** *Golubjow, Wolnin (beide RUS)*
Zuschauer: *41 000 (ausverkauft)*

Beschenkte Azzurris

Gregor Derichs

Das Achtelfinale weckte bei den Italienern unerfreuliche Erinnerungen. Die bittere Erfahrung des Ausscheidens bei der WM 2002 gegen den Gastgeber Südkorea in einer skandalträchtigen Partie, nach der Schiedsrichter Morena aus Ekuador aus dem Verkehr gezogen wurde, kam vor dem Duell gegen Australien wieder hoch. Nach dem Ende des Spiels, als die Italiener mit einem 1:0 den Weg in das Viertelfinale gegen die Ukraine freigeräumt hatten, stellten die Australier die Frage, ob ihre Niederlage sportlich fair und gerecht zustande gekommen war. Der Elfmeter, den Francesco Totti in der fünften Minute der Nachspielzeit verwandelt hatte und der den WM-Traum der »Aussies« jäh beendete, war in der Tat höchst umstritten.

Doch Marcello Lippi, der Trainer der Italiener, setzte ein charmantes Lächeln auf. Er strich sich das silberne Haar und fragte freundlich bei der internationalen Pressekonferenz: »Hat denn jemand Zweifel, daß der Foulelfmeter nicht berechtigt war?« Wenig später erschien Guus Hiddink und begann seine Ausführungen zum Match mit einer Replik auf Lippi. »Wer die Fernsehbilder gesehen hat, für den besteht überhaupt kein Zweifel, daß es kein Strafstoß war«, sagte der australische Nationalcoach ruhig. »In der letzten Minute eines Spiels zu sterben, ist sehr bitter«, erklärte der Niederländer. Zur Erinnerung: Vier Jahre zuvor hatte er als Coach der Südkoreaner über Italien triumphiert – nach einem »Golden Goal« in der 118. Minute.

In der Nachspielzeit, als Italien schon über 45 Minuten nach einer Roten Karte für Marco Materazzi in Unterzahl agiert hatte, war Verteidiger Fabio Grosso in den Strafraum der »Socceroos« vorgestoßen. Zunächst schüttelte er im Dribbling Marco Bresciano ab. Als Lucas Neill nach einer voreiligen Rettungsaktion vor ihm lag, entschied sich Grosso, über den Rücken des Australiers zu fallen. Der spanische Schiedsrichter Luis Medina Cantalejo fiel auf die »Schwalbe« herein und pfiff Elfmeter. Die meisten italienischen Spieler liefen lachend zu Grosso und gratulierten ihm zu seiner »Heldentat«.

Nun trat Totti an, der große Star. Als der 29jährige, der erst in der 75. Minute für Alessandro Del Piero eingewechselt worden war, sich für den Strafstoß bereit machte, dürfte den Italienern jener schwarze Achtelfinaltag des Jahres 2002 gegenwärtig gewesen sein. Damals sah Totti wegen einer angeblichen »Schwalbe« Rot, weshalb man ihm die Niederlage gegen die Südkoreaner angelastet hatte.

Italiens Torwart Buffon hat den Ball, Viduka findet es zum Schuhe ausziehen. Rechts: Aloisi versucht einen Fallrückzieher aufs italienische Gehäuse.

Italy's goalkeeper Buffon has the ball, Viduka finds time to take his shoes off. Right: Aloisi attempts a falling shot at the Italian goalmouth.

Elfmeter in der Nachspielzeit: Francesco Totti bringt Italien ins Viertelfinale.
Unten: Bis an die Schmerzgrenze: Gilardino und Grella schenken sich nichts.

Extra time penalty: Francesco Totti puts Italy in the quarter-final.
Below: right to the pain barrier: Gilardino and Grella don't give anything away.

Italien – Australien 1:0 (0:0) Kaiserslautern, 26. Juni, 17 Uhr

Italien: *Buffon; Zambrotta, Materazzi (50. Gelb-Rot), Cannavaro, Grosso; Pirlo, Gattuso, Perrotta; Del Piero (75. Totti); Toni (56. Barzagli), Gilardino (46. Iaquinta)*

Australien: *Schwarzer; Chipperfield, Moore, Neill, Culina; Sterjovski (81. Aloisi), Grella, Cahill, Bresciano; Wilkshire; Viduka*

Tor: *1:0 Totti (90.+5)*

Schiedsrichter: *Medina Cantalejo (ESP),* **Assistenten:** *Giraldez Carrasco, Medina Hernández (beide ESP)*

Zuschauer: *46 000 (ausverkauft)*

Bei großen Turnieren hatte der begnadete Spielgestalter und Torschütze noch nie seine besten Leistungen geboten.
Im Gegenteil: Bei der Europameisterschaft 2004 sorgte er mit einer »Spuck-Affäre« für schlechte Schlagzeilen und war lange gesperrt. Nun lag es in seiner Hand, besser gesagt an seinem Fuß, nach 95 kräftezehrenden und schweißtreibenden Minuten das Schicksal der Azzurris zu entscheiden.
»Mir schossen in dem Moment die entscheidenden Augenblicke der WM 2002 durch den Kopf. Totti? Ich hatte nicht den Mut, um hinzusehen. Nicht, weil ich kein Vertrauen in ihn hätte, sondern einfach, weil ich zu angespannt war.« So schilderte Torwart Gianluigi Buffon nach der Partie seine Gedanken und Gefühle. Doch der lange verletzt gewesene Totti, den der Trainer zunächst wegen Anzeichen von Erschöpfung geschont hatte, schien keinen Druck zu spüren. Er verwandelte den Elfmeter kühl und selbstsicher gegen den früheren Lauterer Mark Schwarzer im australischen Gehäuse.
»Ich bin unheimlich froh, daß ausgerechnet ich getroffen habe«, meinte der Torschütze anschließend. Die italienischen Medien, vor allem die aus den norditalienischen Großstädten, urteilten am Tag danach, der Römer habe seine »Schulden« beglichen. Für die Tifosi war er ein neuer WM-Held.
Überschwenglichen Jubel verkniffen sich jedoch die Italiener. Der dreimalige Weltmeister hatte in Kaiserslautern nach dem 1:1 gegen die USA erneut eine enttäuschende Leistung geboten. Lippi fuhr deshalb zunehmend einen Rückwärtskurs und ließ seine Profis wieder mauern. »Wir hatten großen Respekt vor Australien«, rechtfertigte er die Wiederbelebung des Catenaccio, des »Riegel«-Fußballs. Die Stürmer Luca Toni, Alberto Gilardino und Vincenzo Iaquinta, die wohl in einer Formkrise steckten, schienen gegen Australien diese Aussage zu bestätigen.
Die Verlierer schwankten zwischen Frustration und Freude. »Das späte 0:1 war ein Albtraum. Die Verlängerung hätten wir gewonnen, weil unsere größte Stärke die Fitneß ist«, behauptete Stürmer Mark Viduka. Trotz des Ausscheidens: »Wir haben dem Fußball zur größten Aufmerksamkeit in Australien verholfen«, berichtete Hiddink. »Diese Popularität gilt es weiter auszubauen.« Das allerdings überläßt er seinem Nachfolger. Für den Holländer ging mit diesem Spiel seine elf Monate währende Tätigkeit zu Ende. Nun wird er die russische Nationalmannschaft übernehmen. ■

Ohne Gegentor ausgeschieden

Rainer Kalb

Das hat es in der Geschichte der Fußball-Weltmeisterschaften noch nie gegeben: Die Schweiz kassierte bei den Titelkämpfen in Deutschland kein Gegentor und ist dennoch im Achtelfinale an der Ukraine gescheitert! 0:0 gegen Frankreich, 2:0 gegen Togo, 2:0 gegen Südkorea und dann nach 120 Minuten 0:0 gegen den WM-Debütanten Ukraine. Daß ausscheidet, wer kein Tor schießt, liegt in der Logik dieses Sports. Daß ausscheidet, wer kein Tor kassiert, ist ein Witz der WM-Geschichte.

Wobei das mit dem »kein Tor schießen« natürlich auch zutrifft. Denn wer beim Elfmeterschießen, das dann bei 0:3 für beendet erklärt wurde, nicht ein einziges Mal ins Schwarze trifft, darf sich über ein Ausscheiden nicht beschweren. Oder, wie es der Schweizer Trainer Jakob »Köbi« Kuhn treffend formulierte: »Wir sind angetreten, um zu gewinnen. Aber wenn man noch nicht einmal im Elfmeterschießen ein Tor macht, muß man akzeptieren, daß man nicht weiterkommt. Insgesamt haben wir ein gutes Turnier gespielt und hätten es verdient, in die nächste Runde einzuziehen.« Wohl wahr. Die Schweiz, deren Medien schon von einem Viertelfinale gegen Italien träumten, hat die vierte Teilnahme an der Runde der letzten Acht, die 1934, 1938 und 1954 erreicht wurde, knapp verpaßt. Da kann es kein Trost sein, daß in den FIFA-Statistiken das Scheitern als heroisches Unentschie-

120 Minuten lang kaum gefordert: Oleksandr Schowkowski.
Andere Seite: Nach einem trostlosen Spiel: Warten auf das erste Elfmeterschießen dieser Weltmeisterschaft.

Hardly challenged for 120 minutes: Oleksandr Chovkovski.
Other page: after an uninspired game: waiting for the first penalty shoot-out of this World Cup.

den gewertet wird, weil das Elfmeterschießen lediglich als Entscheidung dient, wer weiter mitspielen darf.
Es war Oleg Gussew, der die Ukraine bei ihrer Premiere ins Viertelfinale geschossen hat. Mit seinem Treffer beim Elfmeterschießen im Achtelfinale gegen die Schweiz sicherte der 23jährige von Dynamo Kiew dem Team des früheren Weltklassestürmers Oleg Blochin den 3:0-Erfolg. Mit zwei Paraden trug auch Torhüter Schowkowski seinen Teil zum größten Erfolg in der jungen Verbandsgeschichte der Ukraine seit 1991 bei.
Eine noch junge Verbandsgeschichte? An die mitteleuropäischen Gepflogenheiten, die ein Minimum an Öffentlichkeitsarbeit voraussetzen, hat sich die Ukraine noch nicht gewöhnt. Der Liste der Defizite war groß: Ein Pressesprecher, dessen einzige Fremdsprache Russisch ist; Trainingseinheiten, die kurzfristig ohne Ankündigung verlegt wurden; Pressekonferenzen, in denen nur Lächerlichkeiten und Banalitäten preisgegeben wurden.
Kurzum: Die Ukraine hat während der WM alles getan, damit man es sich nicht vorstellen kann, daß die Europameisterschaft 2012, um die sich das Land bewirbt, dort ausgerichtet werden könnte. Immerhin zeigte Blochin vor dem Achtelfinale nach Intervention der FIFA noch ein wenig Goodwill. Zwei Tage vor dem Spiel schickte er ein halbes Dutzend seiner Spieler zu einer Autogrammstunde auf den Potsdamer Luisenplatz. Er sorgte dann auch noch für eine andere Premiere: Beim Elfmeterschießen verschwand er in die Katakomben des Kölner Stadions. Seine Begründung: »Für einen Trainer ist es schwer, sich ein Elfmeterschießen anzusehen. Deswegen bin ich aus dem Stadion gegangen.« Auch seine anschließende Spielanalyse verlief kurz und bündig: »Es ist nicht entscheidend, wer die Tore geschossen hat, es ist ein Erfolg der Mannschaft. Beide Teams waren gleich stark. Wir hatten am Ende ein Quentchen mehr Glück.«
Die 45 000 Zuschauer in der Kölner WM-Arena sahen eine zerfahrene Partie ohne große Höhepunkte. Beide Mannschaften leisteten sich viele Fehlpässe, so daß kaum ein Spielfluß zustande kam. Chancen blieben folglich Mangelware. Die deutschen Anhänger vertrieben sich derweil die Zeit und sangen »Ohne Holland fahr'n wir nach Berlin« und »Viva Colonia«. Am Ende der regulären Spielzeit wurden die Pfiffe der enttäuschten Zuschauer lauter. Brenzlig wurde es auf beiden Seiten im ersten Durchgang allenfalls nach Standardsituationen. Zunächst hatten die Ukrainer die große Chance, in Führung zu gehen. Nach einem Freistoß von Maxim Kalinitschenko setzte Superstar Andrej Schewtschenko einen Kopfball an die Latte (20.).
Vier Minuten später hatten die gut 15 000 Schweizer Fans den Torschrei auf den Lippen, als Alexander Frei mit einem fulminanten 20-m-Freistoß ebenfalls nur den Querbalken traf. Zuvor hatte auch der Hamburger Raphael Wicky – einer von fünf Bundesliga-Profis im Schweizer Team – so etwas wie eine Torchance, als er den ukrainischen Keeper Schowkowski prüfte. Im zweiten Durchgang sahen die Zuschauer ein unverändertes Bild.
»Das ist ein phantastischer Tag für das Team und für unsere Nation«, jubelte Schewtschenko, Europas »Fußballer des Jahres« von 2004. »Ich freue mich riesig für unser Volk. Wir sind vielleicht nicht die besten Spieler, aber wir haben ein Riesenherz.« Der Stuttgarter Ludovic Magnin war dagegen frustriert: »Es tut sehr weh. Wir haben das ganze Turnier gut gespielt, und dann verlieren wir so ein Spiel. Das haben wir nicht verdient; aber Fußball ist nicht immer gerecht. Wir haben wie die Löwen gekämpft und fahren erhobenen Hauptes nach Hause.« ■

Schweiz – Ukraine 0:0 (0:0, 0:0) n. V., 0:3 i. E. Köln, 26. Juni, 21 Uhr

Schweiz: *Zuberbühler; P. Degen, Djourou (34. Grichting), Müller, Magnin; Vogel, Cabanas; Barnetta, Wicky; Yakin (64. Streller); Frei (117. Lustrinelli)*
Ukraine: *Schowkowski; Waschtschuk; Gussew, Gusin, Nesmatschni; Timoschtschuk; Schelajew; Worobjew (94. Rebrow); Kalinitschenko (75. Rotan); Woronin (111. Milewski), Schewtschenko*
Schiedsrichter: *Archundia (MEX),* ***Assistenten:*** *Ramírez, Vergara (beide MEX)*
Zuschauer: *45 000 (ausverkauft)*

Elfmeterschießen:

Schütze	Resultat	Stand
Schewtschenko (UKR)	gehalten	0:0
Streller (SUI)	gehalten	0:0
Milewski (UKR)	verwandelt	0:1
Barnetta (SUI)	Querlatte	0:1
Rebrow (UKR)	verwandelt	0:2
Cabanas (SUI)	gehalten	0:2
Gussew (UKR)	verwandelt	0:3

Was zählt, sind Tore, nicht Jahre

Ronald Reng

Pernía hat abgeschossen: gespannte Aufmerksamkeit in der französischen Deckung.
Pernía has taken his shot: the French defence on high alert.

Eine Minute vor dem Schlußpfiff wurde aus einem Schiedsrichter ein Mensch. Roberto Rosetti aus Italien hatte dieses Achtelfinalspiel zwischen Frankreich und Spanien umsichtig geleitet, doch nun schien er alle Aufgaben eines Referees zu vergessen. Schiedsrichter müssen neutral sein, im Notfall strafen, und was tat Rosetti? Er tröstete. Er reichte Spaniens Torwart Casillas die Hand, um ihn aufzuheben, und dann umarmte er ihn nach dem Gegentor zum 1:3 lange und innig. Obwohl das Spiel noch nicht zu Ende war.

Wie brutal Fußball sein kann, hatte auch Referee Rosetti überwältigt. Zwei Tore in den letzten neun Minuten hatten die Spanier auf den Nachhauseweg gebracht. Viele Experten sprachen von einer Überraschung. Sie hatten zu sehr ihren eigenen Vorurteilen geglaubt.

Unglückliche Spanier beim Abgang nach der Niederlage: Senna, Puyol und Fabregas.
Ganz links: Zufrieden verlassen Barthez und Zidane das Feld nach dem 3:1-Sieg gegen Spanien.

Unhappy Spaniards leaving after the defeat: Senna, Puyol and Fabregas. Far left: very satisfied, Barthez and Zidane leave the field after the 3:1 victory over Spain.

Jung gegen Alt war zum Motto dieses Achtelfinals ausgerufen worden. Die Spanier stellten eines der jüngsten Teams des Turniers, im Durchschnitt waren sie 25 Jahre alt; die Franzosen im Gegenteil die Ältesten mit fast 30. Bei solchen Statistiken schwingt immer schon mit, daß die einen frisch und schwungvoll spielen, die anderen öde und berechnend – und daß natürlich nur die Stürmenden und Drängenden gewinnen können. Doch nichts langweilt mehr im Fußball, als wenn wieder einmal ohne nachzudenken »die jungen Wilden« ausgerufen werden. Denn Jugend bedeutet gar nichts in diesem Spiel, das in Toren gemessen wird und nicht in Lebensjahren. Frankreich demonstrierte es beim 3:1-Sieg in Hannover nachdrücklich.
Mag sein, daß es das Publikum leid ist, Altmeister wie Lilian Thuram oder Zinedine Zidane zu sehen, die schon beim Weltmeistersieg 1998 dabei waren. Aber dann ist dies das Problem des Publikums und nicht der französischen Elf. »Es wurden eine Menge Fragen gestellt, was wir noch können«, sagte Mittelfeld-Dominator Patrick Vieira von Juventus Turin, der vier Tage zuvor seinen 30. Geburtstag gefeiert hatte: »Wir haben diesen Fragen die Berechtigung genommen.«
Ganz sicher war Frankreich nicht die schönste Elf des Turniers, aber eine mit einer klaren Idee, was sie will und kann. Sie blockierte das Mittelfeld und wies Spanien so in seine Schranken.
Wie immer paßten und paßten die Spanier im Mittelfeld den Ball, doch sie kamen damit keinen Meter voran. Ihren »Paßmeistern« Xavi Hernández und Francesc Fabregas fehlte das dynamische Element, eine schnelle Drehung, ein kurzes Dribbling, das die französische Blockade durchbrochen hätte. Ihr Paßspiel blieb steril. Es war ein Spiel jenseits der Strafräume, nivelliert im Mittelfeld; und für Frankreich war das ein Erfolg. Man sah Claude Makelele und Patrick Vieira im Zentrum, und man verstand, was der englische Fachausdruck »Mittelfeldgeneral« meint. Sie kontrollierten Raum und Zeit.
Nachdem Spanien durch einen Elfmeter von David Villa nach 28 Minuten 1:0 in Führung gegangen war, kam die Mannschaft zu keiner einzigen Chance mehr. Ihr Angriffsspiel fing gar nicht erst an; es endete im Mittelfeld. Vieira – mit einem schönen Steilpaß auf Frank Ribery zum 1:1 und einem Kopfballtor höchstpersönlich zum 2:1 – hatte dann sogar noch Zeit für die großen Momente.
Daß ausgerechnet Zinedine Zidane in der Nachspielzeit der dritte Treffer gelang, war die Ironie, die die ernste Arbeit abrundete: Er war mit seinen 34 Jahren in unzähligen Essays schon vor dem Spiel verabschiedet worden, weil zu viele dachten, es wäre sein letztes. »Wir waren nicht auf Frankreichs Höhe«, gestand Spaniens Torwart Iker Casillas. Es machte die Iberer nicht besser, aber sympathischer, daß sie ihre Unterlegenheit anerkannten. Der Reflex war zu sagen: Alles wie immer, Spanien, die Nationalelf aus dem Land der glorreichen Klubs, blieb nach einer glänzenden Vorrunde auch diesmal hinter den Erwartungen zurück. In Wahrheit war nichts wie immer. Diese Elf war praktisch eine neue, weil gegenüber der EM 2004 auf sieben Positionen verändert. Sie hatte das Recht, an ihren Möglichkeiten gemessen zu werden und nicht mit der Last der Geschichte.
Dieses Spanien hatte nicht versagt, sondern eine ordentliche WM gespielt, mit einer tollen Vorrunde und Spielern wie Xabi Alonso, Francesc Fabregas sowie Fernando Torres, die die Phantasie des Publikums einnahmen. Sie hätten es, an einem besseren Tag, auch ins Viertelfinale schaffen können, aber hier gehörte diese Elf hin: irgendwo zwischen die besten Sechs und Sechzehn.
Schiedsrichter Roberto Rosetti wollte ihren Schmerz gerne lindern, und so ging er nach Casillas auch noch zu Verteidiger Mariano Pernía. Er legte tröstend den Arm um ihn. Pernía stieß ihn fauchend weg. Mitleid kann so weh tun. ■

Spanien – Frankreich 1:3 (1:1) Hannover, 27. Juni, 21 Uhr

Spanien: *Casillas; Ramos, Pablo Ibañez, Puyol, Pernía; Xabi Alonso; Fabregas, Xavi (72. Senna); Raúl (54. García); Torres, Villa (54. Joaquin)*

Frankreich: *Barthez; Sagnol, Thuram, Gallas, Abidal; Vieira, Makelele; Ribery, Zidane, Malouda (74. Govou); Henry (88. Wiltord)*

Tore: *1:0 Villa (28. Foulelfmeter), 1:1 Ribery (41.), 1:2 Vieira (83.), 1:3 Zidane (90.+2)*

Schiedsrichter: *Rosetti (ITA),* ***Assistenten:*** *Copelli, Stagnoli (beide ITA)*

Zuschauer: *43 000 (ausverkauft)*

Erik Eggers

Ghana nutzte die Chancen nicht

Gebe es einen Wettbewerb um die melancholischsten Augen bei dieser 18. Weltmeisterschaft, Michael Essien hätte ihn an diesem 26. Juni für sich entschieden. Mit düsterer Miene saß der 23jährige Ghanaer auf der Tribüne des Dortmunder WM-Stadions, um das wichtigste Länderspiel in der Geschichte seiner Nationalmannschaft zu betrachten. Viele fragten sich hinterher, ob sein Mitwirken etwas geändert hätte an der deutlichen 0:3-Niederlage der »Black Stars« im Achtelfinale gegen Brasilien, den freilich wenig überzeugenden Titelverteidiger.

»Daß er gefehlt hat, war für uns ein ganz großes Unglück«, sagte Ghanas Torwart Richard Kingson. Auch seine Kollegen hegten noch Groll gegenüber Dr. Markus Merk. Hatte der deutsche Schiedsrichter doch Essien in der letzten Vorrundenpartie gegen die USA die zweite Gelbe Karte verpaßt – nach einer vergleichsweise harmlosen Szene, wie auch Experten fanden.

Wenig verwegen jedenfalls die These, daß Essien das Zentrum des ghanaischen Spiels – die wacklige Defensive im Mittelfeld – enorm verstärkt hätte. Doch das größte Manko der Afrikaner hätte wohl auch der talentierte Kicker von Arsenal London kaum beheben können: Die eklatante Abschlußschwäche. Schon beim 2:0-Vorrundensieg gegen Tschechien hätte die letzte Hoffnung des afrikanischen Fußballs angesichts der vielen Chancen, die sich anboten, wenigstens fünf Treffer erzielen können. Nach dem Ausscheiden konnte nun Ghanas Coach Ratomir Dujković zwar erneut widerspruchslos behaupten, daß seine Mannschaft länger in Ballbesitz gewesen wäre. Indes: »Das zählt alles nichts ohne ein Tor.«

Die Schlüsselszene, die den 65 000 Zuschauern den Atem raubte, weil sie womöglich die Wende bedeutet hätte, war ein unfaßbarer Kopfball in der 42. Minute: John Mensah, der mit 1,77 m nicht gerade große Innenverteidiger von Stade Rennes, sprang unbedrängt ab und erwischte eine durch Stephen Appiah geschlagene Ecke perfekt. Er drückte den Ball aus großer Höhe zu Boden, doch dieser prallte wieder ins Feld zurück, da Brasiliens Keeper Dida ihn auf der Linie mit dem rechten Bein pariert hatte.

So gut die Chancen auch waren, Ghana nutzte sie nicht. Der erst 20jährige Asamoah Gyan hatte schon vor Mensah den Ausgleich auf dem Fuß, doch dann drosch er den Ball aus fünf Meter Entfernung über den Kasten (35.). Und auch der 16-Meter-Schuß von Matthew Amoah, der quasi ein Heimspiel erlebte – er steht bei Borussia Dortmund unter Vertrag –, strich knapp am Tor vorbei (24.).

Als Gegenentwurf zu diesen Schludrigkeiten agierten an diesem Tag die Brasilianer. Bereits nach fünf Minuten lag der fünfmalige Titelträger in Führung. Als Ghanas Rechtsverteidiger Paintsil die Abseitsfalle aufhob, stürmte Ronaldo nach einer perfekten Vorlage Kakás allein auf das Tor zu, umkurvte Keeper Kingson nach Übersteiger und schob zum 1:0 ein. Damit knackte der Torjäger von

Erik Eggers

**1968, Buchautor (u.a. »Die Stimme von Bern« – eine Biographie über den 1954er WM-Radioreporter Herbert Zimmermann); seit 2000 sportjournalistisch tätig für diverse Tageszeitungen (u.a. »Der Tagespiegel«, »Financial Times Deutschland«, »Frankfurter Rundschau«, »Kölner Stadt-Anzeiger«) und Fußball-Magazine (»11 Freunde«, »Anstoß«). Er berichtete von seiner ersten Fußball-WM.*

Torwart Dida hat den Ball vor Amoah.
Darunter: Adriano (vorn) erzielt das 2:0 für Brasilien.
Andere Seite: Trikottausch: Ronaldinho (versteckt) und der Ghanaer Appiah.

Goalkeeper Dida gets to the ball before Amoah.
Below: Adriano (front) makes it 2:0 for Brazil.
Other page: exchange of shirts: Ronaldinho (concealed) and the Ghanaian Appiah.

Real Madrid den WM-Rekord von Gerd Müller, der es bei zwei Endrunden – 1970 und 1974 – auf 14 Treffer gebracht hatte. Das Konto von Ronaldo, der nach 1994 – damals kam er nicht zum Einsatz – 1998 und 2002 seine vierte WM erlebte, wies nunmehr 15 Tore auf. »Ich freue mich sehr, auch weil der Rekord von Müller schon so alt ist«, sagte der 29jährige, der sich beim Weltmeisterschaftsauftakt gegen Kroatien wegen seines offensichtlichen Übergewichts noch verspotten lassen mußte.

So harzig, träge und uninspiriert sich die Mannschaft von Trainer Carlos Alberto Parreira anschließend auch präsentierte, so effektiv spielte sie – beinahe »italienisch«. Denn mitten in die beste Phase der Ghanaer hinein sorgte Adriano mit dem Kontertor für das 2:0, allerdings aus Abseitsposition (45.). Die veritable Langeweile nach der Pause unterbrach lediglich eine »Schwalbe« Gyans, die der slowakische Schiedsrichter Luboš Michel zu Recht mit Gelb-Rot ahndete (81.). Und schließlich das 3:0 Zé Robertos in der 84. Minute. »Meiner Mannschaft fehlte heute der unbedingte Wille, das Letzte zu geben, und die Bissigkeit«, meinte hinterher ein nicht gerade glücklicher Coach Parreira. »Wir waren überrascht von der Stärke der ghanaischen Elf.«

Was den Ghanaern blieb, war der Stolz, mit der Teilnahme am Achtelfinale die Ehre des afrikanischen Fußballs gerettet zu haben. »Wir müssen uns über das freuen, was wir erreicht haben«, sagte Keeper Kingson. »Es war dennoch eine erfolgreiche Expedition«. Und der serbische Trainer Dujković blickte schon in Dortmund mit großer Zuversicht auf das nächste Turnier im Jahre 2010, wenn die WM erstmals in Afrika stattfinden wird: »Ich bin sehr stolz auf meine Mannschaft. Wir sind guter Dinge, daß Ghana beim nächsten Mal noch besser abschneiden wird.« ■

Brasilien – Ghana 3:0 (2:0) Dortmund, 27. Juni, 17 Uhr

Brasilien: *Dida; Lúcio, Juan; Cafu, Roberto Carlos; Émerson (46. Gilberto Silva); Zé Roberto; Kaká (83. Ricardinho), Ronaldinho; Adriano (61. Juninho), Ronaldo*
Ghana: *Kingson; Paintsil, Mensah, Illiasu, Pappoe; Dramani, E. Addo (60. Boateng), Appiah, Muntari; Amoah (70. Tachie-Mensah), Gyan (81. Gelb-Rot)*
Tore: *1:0 Ronaldo (5.), 2:0 Adriano (45.+1), 3:0 Zé Roberto (84.)*
Schiedsrichter: *Michel (SVK),* ***Assistenten:*** *Slysko, Balko (beide SVK)*
Zuschauer: *65 000 (ausverkauft)*

Afrikas Mannschaften in den WM-Endrunden

Jahr	Land	Resultat
1934	Ägypten	Achtelfinale
1970	Marokko	Vorrunde
1974	Zaïre	Vorrunde
1978	Tunesien	Vorrunde
1982	Algerien	Vorrunde
	Kamerun	Vorrunde
1986	Marokko	Achtelfinale
	Algerien	Vorrunde
1990	Kamerun	Viertelfinale
	Ägypten	Vorrunde
1994	Nigeria	Achtelfinale
	Marokko	Vorrunde
	Kamerun	Vorrunde
1998	Nigeria	Achtelfinale
	Kamerun	Vorrunde
	Marokko	Vorrunde
	Südafrika	Vorrunde
	Tunesien	Vorrunde
2002	Senegal	Achtelfinale
	Kamerun	Vorrunde
	Nigeria	Vorrunde
	Südafrika	Vorrunde
	Tunesien	Vorrunde
2006	Ghana	Achtelfinale
	Angola	Vorrunde
	Elfenbeinküste	Vorrunde
	Togo	Vorrunde
	Tunesien	Vorrunde

adidas

Vorrunde

Preliminary round

In der Vorrunde, in der jeder Sieg mit drei Punkten belohnt wurde, qualifizierten sich in den acht Gruppen jeweils die beiden erstplazierten Teams für das Achtelfinale. Die Rangfolge wurde bestimmt durch 1. die Punktzahl, 2. die Tordifferenz, 3. die Anzahl der erzielten Tore jeweils in allen Gruppenspielen. Waren zwei oder mehrere Teams gleich, wurden nacheinander folgende Kriterien herangezogen: 4. Anzahl der Punkte, 5. Tordifferenz, 6. Anzahl der erzielten Tore jeweils aus den Direktbegegnungen der punktgleichen Mannschaften. Im Falle eines erneuten Gleichstandes entschied das Los.

In the preliminary round, where each win was awarded three points, the first two teams in each of the eight groups qualified for the last sixteen. The placings were determined by 1. points total, 2. goal difference, 3. total goals scored in all the group games. If two or more teams were equal, then the following criteria were taken in account: 4. total points, 5. goal difference, 6. number of goals scored in each match involving the teams equal on points. If the teams were still equal, selection was made by lot.

Steigerung bis zur Euphorie

Ralph Durry

Deutschland – Costa Rica 3:0: Das erste WM-Tor: Philipp Lahm nimmt Glückwünsche entgegen.
Germany – Costa Rica 3:0: the first World Cup goal: Philipp Lahm accepts congratulations.

Es war ein Tag, auf den 13 Jahre hingearbeitet wurde. Am 9. Juni 2006 wurde die 18. Fußball-Weltmeisterschaft feierlich in München eröffnet. Deutschland und Costa Rica standen sich im Auftaktmatch des zweiten Endrundenturniers auf deutschem Boden gegenüber. Und schon die Einstimmung in der mit 64 950 Fans proppenvollen WM-Arena konnte als sehr gelungen angesehen werden.

Die rund halbstündige Eröffnungsfeier spannte einen Bogen zwischen dem traditionellen Deutschland, das von bayerischen Trachtengruppen repräsentiert wurde, und dem neuen, modernen Gastgeberland mit fetzigem Hip-Hop. Höhepunkt war jedoch der Einmarsch von rund 160 Weltmeistern aus den sieben bisherigen Sieger-Nationen Deutschland, Brasilien, Argentinien, Uruguay, Italien, Frankreich und England. Um 16.52 Uhr eröffnete Bundespräsident Horst Köhler offiziell das Ereignis.

Dem tollen Rahmen wollte sich auch die deutsche Nationalmannschaft nicht entziehen; am Ende stand das torreichste Eröffnungsspiel aller Zeiten. Gegen den Underdog aus Mittelamerika machten die Schützlinge von Jürgen Klinsmann von Anfang klar, wer Herr im Haus ist. Dabei fehlte mit Kapitän Michael Ballack, den eine Wadenverletzung plagte, der Kopf der DFB-Auswahl. Mit seiner Ankündigung, fit zu sein und spielen zu wollen, hatte er zwei Tage vorher die Stimmung zusätzlich angeheizt.

Der Bundestrainer jedoch blieb cool und gelassen. Den Ausfall des Leaders konnten die Gastgeber fast problemlos kompensieren: Der Bremer Tim Borowski stand dafür in der Anfangsformation.

Wie eine Befreiung wirkte für die deutsche Mannschaft, daß Philipp Lahm schon in der sechsten Minute das 1:0 erzielte. Trotz der Manschette aufgrund seiner Sehnenoperation am Ellbogen düpierte der Münchner Costa Ricas Abwehr und überwand den gegnerischen Torwart mit einem fulminanten Schuß

Deutschland – Polen 1:0: Neuville trifft in der Nachspielzeit.
Unten: Torjubel bei den Deutschen: Ballack freut sich auf den Schultern von Neuville und Klose.
Darunter: Ekuadors Torhüter Mora mit Gesichtsschmuck in den Farben seines Landes.

Germany – Poland 1:0: Neuville scores in extra time.
Below: celebrating a German goal: on the shoulders of Neuville and Klose, team captain Ballack shows his joy.
Ecuador goalkeeper Mora with face-paints in his national colours.

in den Winkel. »Das war eine Weltklasse-Leistung von Philipp Lahm. In dieser Form kann er einer der Top-Spieler der WM werden«, schwärmte der einstige Weltstar Diego Maradona. Ein Ritterschlag für den kleinen Bayern-Spieler, der soviel Verletzungspech hatte, aber trotzdem immer an seine Teilnahme glaubte.
Die Freude über das 1:0 währte im deutschen Lager allerdings nicht allzu lang. Paulo Wanchope (12.) schaffte mit dem ersten Schuß aufs deutsche Tor den Ausgleich. Jens Lehmann, die neue Nummer eins für Lokalmatador Oliver Kahn, mußte das erste Mal hinter sich greifen. Aber auch davon ließen sich die Spieler um Ersatzkapitän Bernd Schneider nicht beirren. Miroslav Klose (17./61.) sorgte für einen anscheinend beruhigenden 3:1-Vorsprung, aber wiederum Wanchope (73.) ließ die Gastgeber nochmals zittern. Torsten Frings (87.) beendete dann letzte Zweifel am deutschen Einstandserfolg.
»Ich habe viel Positives gesehen«, kommentierte Klinsmann gelassen. Die Schwächen in der deutschen Abwehr waren ihm indes nicht entgangen, allerdings dramatisierte er sie nicht. Deutschland erklomm gleich am ersten Tag die Tabellenspitze, auch wenn es im zweiten Spiel eine faustdicke Überraschung gab. In Gelsenkirchen unterlag Polen trotz der Anfeuerung von rund 40 000 Anhängern gegen Ekuador mit 0:2. »13 Millionen Menschen haben sehnsüchtig auf diesen Tag gewartet«, sagte Carlos Tenorio, der für das Führungstor verantwortlich zeichnete. Stürmerstar Agustín Delgado (81.) machte den Erfolg der Südamerikaner perfekt, die in der Südamerika-Qualifikation immerhin den dritten Platz hinter den Giganten Brasilien und Argentinien belegt hatten. Trotz der Achtungserfolge in den »Eliminatorias« hatte die Ekuadorianer niemand so recht auf der Rechnung. Eines der

dramatischsten Vorrundenspielen erlebten die deutschen Fans dann in Dortmund. Im Ruhrpott, wo viele polnische Einwanderer einst die Traditionsklubs Schalke 04 und Borussia Dortmund verstärkt und wirkliche Identifikationsfiguren hervorgebracht hatten, fand das zweite deutsche Vorrundenspiel gegen Polen statt. Die 66 000 Zuschauer wurden mit einem hochdramatischen Fight belohnt, der selbst die angereiste Politprominenz beider Länder begeisterte.

Die Ausgangslage war klar: Die Polen mußten unbedingt gewinnen, um die Auftaktpleite wettmachen zu können. Den Deutschen winkte im Falle eines weiteren »Dreiers« der vorzeitige Einzug ins Achtelfinale. Entsprechend engagiert gingen die »Klinsmänner« zu Werke. Aber ausgerechnet die beiden gebürtigen Polen, Miroslav Klose und Lukas Podolski, konnten im ersten Durchgang die besten Chancen nicht nutzen. Die Rot-Weißen, für die der Dortmunder Smolarek vor »heimischer« Kulisse stürmte, konnten die deutsche Abwehr indes kaum in Verlegenheit bringen. Der Borusse Christoph Metzelder und der Hannoveraner Per Mertesacker zeigten sich im Defensivverbund deutlich verbessert. Übertroffen wurden beide von Philipp Lahm, der auf der linken Verteidigerposition einmal

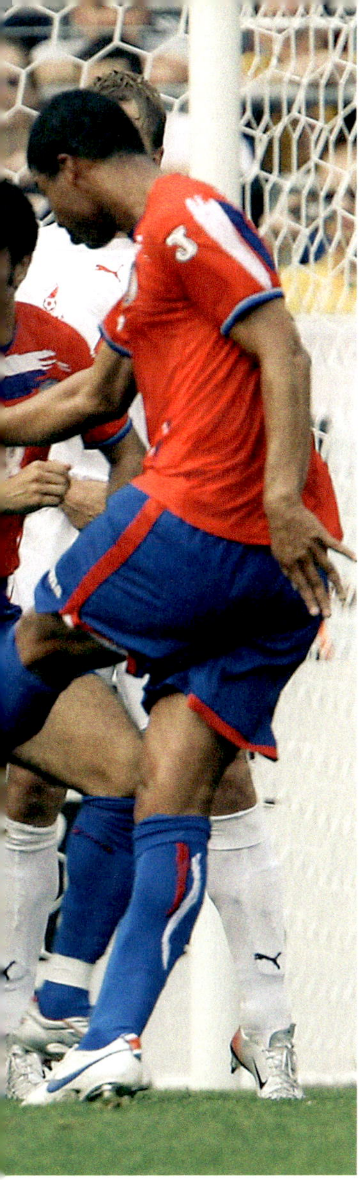

Costa Rica – Polen 1:2: Gómez erzielt per Freistoß das 1:0. Smolarek holt nach dem 1:1 von Bosacki den Ball aus dem Tor (links).
Unten: Ekuador – Costa Rica 3:0: Ball-Ballett: Castillo und Costa Ricas Stürmer Wanchope.

Costa Rica – Poland 1:2: Gomez makes it 1:0 from a free kick. Smolarek picks the ball out of the net after Bosacki's equaliser (left).
Below: Ecuador – Costa Rica 3:0: a ball ballet: Castillo and Costa Rica's centre Wanchope.

mehr einer der überragenden Aktivposten war.
Die zweite Halbzeit wurde dann zu einem einzigen Sturmlauf. Klinsmann wollte unbedingt die drei Punkte, weshalb er in der Schlußphase gegen die wegen einer Gelb-Roten Karte dezimierten Polen aufs Ganze ging. Er brachte den Dortmunder David Odonkor als klassischen Rechtsaußen und auch den Gladbacher Oliver Neuville, während Podolski gehen mußte.
Der leidenschaftliche Fight kulminierte in der 90. Minute, als Klose und Ballack, der nach auskurierter Wadenverletzung zurückgekehrt war, innerhalb von wenigen Sekunden zweimal die Latte trafen.
In der Nachspielzeit ein letzter, verzweifelter Angriff der deutschen Elf: Odonkor bringt die Flanke herein, und Neuville schießt zum 1:0 ein. Schon lange nicht mehr hat das deutsche Team seine Zuschauer so mitgerissen. Im ganzen Land wurde der vorzeitige Einzug ins Achtelfinale mit Autokorsos, Hupkonzerten und spontanem Jubel gefeiert. »Das sind ganz besondere Momente. Wir fiebern, freuen und leiden mit der Mannschaft«, erklärte Klinsmann später.
Allerdings reichte der Sieg von Dortmund nicht, um die Tabellenführung vor Ekuador zu behaupten. Die Anden-Kicker gaben Costa Rica mit 3:0 das Nachsehen und zogen damit vor dem direkten Duell an Deutschland vorbei. Die Südamerikaner bestätigten die Leistung aus dem Polen-Spiel zum Auftakt.
Der Showdown um den Gruppensieg stieg dann am 20. Juni im Berliner Olympiastadion – gleichzeitig auch Endstation Sehnsucht für den 9. Juli.
72 000 begeisterte Fans – davon viele in weißen Nationaltrikots – verwandelten die Arena in einen brodelnden Kessel. Temperaturen um die 30 Grad und hohe Luftfeuchtigkeit taten ein Übriges.
Im Vorfeld hatten kritische Worte von Miroslav Klose in Richtung Sturmpartner Lukas Podolski für Aufregung gesorgt. Der Bremer riet dem künftigen Bayern-Angreifer, mehr zu laufen und sich besser ins Mannschaftsgefüge zu integrieren. Bei der Pressekonferenz vor der Partie stellte Klose dann klar, daß dies nur ein gutgemeinter Ratschlag, aber keinesfalls eine Kritik gewesen war.
Wie das in der Praxis aussieht, bewies der Werder-Star selbst in der vierten Spielminute, als er auf Vorarbeit von Bastian Schweinsteiger per Direktannahme das 1:0 schoß. Anschließend zelebrierte er erstmals im WM-Turnier den »Klose-Salto«, den auch ein Turner nicht viel besser hinkriegen dürfte. Die Anhänger waren schier aus dem Häuschen.
Das Führungstor war aber längst nicht das Ende der Miro-Klose-Show jenes Nachmittags. Eine Minute vor dem Halbzeit-

Deutschland – Ekuador 3:0: Der zweifache Torschütze Klose verursacht Panik bei Torwart Mora und bei Espinoza. Unten: Enttäuschung bei Baszczyński und Smolarek.

Germany – Ecuador 3:0: double scorer Klose creates panic for goalkeeper Mora and Espinoza. Below: disappointment for Baszczyński and Smolarek.

pfiff verwertete er ein phantastisches Zuspiel von Ballack. Der Bremer umkurvte auch noch den gegnerischen Torhüter und schlug zum zweiten Mal zu: 2:0 für die Hausherrn. Mit nunmehr neun WM-Treffern insgesamt überholte er in der »ewigen« Torjägerliste keinen Geringeren als Rudi Völler.

Die Ekuadorianer waren an diesem Tag allerdings kein ebenbürtiger Widersacher. Trainer Luis Fernando Suárez schonte nämlich gleich fünf Stammspieler. Doch das allein war es nicht, denn auch die sechs im Team befindlichen Asse konnten bei weitem nicht so auftrumpfen wie noch gegen Polen oder Costa Rica. »Wir haben viele Fehler gemacht, die die Deutschen bestraften. Wir müssen unsere Lehren daraus ziehen«, bilanzierte hinterher der Coach. Es war allerdings noch lange nicht vorbei mit der Lehrstunde. Die Südamerikaner wurden im letzten Gruppenspiel von Deutschland regelrecht ausgekontert. Bernd Schneider bediente bei einem Konter auf der rechten Seite Podolski, und der hatte endlich das nötige Glück im Abschluß: 3:0! Wie ein Irrwisch lief er zu den deutschen Ersatzspielern und ließ sich feiern. Der 21jährige, der bisher im Schatten von Klose stand, war offenbar von einer Zentnerlast befreit. »Das wird ihm Auftrieb geben, ich freue mich für ihn«, betonte sein Sturmpartner.

Der Rest war Formsache. Bemerkenswert auch, daß Klinsmann Ballack durchspielen ließ, obwohl der künftige Star des FC Chelsea mit Gelb vorbelastet war und bei einer weiteren Verwarnung im Achtelfinale hätte zuschauen müssen. Ballack hielt sich vor allem in der 2. Halbzeit sehr zurück, ging fast jedem Duell aus dem Weg, um seinen Einsatz im ersten K.o.-Spiel nicht zu gefährden. Umso überraschter war Ballack selbst, daß er anschließend zum »Man of the Match« gewählt wurde und nicht der überragende Miroslav Klose. »Vielleicht weil ich so beherzt in die Zweikämpfe gegangen bin«, witzelte der Mittelfeld-Stratege.

Der »Mann des Tages« im Parallelspiel zwischen Polen und Costa Rica (2:1) war der Ex-Nürnberger Bartosz Bosacki. Dem Abwehrspieler gelangen in der 33. und 66. Minute zwei Tore. Der Defensivspezialist, der erst nachträglich in den WM-Kader gerückt war, sorgte mit seinen Toren für die Wende, denn die Mittelamerikaner hatten durch Ronald Gómez (24.) geführt. Mit ihrem einzigen Sieg belegten die Polen nur Rang drei und mußten ebenso ausscheiden wie Costa Rica, das alle drei Spiele verlor.

Summary

Tabelle Gruppe A

Deutschland	3	3	0	0	8:2	9
Ekuador	3	2	0	1	5:3	6
Polen	3	1	0	2	2:4	3
Costa Rica	3	0	0	3	3:9	0

Die Entscheidung über die Teilnahme am Achtelfinale fiel früh. Schon nach ihrem zweiten Gruppenspiel konnten Ekuador und Deutschland die entsprechenden Vorbereitungen treffen. Enttäuschend dagegen die Präsentation des polnischen Teams. Gegen Ekuador (0:2) trat es ohne erkennbare Spielidee auf und verlor dann – allerdings nach entschieden besserer Leistung – gegen Deutschland wegen eines Gegentors in der Nachspielzeit mit 0:1. Die Mannschaft Costa Ricas spielte gefällig, aber durchsetzungsschwach.
Zur Freude der Zuschauer gab es ein unverkrampftes Eröffnungsspiel, das seit 1958 von der gastgebenden Mannschaft bestritten wird. Es fielen sechs Tore – das erste durch den Münchner Philipp Lahm, der gegen Costa Rica nur sechs Spielminuten benötigte.

It did not take long to find out who the two teams would be to go through to the last sixteen. After their second games Ecuador and Germany were already in a position to prepare themselves for the next round. On the other hand the play of the Polish team was disappointing. Against Ecuador the Poles seemed to have no recognisable gameplan and then lost 1:0 to Germany – though after a much better performance – thanks to a goal in extra time. Costa Rica's team played attractive football but was unable to transform that into results.
To the spectators' pleasure the opening game, in which since 1958 the host country has played, was not over-tense. Six goals were scored, the first by Philipp Lahm from Munich, who required only six minutes to score against Costa Rica.

Deutschland – Costa Rica 4:2 (2:1) München, 9. Juni, 18 Uhr

Deutschland: *Lehmann; Friedrich, Mertesacker, Metzelder, Lahm; Schneider (Odonkor 90.+1), Frings, Borowski (72. Kehl), Schweinsteiger; Klose (79. Neuville), Podolski*
Costa Rica: *Porras; Umaña, Sequeiro, Marín; Martínez (66. Drummond), Solís (78. Bolaños), Gonzáles; Centeno, Gómez (90.+1 Azofeifa); Wanchope*
Tore: *1:0 Lahm (6.), 1:1 Wanchope (12.), 2:1 Klose (17.), 3:1 Klose (61.), 3:2 Wanchope (73.), 4:2 Frings (87.)*
Schiedsrichter: *Elizondo (ARG),* ***Assistenten:*** *Garcia, Otero (beide ARG)*
Zuschauer: *64 950*

Polen – Ekuador 0:2 (0:1) Gelsenkirchen, 9. Juni, 21 Uhr

Polen: *Boruc; Baszczyński, Jop, Bąk, Żewłakow; Radomski, Sobolewski (67. Jelen), Krzynówek (78. Kosowski); Szymkowiak: Smolarek, Żurawski (83. Brożek)*
Ekuador: *Mora; De la Cruz, Hurtado (69. Guagua), Espinoza, Reasco; Méndez, Castillo, E. Tenorio, Valencia, C. Tenorio (65. Kaviedes), Delgado (83. Urrutia)*
Tore: *0:1 C. Tenorio (24.), 0:2 Delgado (81.)*
Schiedsrichter: *Kamikawa (JPN),* ***Assistenten:*** *Hiroshima (JPN), Kim (KOR)*
Zuschauer: *52 000 (ausverkauft)*

Deutschland – Polen 1:0 (0:0) Dortmund, 14. Juni, 21 Uhr

Deutschland: *Lehmann; Friedrich (64. Odonkor), Mertesacker, Metzelder, Lahm; Schneider, Frings, Ballack, Schweinsteiger (77. Borowski); Klose, Podolski (71. Neuville)*
Polen: *Boruc; Żewłakow (83. Dudka), Bąk, Baszczyński, Bosacki; Radomski; Krzynówek (77. Lewandowski), Sobolewski (75. Rot), Jelen (90.+1 Brożek); Żurawski, Smolerek*
Tor: *1:0 Neuville (90.+1)*
Schiedsrichter: *Medina Cantelejo (ESP),* ***Assistenten:*** *Giraldez Carrasco, Medina Hernández (beide ESP)*
Zuschauer: *65 000 (ausverkauft)*

Ekuador – Costa Rica 3:0 ((1:0) Hamburg, 15. Juni, 15 Uhr

Ekuador: *Mora; De la Cruz, Hurtado, Espinoza (69. Guagua), Reasco; Valencia (73. Urrutia), Castillo, E. Tenorio, Méndez; C. Tenorio (46. Kaviedes), Delgado*
Costa Rica: *Porras; Sequeiro, Marín, Umaña; Wallace, Solís, Fonseca (29. Saborío), González (56. Hernández); Centeno (84. Bernard), Gómez; Wanchope*
Tore: *1:0 C. Tenorio (8.), 2:0 Delgado (54.), 3:0 Kaviedes (90.+2)*
Schiedsrichter: *Codjia (BEN),* ***Assistenten:*** *Ntagungira (RWA), Aderodjou (BEN)*
Zuschauer: *50 000 (ausverkauft)*

Ekuador – Deutschland 0:3 (0:2) Berlin, 20. Juni, 16 Uhr

Ekuador: *Mora; De la Cruz, Guagua, Espinoza, Ambrosi; Valencia (63. Lara), Ayoví (68. Urrutia), E. Tenorio, Méndez; Kaviedes, Borja (46. Benitez)*
Deutschland: *Lehmann; Friedrich, Mertesacker, Huth, Lahm; Schneider (73. Asamoah), Frings (66. Borowski), Ballack, Schweinsteiger; Klose (66. Neuville), Podolski*
Tore: *0:1 Klose (4.), 0:2 Klose (44.), 0:3 Podolski (57.)*
Schiedsrichter: *Iwanow (RUS),* ***Assistenten:*** *Golubjow, Wolnin (beide RUS)*
Zuschauer: *72 000 (ausverkauft)*

Costa Rica – Polen 1:2 (1:1) Hannover, 20. Juni, 16 Uhr

Costa Rica: *Porras; Badilla, Marín, Umaña; Drummond (70. Wallace), Centeno, Solís, Bolaños (78. Saborío), González; Wanchope, Gómez*
Polen: *Boruc; Baszczyński, Bąk, Bosacki, Żewłakow; Jelen, Radomski, Szymkowiak, Krzynówek; Smolarek (85. Rasiak), Żurawski (46. Brożek)*
Tore: *1:0 Gómez (25.), 1:1 Bosacki (33.), 1:2 Bosacki (66.)*
Schiedsrichter: *Maidin (SIN),* ***Assistenten:*** *Permpanich (THA), Ghuloum (UAE)*
Zuschauer: *43 000 (ausverkauft)*

Das Glück der Außenseiter

Ronald Reng

Es war tatsächlich alles Gold, was glänzte: die dicke Uhr am Handgelenk, aber vor allem der markante Ersatzzahn in der oberen Schneidezahnreihe. Dennis Lawrence, 2,01 Meter lang, stand noch in den Katakomben der Dortmunder WM-Arena, und wie er von dem Spiel erzählte, das nun schon vor einiger Zeit zu Ende gegangen war, ersetzte sein Goldzahn zunehmend Komma und Punkt in seiner Rede: Wann immer er eine Pause zwischen seinen Sätzen machte, tauchte der Goldzahn auf. Denn Dennis Lawrence, Fels in der Innenverteidigung von Trinidad und Tobago, mußte sich immer wieder selbst mit einem großen, glücklichen Lachen unterbrechen.

»Einen Schuß wehrte ich mit, nun ja, mit meinem privatesten Körperteil ab, die Parole war halt: alles für das Team.« Sein Goldzahn strahlte, sein Gesicht lächelte: »Wir haben der Welt die Botschaft geschickt, daß Trinidad und Tobago auch eine Fußballnation ist.«

Am Ende würde man wohl auch bei dieser WM von Brasilien reden, von Italien und Deutschland. Aber der Anfang gehört traditionell ihnen: den Außenseitern aus den versteckten Winkeln der Welt. Sie triumphieren zu sehen gegen alle Logik, das ist der wahre Reiz der Vorrunde.

Es gab bei dieser WM wenig Überraschungen; deutlich weniger etwa als vor vier Jahren in Südkorea und Japan. Um so anrührender war die Freude der Spieler von Trinidad und Tobago in Dortmund nach dem 0:0 gegen Schweden im ersten WM-Spiel in der Geschichte ihres kleinen Inselreiches. Sie waren Giganten für einen Tag.

Etwas Größeres sollte leider nicht daraus entstehen. Die folgenden Gruppenspiele verlor Trinidad und Tobago jeweils 0:2

England – Trinidad & Tobago 2:0: Akrobatik: Verteidiger Terry verhindert das 1:0 für die Außenseiter aus der Karibik. Andere Seite: Schweden – England 2:2: Rooney nimmt den Ball an, der Schwede Lucic schaut zu.

England – Trinidad & Tobago 2:0: acrobatics: defender Terry prevents the Caribbean outsiders from scoring. Other page: Sweden – England 2:2: Rooney receives the ball, the Swede Lucic looks on.

gegen Paraguay und England. Die Favoriten, England und Schweden, setzten sich durch, aber was blieb, was wirklich blieb von dieser Gruppe B, war nicht der öde Zweckfußball der Engländer, nicht der energische Hauruck-Stil der Schweden, sondern das Lächeln von Dennis Lawrence. Den Rest vom Jahr spielt er für den FC Wrexham, selbst die Fachleute waren sich unsicher: Sind die in der dritten oder vierten englischen Liga? Es war die vierte Klasse, stellte sich heraus.

Es war eine aufschlußreiche Lektion über das menschliche Gemüt: Wenn Trinidad und Tobago mit allen Mann verteidigte, fieberte man begeistert mit. Wenn England vergleichsweise defensiv agierte, langweilte man sich, mehr noch: Man war nicht amüsiert. Laut englischen Zeitungen hatte England die stärkste Elf seit seinem einzigen Weltmeisterschaftstriumph von 1966 – laut englischen Zeitungen verfügt England vor Turnierbeginn jeder WM über die stärkste seit 1966. Und wer die Namen las, mußte denken, daß sich aus solchen Spielern doch eine spektakuläre Elf formen ließe: John Terry und Rio Ferdinand in der Verteidigung, ein Mittelfeld mit David Beckham, Steven Gerrard und Frank Lampard, im Sturm Wayne Rooney und Michael Owen. Bloß,

Schweden – Paraguay 1:0: Höchste Alarmstufe im schwedischen Strafraum, Valdez ist dem Ball am nächsten. Unten: Torschütze Ljungberg feiert seinen Treffer kurz vor Spielende.

Sweden – Paraguay 1:0: red alert in the Swedish penalty area, Valdez is closest to the ball. Below: Goalkeeper Ljungberg celebrates his winner just before full time.

der Trainer hieß Sven-Göran Eriksson. Das schloß offenbar jegliches Spektakel aus. Eriksson, ein freundlicher Mann aus Schweden, erfolgreich als Vereinstrainer in Portugal und Italien, glaubt offenbar, Fußballspiele gewinne man nur mit Vorsicht. Als England in seinem Auftaktspiel gegen Paraguay schon nach drei Minuten durch ein Eigentor von Carlos Gamarra 1:0 in Führung ging, war das wie ein Versprechen: Jetzt geht's los. Als Eriksson schon bald Michael Owen aus dem Spiel nahm, wußte man: Was für ein Trugschluß.
England verwaltete nun mit einem einzigen Stürmer den Vorsprung. Aufregung lieferte England – wie viel zu oft in den sechs Jahren unter Erikssons Führung – nur, wenn der Ball ruhte. Ein Mittelfußknochen bewegte das Land; es war fast schon eine kleine englische WM-Tradition: 2002 hatte die Nation gebangt, ob Kapitän David Beckham nach einem Mittelfußknochenbruch gesund werden würde. Vier Jahre später nun wiederholte sich die Geschichte mit selbigem Knochen: Diesmal war er Wayne Rooney fünf Wochen vor Turnierbeginn entzweigegangen.
Rooney, Held der Arbeiterklasse, aufgewachsen in einem Liverpooler Viertel, wo viele Brüllen für Diskutieren und Zuschlagen für Konfliktlösung halten, hat einen einzigartigen Spielsinn: Er läßt ihn auf dem Spielfeld alles richtig machen, ohne daß Rooney erklären könnte, warum er das macht. Ohne oder mit Rooney – das ist der Unterschied zwischen einem guten und einem außergewöhnlichen englischen Team.
Rooney würde wegen des Fußbruchs niemals bei der WM spielen können, verkündete sein Verein, Manchester United. Rooney werde spielen, beharrte Trainer Eriksson. Er war in seiner Amtszeit als englischer Nationaltrainer nicht unbedingt durch Konsequenz aufgefallen. Doch das Wissen, daß seine Zeit in England nach der WM sowieso zu einem Ende kommen würde, ließ ihn auf einmal ungekannte Härte wagen. Kaum verschlüsselt, drohte United mit einer Schadensersatzklage, falls Rooney spielen und ihm etwas passieren sollte. Schließlich nominierte die FIFA einen Medizinprofessor, Angus Wallace, als unabhängigen Sachverständigen und Schlichter. Er sollte Rooneys Fuß begutachten und entscheiden.
Drei Tage vor dem ersten Spiel trat Eriksson im englischen WM-Quartier in Bühlertal bei Baden-Baden vor die Presse: »Guten Morgen«, sagte er und schaute auf die Uhr: »Oder besser gesagt: Guten Nachmittag.« Professor Wallace habe festgestellt, daß Wayne Rooney verletzungsfrei sei, »und ich werde im besten Interesse von England, Rooney und 40 Mil-

Der Trainer von Trinidad & Tobago, Leo Beenhakker.
The coach of Trinidad & Tobago, Leo Beenhakker.

Paraguay – Trinidad & Tobago 2:0: Lawrence und Glen scheinen zu tanzen, am Boden der Paraguayer Cácares.
Paraguay – Trinidad & Tobago 2:0: Lawrence and Glen seem to be dancing; on the ground the Paraguayan Cácares.

lionen England-Fans handeln: Er wird spielen. Und jetzt bitte keine Fragen mehr.«
Und siehe da: Im zweiten Spiel gegen Trinidad blieb noch eine halbe Stunde, da kam Rooney. Es sollte ein hoffnungsvoller Augenblick werden. Aber faßte es nicht Englands ganze Verzweiflung zusammen? Er mußte schon so früh kommen; Wochen früher als geplant, weil England gegen den Außenseiter mit dem Rücken zur Wand stand. Das Resultat hieß 0:0, und das Spiel war so erbärmlich, wie das Ergebnis klang. In den letzten sieben Spielminuten zwang England mit Toren von Peter Crouch und Steven Gerrard gegen Trinidad das Glück dann doch noch auf seine Seite.
Doch hatte sich hier offenbart, wie sehr der vermeintlich kühle Stratege Eriksson dieses eine Mal Zocker spielte: Er hatte nur vier Stürmer nominiert – zwei weniger als etwa Schweden; darunter den verletzten Rooney sowie zum allgemeinen Erstaunen den 17jährigen Theo Walcott, der noch kein einziges Erstligaspiel bestritten hatte. Eriksson hatte sich quasi keine andere Angriffsalternative als den seit Wochen wettkampfunerprobten Rooney gelassen, erst recht als Sturmpartner Michael Owen sich beim 2:2 im letzten Vorrundenspiel gegen

WM-Jubiläumstore

Nummer	Spieler	Spiel	Tor	Ergebnis	Austragungsort/Datum1
1	Lucien Laurent (FRA)	FRA-MEX	1:0	1:0	Montevideo, 13.7.1930
100	Angelo Schiaffio (ITA)	ITA-USA	5:1	7:1	Rom, 27.5.1934
200	Harry Andersson (SWE)	SWE-CUB	8:0	8:0	Antibes, 12.6.1938
300	Chico (BRA)	BRA-ESP	3:0	6:0	Rio de Janeiro, 13.7.1950
400	Max Morlock (GER)	GER-TUR	5:1	7:2	Zürich, 23.6.1954
500	Bobby Collins (SCO)	SCO-PAR	3:2	3:2	Norrköping, 11.6.1958
600	Dražen Jerković (YUG)	YUG-URU	3:1	3:1	Arica, 2.6.1962
700	Pak Seung Zin (PRK)	PRK-CHI	1:1	1:1	Middlesborough, 15.7.1966
800	Gerd Müller (GER)	GER-BUL	5:2	5:2	León, 7.6.1970
900	Hector Yazalde (ARG)	ARG-HAI	1:0	4:1	München, 23.6.1974
1000	Rob Rensenbrink (NED)	NED-SCO	1:0	2:3	Mendoza, 11.6.1978
1100	Sergej Baltatscha (URS)	URS-NZL	3:0	3:0	Malaga, 19.6.1982
1200	Jean-Pierre Papin (FRA)	FRA-CAN	1:0	1:0	León, 1.6.1986
1300	Gary Lineker (ENG)	ENG-PAR	3:0	3:0	Mexiko-Stadt, 18.6.1986
1400	Johnny Ekström (SWE)	SWE-CRC	1:0	1:2	Genua, 20.6.1990
1500	Cláudio Caniggia (ARG)	ARG-NGA	1:1	2:1	Boston, 20.6.1994
1600	Pierre Issa (RSA)	FRA-RSA	2:0*	3:0	Marseilles, 12.6.1998
1700	Slobodan Komljenović (YUG)	YUG-USA	1:0	1:0	Nantes, 25.6.1998
1800	Beto (POR)	USA-POR	3:1	3:2	Suwon, 5.6.2002
1900	Christian Vieri (ITA)	KOR-ITA	0:1	2:1	Daejon, 18.6.2002
2000	Marcus Allbäck (SWE)	SWE-ENG	1:1	2:2	Köln, 20.6.2006

* Eigentor

Schweden – England 2:2: Allbäck hat das 1:1 und damit das 2000. Tor der WM-Endrunden erzielt. Linderoth gratuliert.
Sweden – England 2:2: Allbäck has made it 1:1, Linderoth congratulates him. It's the 2000th goal in World Cup finals.

England – Paraguay 1:0: Abwehrspieler Gamarra köpft ins eigene Tor zum einzigen Treffer. Für Torhüter Villar gab es da nichts zu halten.
England – Paraguay 1:0: defender Gamarra heads into his own goal for the only score. For keeper Villar there was no way to stop it.

Schweden das Kreuzband riß. Konnte das im weiteren Turnierverlauf gut gehen?
Die Schweden jedenfalls hatten England endgültig gewöhnlich aussehen lassen. Es ging in ihrem Vergleich für beide mehr oder weniger bereits fürs Achtelfinale qualifizierte Teams vor allem darum, Deutschland als Gegner in der nächsten Runde zu vermeiden. Das gelang England, aber es stand in der zweiten Halbzeit am Rand der Peinlichkeit, so sehr setzte ihm Schweden mit einem aggressiven Pressingspiel und einem wahren Bombardement an Eckbällen zu. Und das war nur Schweden: Eine gute Mannschaft, aber wahrhaft keine außergewöhnliche.
Die Namen ihrer Angriffsreihen hatten Glamour versprochen: Henrik Larsson vom FC Barcelona und Zlatan Ibrahimovic von Juventus Turin, dahinter Freddie Ljungberg von Arsenal London; personifizierte Weltklasse. So namhaft waren die Schweden noch nie besetzt. Aber sie spielten wie immer. Sie waren Nervensägen: Mit ihrer Energie, mit ihrer Kondition und taktischen Disziplin raubten sie dem Gegner besonders im Mittelfeld Nerv und Spielraum. Ihre Spielweise blieb dabei äußerst schlicht: Die hohe Flanke in den Strafraum wurde schnell gesucht. Ihr größtes Problem – welche Ironie! – war dabei ihr vermuteter »Jahrhundertangriff«. Larsson und Ibrahimovic spielten nicht besonders gut.
Ihr 0:0 gegen Trinidad schien gegen das biedere Paraguay schon seine Wiederholung zu erleben, als das Tor auf einem langen, kurvigen Weg doch endlich noch zu ihnen kam. Ljungberg hatte schon gedacht: »Es wird nie fallen. Wir können einfach nicht treffen.« Dann erzielte er in der 89. Minute doch noch das 1:0, und man sah deutlich wie selten, was ein einziges Tor anrichten kann: Ein Tor ist der Augenblick, wenn alles anders wird. Ein Tor liefert Menschen rücksichtslos ihren Gefühlen aus – ein Tor heißt Sein oder Nichtsein. Ohne diesen Treffer wäre Schweden fast schon ausgeschieden gewesen; mit dem Tor waren sie praktisch bereits für das Achtelfinale qualifiziert.
Das Tor hätte sich keinen besseren Tag aussuchen können, um zu ihnen zurückzukommen. Im Berliner Olympiastadion waren unter den Zuschauern 50 000 Schweden. Das größte

Stadion in Schweden, das Ullevi in Göteborg, faßt nur 43 000. Es war der gelbeste Tag des schwedischen Fußballs, 50 000, fast alle im Nationaltrikot. »Ich habe noch nie so eine Glücksexplosion in mir gespürt«, sagte Stürmer Marcus Allbäck, der Ljungberg das erlösende Tor aufgelegt hatte: Ein Tor, das alles veränderte, ein Tor, das den Vernünftigsten wahnsinnig machte. »Ich lag mit Ljungberg jubelnd am Boden«, erzählte Allbäck weiter. »Der Schiedsrichter kam zu uns, wir sollten schnell machen, weiterspielen. Da habe ich mich nur noch fester an Freddy gekrallt. Ich dachte: Freddy, laß uns noch ein bißchen kuscheln!«
Es war alles in allem eine Gruppe mit vielen glücklichen Menschen. Paraguay war glücklich, sich mit einem bedeutungslosen 2:0 über Trinidad ehrenvoll verabschiedet zu haben. Schweden war überwältigt von seinem Festspieltag mit Festspielkulisse und Festtagsende in Berlin gegen Paraguay. Englands Trainer Eriksson behauptete, sie seien sehr glücklich, Gruppensieger zu sein. Und Trinidad und Tobago? Man glaubte, sie hätten gerade in der Lotterie gewonnen. So sehr lächelten sie, selbst nachdem mit dem 0:2 gegen Paraguay in Kaiserslautern alles vorbei war. »Die Leute haben doch gedacht, wir würden jedes Spiel 0:8 verlieren«, sagte ihr niederländischer Trainer Leo Beenhakker. Hinter ihm machten sich die Spieler auf den Nachhauseweg. Und von fern sah man im Stadiongang noch einmal eine Mannschaft und einen Goldzahn strahlen. ■

Summary

Tabelle Gruppe B

England	3	2	1	0	5:2	7
Schweden	3	1	2	0	3:2	5
Paraguay	3	1	0	2	2:2	3
Trinidad & Tobago	3	0	1	2	0:4	1

Spannung bis zur letzten Spielminute: Bis dahin war ungeklärt, ob England oder Schweden im Achtelfinale gegen den Gastgeber Deutschland als A-Gruppensieger spielen würde. Ein 2:2-Unentschieden brachte Klarheit und England den Gruppensieg, womit eine Neuauflage des Klassikers gegen Deutschland fürs Erste vertagt wurde. Die tapferen Schweden beendeten ihre Gruppenspiele gleichfalls ohne Niederlage und brachten in ihrem besten Spiel den Favoriten an den Rand einer Niederlage. Einzig Trinidad & Tobago hätte die Rangfolge noch beeinflussen können. Voraussetzungen wären allerdings eine Niederlage Schwedens und ein eigener Sieg im letzten Spiel gegen Paraguay gewesen, was aber beides nicht eintraf. Die Mannschaft aus der Karibik blieb ohne Sieg und Torerfolg und wurde damit Letzter. Eine denkwürdige Episode am Rande: Der Schwede Marcus Allbäck erzielte gegen England den 1:1-Ausgleich und freute sich gleichzeitig über das 2000. Tor der WM-Geschichte.

Tension to the last minute: until then if England or Sweden would play in the next round against host nation Germany as A group winners. A 2:2 draw brought certainty, and victory to England, so that a replay of the England-Germany classic matches was at least temporarily postponed. The valiant Swedes ended their group games also without defeat and in their best game brought the favourites to the edge of defeat. Only Trinidad & Tobago could have still affected the rankings in the group. But Sweden would have had to lose and they would have had to beat Paraguay in their own match, neither of which happened. The Caribbean team didn't win a match or score and finished bottom of the group. Worth remembering was that the Swede Marcus Allbäck equalised against England and celebrated at the same time the 2000th goal in World Cup history.

England – Paraguay 1:0 (1:0) Frankfurt, 10. Juni, 15 Uhr

England: *Robinson; Neville, Ferdinand, Terry, A. Cole; Beckham, Lampard, Gerrard, J. Cole (83. Hargreaves); Owen (56. Downing), Crouch*
Paraguay: *Villar (8. Bobadilla); Caniza, Cáceres, Gamarra, Toledo (82. Núñez); Bonet (68. Cuevas), Paredes, Acuña, Riveros; Santa Cruz, Valdez*
Tor: 1:0 Gamarra (3. Eigentor)
Schiedsrichter: *Rodríguez (MEX),* ***Assistenten:*** *Camargo, Ramírez (beide MEX)*
Zuschauer: *48 000 (ausverkauft)*

Trinidad & Tobago – Schweden 0:0 Dortmund, 10. Juni, 18 Uhr

Trinidad & Tobago: *Hislop; Gray, Sancho, Lawrence, A. John (46. Gelb-Rot); Birchall, Yorke, Theobald (66. Whitley); Edwards, Samuel (52. Glen); S. John*
Schweden: *Shaaban; Alexandersson, Mellberg, Lucic, Edman; Linderoth (78. Källström); Wilhelmsson (78. Jonson), A. Svensson (62. Allbäck), Ljungberg; Ibrahimovic, Larsson*
Schiedsrichter: *Maidin (SIN),* ***Assistenten:*** *Permpanich (THA), Ghuloum (UAE)*
Zuschauer: *62 959*

England – Trinidad & Tobago 2:0 (0:0) Nürnberg, 15. Juni, 18 Uhr

England: *Robinson; Carragher (58. Lennon), Ferdinand, Terry, A. Cole; Beckham, Lampard, Gerrard, J. Cole (75. Downing); Owen (58. Rooney), Crouch*
Trinidad & Tobago: *Hislop; Gray, Sancho, Lawrence, Whitley; Birchall, Yorke, Theobald (85. Wise); Edwards, Jones (70. Glen); S. John*
Tore: *1:0 Crouch (83.), 2:0 Gerrard (90.+1)*
Schiedsrichter: *Kamikawa (JPN),* ***Assistenten:*** *Hiroshima (JPN), Kim (KOR)*
Zuschauer: *41 000 (ausverkauft)*

Schweden – Paraguay 1:0 (0:0) Berlin, 15. Juni, 21 Uhr

Schweden: *Isaksson; Alexandersson, Mellberg, Lucic, Edman; Linderoth; Wilhelmsson (68. Jonson), Källström (86. Elmander), Ljungberg; Ibrahimovic (46. Allbäck), Larsson*
Paraguay: *Bobadilla; Caniza, Cáceres, Gamarra, Núñez; Bonet (81. Barreto), Acuña, Riveros (62. Dos Santos); Paredes; Santa Cruz (63. López), Valdez*
Tor: *Ljungberg (89.)*
Schiedsrichter: *Michel (SVK),* ***Assistenten:*** *Slysko, Balko (beide SVK)*
Zuschauer: *72 000 (ausverkauft)*

Schweden – England 2:2 (0:1) Köln, 20. Juni, 21 Uhr

Schweden: *Isaksson; Mellberg, Lucic, Edman; Linderoth (90.+1 Andersson), Alexandersson, Ljungberg, Jonson (54. Wilhelmsson), Källström; Allbäck (75. Elmander), Larsson*
England: *Robinson; Carragher, Ferdinand (56. Campbell), Terry, A. Cole; Beckham, Lampard, Hargreaves, J. Cole; Owen (4. Crouch), Rooney (69. Gerrard)*
Tore: *0:1 J. Cole (34.), 1:1 Allbäck (51.), 1:2 Gerrard (85.), 2:2 Larsson (90.)*
Schiedsrichter: *Busacca (SUI),* ***Assistenten:*** *Buragina, Arnet (beide SUI)*
Zuschauer: *45 000 (ausverkauft)*

Paraguay – Trinidad & Tobago 2:0 (1:0) Kaiserslautern, 20. Juni, 21 Uhr

Paraguay: *Bobadilla; Caniza (89. da Silva), Gamarra, Cáceres (77. Manzur); Núñez; Barreto, Acuña, Paredes, Dos Santos; Valdez (66. Cuevas), Santa Cruz*
Trinidad & Tobago: *Jack; Lawrence, Sancho, Edwards, A. John (31. K. Jones); Whitley (67. Latapy), Birchall, Theobald, Glen (41. Wise); Yorke; S. John*
Tore: *1:0 Sancho (25. Eigentor), 2:0 Cuevas (86.)*
Schiedsrichter: *Rosetto (ITA),* ***Assistenten:*** *Copelli, Stagnoli (beide ITA)*
Zuschauer: *46 000 (ausverkauft)*

Argentiniens neue Sterne funkeln

Oliver Trust

Am Ende tanzen die Verlierer, die sich »Elefanten« nennen und von der Elfenbeinküste kommen. Das gehört an diesem Abend des 21. Juni zu den schönen Geschichten dieser bis dahin bunten und fröhlichen WM. Wild, ausgelassen, ihren ganzen Frust abschüttelnd, voller Freude über den Sieg im letzten Gruppenspiel gegen Serbien-Montenegro. »Au revoir, Elfenbeinküste!« Sie haben alle beeindruckt, und die Fußballwelt freut sich auf 2010, wenn in Südafrika gespielt wird. Dann vielleicht auch mit der Mannschaft aus Westafrika, die in Gruppe C zweimal gegen große Favoriten eine Niederlage einstecken mußte und sich, als alles verloren war, an einem besonderen Sieg ergötzte.

Diese Partie – eigentlich bedeutungslos, weil Argentinien und die Niederlande bereits für die nächste Runde qualifiziert sind – wird zum Kracher und würdigen Schlußpunkt der sogenannten »Todesgruppe«, die dann doch nicht die Spannung liefert, die die Fans aus aller Welt erwartet haben. 0:2 steht es, als sich die »Elefanten« entschließen, so nicht abtreten zu wollen. Das 3:2 am Ende ist ein Sieg der besonderen Art, mit dem sie ihre Selbstachtung wiederfinden.

Nur das Team aus Serbien-Montenegro wird ohne Einschränkung zur großen Enttäuschung. Für den Schalker Mladen

Argentinien – Elfenbeinküste 2:1: Stürmer Drogba klärt vor dem eigenen Torwart Tizié und dem Argentinier Ayala (links).
Argentina – Ivory Coast 2:1: striker Drogba clears in front of his own keeper Tizié and the Argentinian Ayala (left).

Krstajić wird es eine besonders schmerzvolle Erfahrung. Er zieht sich einen Bruch des Unterarmes zu.
Sonst aber wird Tango getanzt. Von Anfang an. »Buenos días Argentina«. Schnell, brillant, pfiffig, voller Leidenschaft. Daran ändern auch die »Oranjes« nichts. »Hup Holland, hup!« Sie sind dabei, sie gehören zu denen, die das Achtelfinale erreichen. Aber es ist Argentinien, das sich bereits im zweiten Spiel – beim 6:0 über Serbien-Montenegro – so zeigt, daß alle spüren: Hier tritt der Turnierfavorit schlechthin auf.
Auf den Stadiontribünen von Hamburg, Gelsenkirchen und Frankfurt tanzt dazu auch eine Legende des Fußballs. Der Mann, der 1986 Weltmeister wurde und eines der schönsten Tore der WM-Geschichte nach einem Dribbling über 50 Meter schoß und dazu noch die »Hand Gottes« ins Spiel brachte. Wie

ein Maskottchen begleitet Diego Armando Maradona das Team seines Heimatlandes. Er tanzt. Wild, ausgelassen und voller Freude, wie die »Elefanten«.
Es ist der 16. Juni. Über Stuttgart öffnet der Himmel seine Schleusen. Es regnet in Strömen. Auf dem Rasen gerät die Fußballnation Niederlande ins Schwimmen. »Wir haben auch großes Glück gehabt«, sagt Ruud van Nistelrooy später.

Niederlande – Argentinien 0:0: Argentiniens Spielmacher Riquelme spürt die Härte von Cocu. Links: Schmerzhafte Begegnung auch zwischen van der Vaart und Milito.
Netherlands – Argentina 0:0: Argentine playmaker Riquelme finds out how tough Cocu is. Left: painful encounter as well between van der Vaart and Milito.

Oben auf der Tribüne sitzt Johan Cruyff, einst genialer Spielgestalter, heute Ratgeber und Freund von Bondscoach Marco van Basten. Auf seiner Stirn reihen sich die Sorgenfalten. Nach 38 Minuten hat Bakary Koné den 2:1-Anschluß für die Elfenbeinküste erzielt. Und Holland ist nicht mehr Holland. Es verteidigt und verwaltet den Spielstand. Der bekannte unbekümmerte, mit Übermut gewürzte Angriffsfußball scheint in den Archiven geparkt. In

Argentinien – Serbien-Montenegro 6:0: Der Torschütze zum 6:0 Lionel Messi sprintet allen davon.
Unten: Schiedsrichter Rodríguez legt im Spiel Elfenbeinküste gegen Serbien-Montenegro den Ball exakt auf den Elfmeterpunkt.

Argentina – Serbia-Montenegro 6:0: sixth goal scorer Lionel Messi sprints away from the rest.
Below: Referee Rodríguez places the ball exactly on the penalty spot in the Ivory Coast-Serbia-Montenegro match.

der mit Blick auf die EM 2008 umgebauten Mannschaft heißt das Credo Teamgeist; eigenwillige Stars wie Clarence Seedorf, Edgar Davids und Patrick Kluivert mußten deshalb zu Hause bleiben.
Aber der Zweite des Afrika-Cups 2006 kann die Niederländer nicht bezwingen. An diesem Abend tanzt keiner der dunkelhäutigen Männer, die im Finale ihrer Kontinentalmeisterschaft erst im Elfmeterschießen an Senegal scheiterten. Sie trotten vom Feld. Apathisch nehmen sie die Lobeshymnen für ihren großen Kampf zur Kenntnis, doch freuen kann sich keiner darüber. »Wissen Sie«, sagt ihr Trainer Henri Michel, 1998 Weltmeister mit Frankreich, »ich kann die Geschichte nicht mehr hören. Wir haben gut gespielt und trotzdem verloren.« Das sollte ihr Schicksal werden 2006 beim Turnier in Deutschland. Doch die Elfenbeinküste hat Afrikas Fußball würdig vertreten und einige der besten Spiele gezeigt.
Für den Afrika-Experten und ehemaligen Trainer Kameruns, Winfried Schäfer, gibt es keine Zweifel: Auf diesem Kontinent wird dort die beste Nachwuchsarbeit geleistet. »In der Elfenbeinküste sind Strukturen vorhanden, die andere afrikanische Nationen noch schaffen müssen. Doch wenn Afrika seine Probleme überwinden kann und die nötigen Strukturen in der Nachwuchsarbeit und Organisation schafft, dann bin ich überzeugt, daß 2010 zwei afrikanische Mannschaften im Halbfinale stehen werden.«
Für Henri Michel wird es ein WM-Abschied voller Wehmut. »Wir sind noch nicht das, was wir zu sein glaubten«, sagt er und will demnächst Klubtrainer in Katar werden. »Die Elfenbeinküste hat das erste Mal gegen führende Fußballnationen gespielt. Wir haben gesehen, daß noch ein ganzes

Stück fehlt, um Länder wie die Niederlande und Argentinien zu besiegen. Doch das Potential ist groß. Aber, um bei der WM 2010 dabei zu sein, muß die Arbeit sofort beginnen.«
Es bleibt der gute Eindruck und ein Urteil: Schade Elfenbeinküste! Es hat nur ein kleines Stückchen gefehlt – ein Stück Erfahrung, mehr Cleverneß. Dennoch gehört die Mannschaft

Niederlande – Elfenbeinküste 2:1: Arouna Koné hat Sneijder im Griff.
Unten: 1:0 durch van Persie, der seine Freude mit dem Schiedsrichterassistenten teilt.

Netherlands – Ivory Coast 2:1: Arouna Koné has Sneijder under control.
Below: 1:0 from van Persie, who shares his joy with the assistant referee.

um ihren Star Didier Drogba vom FC Chelsea unzweifelhaft zu den Farbtupfern eines Turniers, das für die Tänzer vom »Schwarzen Kontinent« viel zu früh zu Ende geht. Denn die Niederlage gegen die Niederlande ist nach dem knappen 1:2 gegen Argentinien eine zuviel.
In Stuttgart gibt es auf der Laufbahn eine Polonaise in Orange, was auch ausdrückt, wie erleichtert die Niederländer sind, diesmal mit einem blauen Auge davongekommen zu sein. In und um Amsterdam wird der schnelle Einzug in die Runde der letzten 16 gefeiert.
Auch in Frankfurt wird getanzt. Auf den Rängen, in Trikots mit blauen und weißen Streifen. Blauweiße Fahnen mit der Sonne in der Mitte bestimmen das Bild. An Spieltag drei steht also längst fest: Die beiden Schwergewichte Holland und Argentinien sind weiter. Aber es geht noch um Platz eins der Gruppe und damit um den Achtelfinalgegner, der mit einiger Sicherheit Mexiko heißen wird – verglichen mit dem starken Portugal der vermeintlich leichtere Spielpartner.
Aber dann wird doch mit angezogener Handbremse gespielt. Holland schont einige Spieler, die mit Gelben Karten belastet sind. Auch deshalb dürfen Rafael van der Vaart und Khalid Boulahrouz vom Hamburger SV in der Startelf auflaufen. »Sie sind auf dem Weg zurück zu ihren Stammplätzen«, erklärt Trainer van Basten.
Die beiden Bundesliga-Profis rechtfertigen ihre Nominierung. Daß Argentinien die klareren Torchancen hat, können auch sie nicht verhindern. Aber entweder zielt die Konkurrenz schlecht, oder Edwin van der Sar streckt seine 1,97 Meter und lenkt den Ball in letzter Sekunde am Tor vorbei.
»La Mano de Dios« steht auf den silbernen Schuhen von Lionel Messi vom FC Barcelona. Der junge Mann verkörpert die argentinische Fußball-Zukunft. In seinem ersten Länderspiel – einem Testspiel gegen Ungarn – mußte er nach kaum 20 Minuten wieder vom Feld: Platzverweis nach einem ungestümen Foul. Schiedsrichter war Markus Merk aus Otterbach. Doch Messi ist noch jung und ein bißchen wie einst Maradona. Daß dieser sein Idol ist, läßt sich an seinen Schuhen ablesen, auf denen sich

Die wundersame Vermehrung

An der Kasse ein Ticket kaufen und ein Spiel sehen – ohne Internet-Anschluß lief gar nichts, da beim Erwerb die persönlichen Daten des Käufers auf einem Strichcode gespeichert wurden. Eine Übertragung zog viel Bürokratie nach sich.
Doch das Leben ist anders, wie die wundersame Vermehrung der »Oranje-Fans« im Leipziger Zentralstadion zeigte. 3500 sollten es sein, tatsächlich feuerten 20 000 ihr Team gegen Serbien-Montenegro an. Der Schwarzmarkt funktionierte wie immer.

Boubacar Barry, Torwart der Elfenbeinküste, will beim Elfmeter gegen Serbien-Montenegro lieber nicht hinschauen.
Unten: Den Star der Elfenbeinküste Didier Drogba macht die Erfolglosigkeit seines Teams ratlos.
Darunter: Robben bemüht sich um Ballkontrolle.

Better not watch: Boubacar Barry, the Ivory Coast keeper, would rather not watch as the penalty against Serbia-Montenegro is taken.
Below: Ivory Coast star: Didier Drogba is astonished at his team's lack of success.
Far below: Robben tries to control the ball.

dieses berühmte »Die Hand Gottes«-Zitat findet.
Auf dem Rasen in Frankfurt gegen die Niederlande steht auch Juan Riquelme, der Spielmacher von Villareal in der spanischen Primera Division. Zumeist schweigt er und zieht im Mittelfeld der Mannschaft von Trainer José Pekerman geschickt die Fäden. 27 Jahre ist er alt und ein Ausnahmespieler. Als Pekerman vor zwei Jahren das A-Team übernahm, blühte der Regisseur regelrecht auf. Nun gilt er quasi als legitimer Nachfolger von Maradona.
In Barcelona verlebte er drei schwere Jahre, die ihm meist Frust bescherten. Erst beim FC Villareal fand der extrem medienscheue Riquelme die Freude am Fußball wieder. Das zeigt er auch beim 6:0 Argentiniens über Serbien-Montenegro, der Galavorstellung der Südamerikaner schlechthin.
Wie ein Lauffeuer verbreitet sich die Nachricht über die besonderen Umstände des Erfolges in den Hotels der anderen WM-Teilnehmer. Plötzlich ist es nicht mehr die »Seleçao« aus Brasilien, die ganz oben auf der Liste steht. Die Stars der Argentinier sieht man auf einmal mit anderen Augen. Sie wirken nicht so müde wie der rundliche Ronaldo und der manchmal fast teilnahmslos wirkende Ronaldinho. Sie feiern ein bemerkenswertes Fußballfest. »Wir spielen mittlerweile auf einem sehr hohen Niveau«, erklärt »Chef« Riquelme nach dem »Festival Argentina«.
Einer Steigerung steht nichts im Wege. Erst spät kommen beim 6:0 gegen Serbien-Montenegro die Jungstars Carlos Tévez, der quirlige Mittelstürmer, und Messi auf den Platz. Zur ersten Besetzung gehören sie noch nicht. Da stehen Asse wie Hernán Crespo und andere etablierte Akteure davor. Erst im dritten Spiel gegen die Niederlande sind sie zum ersten Mal bei dieser WM von Beginn an dabei. Trainer Pekerman will seine Nachwuchskräfte behutsam einsetzen. Deshalb gönnt er ihnen gegen Serbien-Montenegro nur Auftritte in der Schlußphase. Und die nutzt das talentierte Duo: 5:0 - gestatten Carlos Tévez. 6:0 – mit Verlaub Lionel Messi.
Die WM, bei der Superstars der Vergangenheit wie Zinedine Zidane und Ronaldo wohl nicht mehr die Form früherer Jahre erreichen, hat neue Persönlichkeiten hervorgebracht. Neue Sterne, die am Fußballhimmel funkeln. Auch wenn mancher, wie das Beispiel der Elfenbeinküste zeigt, viel zu früh die Heimreise antreten muß. Aber auch Verlierer können wundervoll tanzen. ■

Summary

Tabelle Gruppe C

Argentinien	3	2	1	0	8:1	7
Niederlande	3	2	1	0	3:1	7
Elfenbeinküste	3	1	0	2	5:6	3
Serbien-Montenegro	3	0	0	3	2:10	0

Die Vorrundengruppe C galt als sehr ausgeglichen besetzt, um so mehr überraschte, daß sich Argentinien und die Niederlande bereits nach zwei Spielen keine Sorgen mehr um ihr Weiterkommen zu machen brauchten. Besonders das argentinische Team beeindruckte mit seiner Ballbehandlung und souveränen Tempowechseln. Serbien-Montenegro ging darin mit 0:6 unter. Härteren Widerstand leistete die Elfenbeinküste, die Argentinien in einem der besten Vorrundenspiele nur 1:2 unterlag. Da die Afrikaner trotz ihres unermüdlichen Kampfgeistes und sehenswerten Spielzügen auch gegen die ungewohnt nüchtern agierenden Niederländer 1:2 unterlagen, mußten sie ihre Ambitionen schon früh begraben. Die Mannschaft Serbien-Montenegros besaß keine Geschlossenheit. Nach dem 0:1 gegen die Niederlande ergab sie sich schnell ihrem Schicksal.

Preliminary group C was thought to be very evenly matched, so it was all the more surprising that after only two games Argentina and the Netherlands had no need to worry about getting through to the next round. The Argentinians' ball skills and magnificent changes in tempo were particularly impressive. Serbia and Montenegro lost six goals and failed to qualify. The Ivory Coast put up more resistance and in one of the best preliminary round games lost only 1:2 to the Argentinians. As the Africans despite their inexhaustible spirit and impressive play went down 1:2 to the Netherlands, who were playing an unusually low-key game, they had to bury their ambitions early. The Serbia and Montenegro team displayed little coherence. After losing 0:1 to the Netherlands they quickly met their fate.

Argentinien – Elfenbeinküste 2:1 (2:0) Hamburg, 10. Juni, 21 Uhr

Argentinien: *Abbondanzieri; Burdisso, Ayala, Heinze, Sorin; M. Rodríguez, Mascherano, Cambiasso; Riquelme (90.+3 Aimar); Saviola (75. González), Crespo (64. Palacio)*
Elfenbeinküste: *Tizié; Eboué, K. Touré, Méité, Boka; Keita (77. A. Koné), Y. Touré, Zokora, Akalé (62. B. Koné); Kalou (55. Dindane), Drogba*
Tore: *1:0 Crespo (24.), 2:0 Saviola (38.), 2:1 Drogba (82.)*
Schiedsrichter: *De Bleeckere (BEL),* **Assistenten:** *Hermans, Vromans (beide BEL)*
Zuschauer: *49 480 (ausverkauft)*

Serbien-Montenegro – Niederlande 0:1 (0:1) Leipzig, 11. Juni, 15 Uhr

Serbien-Montenegro: *Jevrić; N. Djordjević (43. Koroman), Gavrančić, Krstajić, Dragutinović; Stanković, Duljaj, Nadj, P. Djordjević; Milošević (46. Žigić), Kežman (67. Ljuboja)*
Niederlande: *van der Sar; Heitinga, Ooijer, Mathijsen (86. Boulahrouz), van Bronckhorst; van Bommel (60. Landzaat), Sneijder, Cocu; van Persie, van Nistelrooy (69. Kuyt), Robben*
Tor: *0:1 Robben (18.)*
Schiedsrichter: *Merk (GER),* **Assistenten:** *Schraer, Salver (beide GER)*
Zuschauer: *37 216*

Argentinien – Serbien-Montenegro 6:0 (3:0) Gelsenkirchen, 16. Juni, 15 Uhr

Argentinien: *Abbondanzieri; Burdisso, Ayala, Heinze; González (17. Cambiasso), Mascherano, Sorin; Saviola (59. Tévez), Riquelme, Rodríguez (75. Messi); Crespo*
Serbien-Montenegro: *Jevrić; Duljaj, Gavrančić, Dudić, Krstajić; Koroman (50. Ljuboja), Nadj (46. Ergić), P. Djordjević, Stanković; Kežman (55. Rot), Milošević (70. Vukić)*
Tore: *1:0 Rodríguez (6.), 2:0 Cambiasso (31.), 3:0 Rodríguez (41.), 4:0 Crespo (78.), 5:0 Tévez (84.), 6:0 Messi (88.)*
Schiedsrichter: *Rosetti (ITA),* **Assistenten:** *Copelli, Stagnoli (beide ITA)*
Zuschauer: *52 000 (ausverkauft)*

Niederlande – Elfenbeinküste 2:1 (2:1) Stuttgart, 16. Juni, 18 Uhr

Niederlande: *van der Sar; Heitinga (46. Boulahrouz), Ooijer, Mathijsen, van Bronckhorst; van Bommel, Sneijder (50. van der Vaart), Cocu; van Persie, van Nistelrooy (73. Landzaat), Robben*
Elfenbeinküste: *Tizié; Eboué, K. Touré, Meité, Boka; Zokora; B. Koné (62. Dindane), Y. Touré, Romaric, (62. Yapo); A. Koné (73. Akalé), Drogba.*
Tore: *1:0 van Persie (23.), 2:0 van Nistelrooy (27.), 2:1 B. Koné (38.)*
Schiedsrichter: *Ruiz (COL),* **Assistenten:** *Tamayo (ECU), Navia (COL)*
Zuschauer: *52 000 (ausverkauft)*

Niederlande – Argentinien 0:0 Frankfurt, 21. Juni, 21 Uhr

Niederlande: *van der Sar; Jaliens, Boulahrouz, Ooijer, de Cler; van der Vaart, Sneijder (86. Maduro), Cocu; van Persie (67. Landzaat), van Nistelrooy (56. Babel), Kuyt*
Argentinien: *Abbondanzieri; Burdossi (24. Coloccini), Ayala, Milito, Cufré; Cambiasso, Mascherano, Rodríguez; Riquelme (80. Aimar); Tévez, Messi (70. Cruz)*
Schiedsrichter: *Medina Cantalejo (ESP),* **Assistenten:** *Giraldez Carrasco, Medina Hernández (beide ESP)*
Zuschauer: *48 000 (ausverkauft)*

Elfenbeinküste – Serbien-Montenegro 3:2 (1:2) München, 21. Juni, 21 Uhr

Elfenbeinküste: *Barry; Eboué, Domoraud (90.+1 Gelb-Rot), G, Kouassi, Boka; Keita (73. Kalou), Y. Touré, Zokora, Akalé (60. B. Koné); Dindane, A. Koné*
Serbien-Montenegro: *Jevrić; Duljaj, Gavrančić, Dudić, Krstajić (16. Nadj/45. Gelb-Rot); N. Djordjević, Ilić, P. Djordjević, Stanković, Ergić; Žigić (67. Milošević)*
Tore: *0:1 Žigić (10.), 0:2 Ilić (20.), 1:2 Dindane (37. Handelfmeter), 2:2 Dindane (67.), 3:2 Kalou (86. Handelfmeter)*
Schiedsrichter: *Rodríguez (MEX),* **Assistenten:** *Camargo (MEX), Leal (CRC)*
Zuschauer: *66 000 (ausverkauft)*

Leichtes Spiel für die Sphinx

Erik Eggers

Womöglich war alle Coolneß, alle Unerschütterlichkeit, die Luiz Felipe Scolari vor dem letzten Gruppenspiel demonstriert hatte, nur zur Schau gestellt, nur Teil eines perfekt inszenierten Theaterstücks. »Und wenn wir 30:0 verlieren, die gelbgefährdeten Spieler werden nicht spielen«, hatte der Coach Portugals grimmig vor dem Schlußakt erklärt. Für das Achtelfinale qualifiziert, war die »Seleçao« ja schon.

Und dann wählte der 57jährige Brasilianer tatsächlich die radikalste Variante, indem er die betreffenden Profis – mit Deco, Cristiano Ronaldo, Costinha, Pauleta und Nuno Valente allesamt Stammkräfte – sogar auf die Tribüne setzte. Doch als seine Mannschaft auch mit einer besseren B-Elf mit 2:1 gegen Mexiko gewann und damit den Gruppensieg einfuhr, legte Scolari einen wahren Veitstanz auf den Rasen der Gelsenkirchener WM-Arena. Die Fäuste in die Höhe gestreckt, umarmte er alle Betreuer und jeden Spieler, und dabei stieß er immer wieder laute Jubelschreie gen Tribüne aus. Ein Zeichen dafür,

Portugal – Mexiko 2:1: Altmeister Figo setzt zum Schuß an.
Portugals Torwart Ricardo bei einem Freudensprung.

Portugal – Mexico 2:1: former champion Figo gets ready to shoot.
Portugal's goalkeeper Ricardo jumps for joy.

Mexiko – Angola 0:0: Angolas Stürmer Akwá bereitet der gegnerischen Abwehr Höchstschwierigkeiten (links). Darunter: Mexikos Stürmer Fonseca findet alles zum Verzweifeln. Unten: Trainer Gonçalves und Torwart Ricardo freuen sich über den ersten Punkt Angolas in einer WM-Endrunde.

Mexico – Angola 0:0: Angola's centre Akwá causes big problems for the opposing defence (left). Mexico's centre Fonseca is in despair. Below: coach Gonçalves and goalkeeper Ricardo celebrate Angola's first point in a World Cup finals competition.

wie riskant dieser Poker selbst ihm, dem routinierten Trainer, vorgekommen war. Hätte doch bei einer abschließenden Niederlage im Achtelfinale mit Argentinien die bis dahin beste Turniermannschaft gedroht.

Als Favorit gestartet, gewann Portugal die Gruppe freilich überlegen. Und doch erschien der Vize-Europameister auch nach diesen drei Auftaktsiegen als veritable Sphinx, die ihr wahres Gesicht noch nicht zeigen mußte. Zu wenig hatte man die Mannschaft bis dahin gefordert; zu niedrig war das Niveau der Gegner in der vielleicht am schwächsten besetzten Gruppe. Trotzdem verwunderte der sachliche und unterkühlte Stil, mit dem Portugal seine Partien wie ein lästiges Pflichtprogramm herunterspulte. Von dem Spielwitz und der Hingabe der »Goldenen Generation« um Ricardo Costa und Luís Figo – dem letzten Vertreter dieser Mannschaft, die vor Jahren noch die Fußball-Ästheten zu Begeisterungsstürmen hingerissen hatte – war Portugal jedenfalls in der Vorrunde Äonen entfernt.

Die Fragen, die sich vor dem Achtelfinale gegen die Niederlande stellte, lauteten daher so: Ist diese Mannschaft vielleicht sogar noch besser als die von 1966, die Weltstar Eusébio bis ins Halbfinale führte? Oder kann das Team im entscheidenden Moment das Niveau doch

Portugal – Iran 2:0: Nach seinem Führungstor in Hochstimmung: Mittelfeldspieler Deco.
Darunter: Unter scharfer Beobachtung schießt Cristiano Ronaldo den Elfmeter zum 2:0.

Portugal – Iran 2:0: in high spirits after his opener: mid-fielder Deco.
Below: a sharp eye on Cristiano Ronaldo as he converts the penalty to make it 2:0.

nicht über 90 Minuten halten? Vor der K.o.-Runde deutete vieles auf die erste Variante hin. Bereits in den ersten Minuten, beim Auftakt gegen Angola, hatte Portugal ein enormes technisches und spielerisches Potential angedeutet. Das prächtige offensive Mittelfeld mit Figo, Tiago und Cristiano Ronaldo – Deco fehlte noch verletzungsbedingt – kreiselte und rochierte mit hohem Tempo und zauberte dabei wahre Kunstwerke auf den Rasen in Köln-Müngersdorf. Atemberaubend die Dribblings und Tricks Ronaldos, so uneffektiv sie am Ende auch waren. Und mit Staunen wurde auch die Ruhe und famose Übersicht registriert, die der 33jährige Spielmacher Figo, der nach der EM 2004 schon demissioniert war, im Herbst seiner Karriere wiedergefunden hat. Ein einziger Antritt von ihm hatte gereicht, um das Spiel zu entscheiden (Pauleta verwertete seinen Querpaß schon nach vier Minuten zum 1:0). Die Zuschauer johlten und spendeten häufig Szenenapplaus.
Doch nach 20 Minuten verfiel Portugal in das, was man einen Sparmodus nennen könnte.
Es verteidigte nur noch den Vorsprung, und das mit der Seelenlosigkeit einer Maschine. Es gelang zwar souverän, aber die Zuschauer brachte das dennoch in Rage, denn sie fühlten sich um das angekündigte Fußballfest betrogen. Scolari indes focht das keineswegs an: »Was wollt ihr denn?«, fauchte er die ebenfalls enttäuschten portugiesischen Journalisten hinterher an. »Denkt ihr, man muß in einem solchen Spiel mit 5:0 oder 6:0 gewinnen?« Über die folgenden Gruppenspiele gegen den Iran (2:0) und Mexiko hätte man eine Schablone legen können. Als Portugal gegen Mexiko schon nach 24 Minuten mit 2:0 führte, stellte es ebenfalls fortan alle Offensivanstrengungen ein.
So unattraktiv und wenig ansehnlich sich diese Spielweise auch gestaltete, die Spieler folgen ihrem gewitzten Trainer fast blind und kollektiv – eine neue Qualität im portugiesischen Nationalteam. Bevor Scolari 2002 sein Amt antrat, galt die Mannschaft nämlich als zerstrittener und versprengter Haufen, der nicht zu vereinigen schien. Selten sprachen die Profis von Benfica Lissabon mit jenen des FC Porto, mit denen des Lokalrivalen Sporting Lissabon schon gar nicht. Unter Scolari aber haben sich solche Verhältnisse grundlegend geändert. »Es sind jetzt nicht mehr die Klubs, die die Nationalmannschaft leiten, sondern die Verbandschefs und der Trainer, der notfalls mit

Mexiko – Iran 3:1: Ein alter Bekannter aus der Bundesliga: HSV-Spieler Mahdavikia spurtet mit dem Ball.
Darunter: Willkommen für die iranischen Fußballer - Nein zur Politik der Teheraner Führung: Demonstration in Leipzig.

Mexico – Iran 3:1: an old friend from the Bundesliga: HSV-player Mahdavikia races forward with the ball.
Below: welcome for the Iranian footballers – »No« to the Teheran leadership's policies: Demonstration in Leipzig.

seinen Ideen stirbt«, erklärte der Abwehrstratege Costinha. Und Figo behauptete gar, daß diese tragische Geschichte der »Goldenen Generation«, die nie wirklich einen großen Titel gewann, ganz anders verlaufen wäre. Sollte Scolari sein Amt nach der WM aufgeben, um sich neuen Aufgaben zu widmen, so warnte Figo, dann würde das für den portugiesischen Fußball »nicht zehn, sondern zwanzig Schritte zurück« bedeuten. Vor der Runde der letzten 16 wies also viel darauf hin, daß Scolari dieses schwierige Puzzle einer Fußballmannschaft bis dahin korrekt zusammengefügt hatte.
Weitaus weniger harmonisch liefen die Dinge in der Mannschaft Mexikos. Zwar erreichte Trainer Ricardo Antonio La Volpe sein Minimalziel, die Teilnahme am Achtelfinale. Aber nach der abschließenden Niederlage gegen Portugal hatte sich zwischen dem Kettenraucher und den mexikanischen Journalisten eine Atmosphäre

des Hasses aufgebaut, die für den weiteren Turnierverlauf wenig Gutes erwarten ließ. In der Gelsenkirchener Mixed Zone, in der die Presse wie üblich Kontakt mit Spielern und Trainern aufnehmen konnte, mußte sich der Coach sogar Schmähgesänge von mexikanischen Fans wie »Dies ist kein Trainer, sondern eine Nutte aus dem Kabarett« gefallen lassen, als deren Verursacher er die Journalisten verdächtigte, worauf La Volpe zurückgiftete: »Die wissen doch nicht einmal, wie das Spiel ausgegangen ist.«
Dabei hatte die »Tri«, wie die Mannschaft in Mexiko genannt wird, keineswegs spielerisch enttäuscht. Im Gegenteil: Sie hatte gewohnt sicher kombiniert. Doch sie scheiterte in der letzten Partie – wie schon beim enttäuschenden 0:0-Remis am zweiten Spieltag gegen Angola – an der katastrophalen Chancenverwertung. In Gelsenkirchen vergab der bedauernswerte Stürmer Omar Bravo nicht weniger als vier hochkarätige Möglichkeiten zum Ausgleich, darunter einen Elfmeter, den er weit über den Kasten drosch.
Die Erwartungen an das Team waren seit dem Confederations Cup von 2005 fast ins Unermeßliche gestiegen. Beim Prolog, der WM-Qualifikation, zeigten die Mittelamerikaner noch einen feinen, technischen Fußball, der die Fachwelt verblüffte und begeisterte. Damit hatten sie sogar Brasilien bezwungen. Aber damals verfügte La Volpe in Jared Borgetti noch über einen torgefährlichen Stürmer, der diesmal aber schon im ersten Vorrundenspiel gegen den Iran verletzt ausgewechselt werden mußte. Daß La Volpe beim wichtigen 3:1-Auftaktsieg mit Sinha den richtigen Mann eingewechselt hatte, war nach der Vorrunde jedenfalls schon vergessen. Und dem Trainer blieb nichts anderes übrig, als erneut mit der mexikanischen Presse zu hadern, die ihn als Fremden betrachtet, wenn es beim Spiel nicht rund läuft.
La Volpe ist Argentinier und gehörte als dritter Torwart zur WM-Mannschaft von 1978.
Bei den beiden ausgeschiedenen Teams hätte die Stimmung ebenfalls nicht unterschiedlicher ausfallen können. So ging die iranische Presse mit den Leistungen ihrer taktisch

Portugal – Angola 1:0: Es ist angerichtet: Pauleta hat das leere Tor vor sich (links). Darunter: Iran – Angola 1:1: Irans Torschütze Bakhtiarizadeh und Mateus im Kopfballduell.

Portugal – Angola 1:0: that's it: Pauleta has the empty goal in front of him (left). Below: Iran – Angola 1:1: Iran's marksman Bakhtiarizadeh and Mateus in a heading duel.

konfusen Mannschaft hart ins Gericht, schließlich hatte man zuvor das Achtelfinale als Ziel ausgegeben. Der Präsident des iranischen Fußballverbandes, Mohammed Dadkan, wurde nach dem Ausscheiden gar flugs von der politischen Führung Teherans mit der Erklärung abgesetzt, die Fußballer hätten »den Stolz der iranischen Nation verletzt«.
Tatsächlich konnten die gerühmten Individualisten des Teams, allen voran die kreativen Mittelfeldakteure und Bundesliga-Profis Ali Karimi und Mehdi Mahdavikia, die großen Hoffnungen ihrer Landsleute nicht erfüllen. Andererseits regelte sich so auf sportliche Weise ein Konflikt, der unweigerlich die WM-Atmosphäre belastet hätte: Der angekündigte Besuch des iranischen Ministerpräsidenten Mahmud Ahmedinedschad, dessen antisemitische Tiraden in den Monaten vor der WM für Unruhe gesorgt hatten und der deshalb von Bundeskanzlerin Angela Merkel als »nicht willkommen« bezeichnet worden war, konnte damit ausfallen. Es blieb bei einer Protestdemonstration gegen die Politik der Teheraner Führung vor dem ersten Spiel der Iraner in Leipzig.
Als ausgesprochen fröhliche Verlierer hingegen präsentierten sich dagegen die Angolaner, die neben Trinidad & Tobago als krasseste Außenseiter ins Turnier gestartet waren. Mit gutem Grund, denn die Unentschieden gegen Mexiko (0:0) und den Iran (1:1) stellten hervorragende Resultat für den WM-Debütanten dar, der in der Qualifikation die starken Nigerianer eliminiert hatte. Schon nach dem Debüt in Köln, dem 0:1 gegen die ehemalige Kolonialmacht Portugal, schwärmte Mittelfeldspieler Figueiredo von einem »der besten Momente meines Lebens«, weil die Zuschauer die Südwestafrikaner in der Schlußviertelstunde mit dezibelstarken »Angola, Angola«-Chören vorwärts gepeitscht hatten. In diesem Moment vergaß er auch nicht seine Landsleute zu Hause, die noch immer unter einem 27 Jahre dauernden blutigen Bürgerkrieg zu leiden haben: »Die Leute in Luanda können sich freuen über den Geist dieser Mannschaft. Dieses Spiel ist ein Grund für die Menschen, stolz zu sein«, sagte Figueiredo nach dem Auftakt, der trotz der Niederlage gelungen war. Die Punktgewinne gegen zwei Mannschaften, die viel höher eingeschätzt worden waren, feierten die Spieler wie Siege.
Für eine gute Viertelstunde lag sogar eine Sensation in der Luft, als Angola im letzten Spiel gegen den Iran plötzlich führte, und die im Rückstand liegenden Mexikaner gegen Portugal mit zehn Mann auskommen mußten. Doch dieses Fußballmärchen erfüllte sich letztlich nicht. Aber auch so haben uns die Außenseiter mit ihrer engagierten Spielweise sehr viel Freude bereitet. ■

Summary

Tabelle Gruppe D

Portugal	3	3	0	0	5:1	9
Mexiko	3	1	1	1	4:3	4
Angola	3	0	2	1	1:2	2
Iran	3	0	1	2	2:6	1

Auch ohne überragende Leistungen kam Portugal mit drei Siegen souverän ins Achtelfinale, was den erfahrenen Mexikanern nur mit ein wenig Glück gelang, wenngleich sie im letzten Gruppenspiel in Gelsenkirchen den Portugiesen kräftig einheizten. Doch mit einem verschossenen Elfmeter und einem Feldverweis beraubten sie sich selbst der Chancen für das Unentschieden, das sie benötigten, um die zur gleichen Zeit gegen Iran spielenden Angolaner in Schach zu halten. Doch dem WM-Neuling fehlte es letztlich an Entschlossenheit und Cleverneß, eine 1:0-Führung über die Runden zu bringen. Bis zu ihrem Ausscheiden hatten die Afrikaner das Turnier mit ihrem spielbetonten und technisch glanzvollen Stil sehr belebt.

Even without outstanding performances, Portugal with three victories cruised into the next round. The experienced Mexicans also got through but were quite lucky to do so, even though they made things hot for the Portuguese in the last group match in Gelsenkirchen. But with a missed penalty and a sending-off they robbed themselves of the chance of the draw they required to fend off the Angolans, who were at the same time playing Iran. But the World Cup newcomers did not have the decisiveness and originality they needed to take advantage of a 1:0 lead. Until their elimination the Africans had enlivened the tournament with their skilful and technically dazzling style.

Mexiko – Iran 3:1 (1:1) Nürnberg, 11. Juni, 18 Uhr

Mexiko: *Sánchez; Osorio, Marquez, Salcido; Méndez, Pineda; Torrado (46. Pérez), Pardo, Bravo; Borgetti (52. Fonseca), Franco (46. Sinha)*

Iran: *Mirzapour; Kaabi, Golmohammadi, Rezaei, Nosrati (81. Borhani); Teymourian, Nekounam, Mahdavikia, Karimi (62. Madanchi), Hashemian; Daei*

Tore: *1:0 Bravo (28.), 1:1 Golmohammadi (36.), 2:1 Bravo (76.), 3:1 Sinha (79.)*

Schiedsrichter: *Rosetti (ITA),* ***Assistenten:*** *Copelli, Stagnoli (beide ITA)*

Zuschauer: *41 000 (ausverkauft)*

Angola – Portugal 0:1 (0:1) Köln, 11. Juni, 21 Uhr

Angola: *Ricardo; Locó, Jamba, Kali, Delgado; Macanga, Zé Kalanga (70. Edson), Mateus, Figueiredo (80. Miloy), Mendonça; Akwá (60. Mantorras)*

Portugal: *Ricardo; Miguel, Meira, Carvalho, Valente; Tiago (83. Viana), Petit (72. Maniche); C. Ronaldo (60. Costinha), Figo, Simão; Pauleta*

Tor: *0:1 Pauleta (4.)*

Schiedsrichter: *Larriondo (URU),* ***Assistenten:*** *Rial, Fandino (beide URU)*

Zuschauer: *45 000 (ausverkauft)*

Mexiko – Angola 0:0 Hannover, 16. Juni, 21 Uhr

Mexiko: *Sánchez; Méndez, Márquez, Osorio, Salcido; Pineda (78. Morales), Torrado, Pardo; Sinha (52. Arrelano), Bravo, Franco (74. Fonseca)*

Angola: *Ricardo; Locó, Kali, Jamba, Delgado; Macanga (79. Gelb-Rot), Figueiredo (73. Marques); Mendonça, Mateus (68. Mantorras), Zé Kalanga (83. Miloy); Akwá*

Schiedsrichter: *Maidin (SIN),* ***Assistenten:*** *Permpanich (THA), Ghuloum (UAE)*

Zuschauer: *43 000 (ausverkauft)*

Portugal – Iran 2:0 (0:0) Frankfurt, 17. Juni, 15 Uhr

Portugal: *Ricardo; Miguel, Meira, Carvalho, Valente; Costinha, Maniche (66. Petit); Figo (88. Simão), Deco (88. Tiago), C. Ronaldo; Pauleta*

Iran: *Mirzapour; Kaabi, Rezaei, Golmohammadi (88. Bakhtiarizadeh), Nosrati; Nekounam, Teymourian; Madanchi (66. Khatibi), Karimi (65. Zandi), Mahdavikia; Hashemian*

Tore: *1:0 Deco (63.), 2:0 C. Ronaldo (80. Foulelfmeter)*

Schiedsrichter: *Poulat (FRA),* ***Assistenten:*** *Dagorne, Texier (beide FRA)*

Zuschauer: *48 000 (ausverkauft)*

Portugal – Mexiko 2:1 (2:1) Gelsenkirchen, 21. Juni, 16 Uhr

Portugal: *Ricardo; Miguel (61. Ferreira), Meira, Carvalho, Caneira; Maniche, Petit; Figo (80. Morte), Tiago, Simão; Postiga (69. Gomes)*

Mexiko: *Sánchez; Osorio, Márquez, Salcido; Méndez (8. Franco), Pérez (61. Gelb-Rot), Pardo, Pineda, Rodríguez (46. Sinha); Bravo, Fonseca*

Tore: *1:0 Maniche (6.), 2:0 Simão (24. Handelfmeter), 2:1 Fonseca (29.)*

Schiedsrichter: *Michel (SVK),* ***Assistenten:*** *Slysko, Balko (beide SVK)*

Zuschauer: *52 000 (ausverkauft)*

Iran – Angola 1:1 (0:0) Leipzig, 21. Juni, 16 Uhr

Iran: *Mirzapour; Kaabi, Bakhtiarizadeh, Rezaei, Nosrati (13. Shojaei), Teymourian, Zandi; Mahdavikia, Madanchi, Hashemian (39. Khatibi); Daei*

Angola: *Ricardo; Locó, Jamba, Kali, Delgado; Zé Kalanga, Miloy, Figueiredo (73. Rui Marques), Mateus (23. Cabungula), Mendonça; Akwá (51. Flavio)*

Tore: *0:1 Flavio (60.), 1:1 Bakhtiarizadeh (75.)*

Schiedsrichter: *Shield (AUS),* ***Assistenten:*** *Gibson, Wilson (beide AUS)*

Zuschauer: *38 000*

Ghanas großer Auftritt

Gregor Derichs

Im Gegensatz zu anderen Vorrundengruppen besaß die Gruppe E große Spannung bis in die letzten Minuten des abschließenden Spieltags. Italien, der Weltmeister von 1934, 1938 und 1982, erreichte – abgesehen von einigen Problemen beim 1:1 gegen die USA – letztlich ungefährdet als Sieger das Achtelfinale. Doch dahinter gab es Überraschungen: Ghana versperrte als Zweiter nicht nur dem Weltranglisten-Zweiten Tschechien den weiteren Turnierweg, sondern auch dem US-Team, das mit großen Zielen angereist war. Als einziges der vier Teams aus Schwarzafrika schaffte Ghana bei seinem WM-Debüt eher unerwartet den Sprung in die Runde der besten 16, wie es bei den letzten WM Nigeria (1994/98) und Senegal (2002) vollbracht hatten. »Das war die schwerste Gruppe der WM«, sagte Bruce Arena, der Trainer der USA. Ob sie wirklich die sportlich schwierigste war, ist kaum festzustellen. Was die Spannung betraf, allerdings doch, denn diese ließ sich kaum noch steigern.
Wie der Trainer eines Siegers präsentierte sich Marcello Lippi allerdings nicht, als Italien nach dem 2:0 (1:0) am dritten

Ghanas Spieler und Fans völlig losgelöst. Das Achtelfinale ist erreicht.
Ghana's players and fans completely beside themselves. They've reached the eighth of final.

Ghana – USA 2:1: Ghanas Torwart Kingson und McBride messen die Kräfte. Darunter: Tschechien – Italien 0:2: Baroš und Cannavaro gehen sich an. Unten: Tschechiens Kapitän Nedvěd am Boden.

Ghana – USA 2:1: Ghana's goalkeeper Kingson and McBride take each other on. Below: Czech Republic – Italy 0:2: Baroš and Cannavaro have a go at each other. The Czech Republic hasn't got through: captain Nedvěd down and out.

Spieltag gegen Tschechien der Einzug in das Achtelfinale geschafft war. Die »Squadra Azzurra« hatte beim 2:0 zum Auftakt gegen Ghana in Hannover und beim Erfolg gegen die Tschechen in Hamburg die alte Erkenntnis erneuert, daß ihr in taktischer Hinsicht kaum eine andere Mannschaft das Wasser reichen kann. Doch daß die Freude schwer getrübt war, wollte Lippi nicht verhehlen. Beinahe zeitgleich mit dem Triumph über Tschechien kam aus der Heimat die Nachricht, daß der italienische Fußball-Verband wegen des kurz vor der WM bekannt gewordenen Liga-Skandals gegen Juventus Turin, AC Mailand, Lazio Rom und AC Florenz Anklage erhoben hat und den Vereinen der Zwangsabstieg droht. Dem ehemaligen Meistertrainer von Juventus, der in den Wochen zuvor wegen möglicher Verstrickungen in die häßlichen, zur Staatsaffäre gewordenen Vorkommnisse verhört worden war, vergällte das Thema jede Freude.

»Unsere Spieler sollen sich mit der WM beschäftigen. Die Sache interessiert uns im Moment überhaupt nicht. Das kann man alles nach der WM regeln«, schimpfte der 58jährige, der nach der WM als Nationaltrainer aufhören wird. Allerdings stammen 13 der Azzurri-Spieler aus den betroffenen Vereinen, und sie wußten somit zur Halbzeit der WM noch nicht, wie es mit ihren Klubs und ihnen selbst weitergehen würde. Allerdings zeigten sie sich relativ unbeeindruckt, und sie genossen den Augenblick.

»Die WM läuft einfach gut für uns, wenn man von dem schlechten Tag gegen die USA absieht«, sagte Francesco Totti, der Superstar des Teams, der nach einem Wadenbeinbruch im Februar noch rechtzeitig vor Beginn der Endrunde fit geworden war. »Wir haben unser Ziel erreicht, als Gruppensieger einer baldigen Begegnung mit Brasilien aus dem Weg zu ge-

hen«, erklärte der 29jährige. Ihm selbst war jedoch in den Gruppenspielen kein Treffer gelungen. Gegen Tschechien hatten die beiden Einwechselspieler Marco Materazzi – er ersetzte den verletzten Abwehrchef Alessandro Nesta – und Filippo Inzaghi diese Arbeit übernommen.
Auch gegen Ghana war mit Vicenzo Iaquinta ein von der Bank gekommener Akteur erfolgreich, nachdem Andrea Pirlo die Führung erzielt hatte. Beim Remis gegen die USA traf Alberto Gilardino. Neben den fünf Toren ging noch ein weiteres auf das Konto des azurblauen Teams: Cristian Zaccardo fabrizierte gegen die Amerikaner ein Eigentor. Und noch ein weiterer Negativpunkt war in der Partie von Kaiserslautern festzuhalten: Daniele De Rossi hatte den US-Stürmer Brian McBride im Kopfballduell mit einem Ellbogenschlag eine blutende Gesichtsverletzung zugefügt und für die Aktion, in der plötzlich der Fußball sein häßlichstes Gesicht zeigte, die Rote Karte

Italien – USA 1:1: Schiedsrichter Larrionda hat alle Hände voll zu tun. Andere Seite links: Platzverweis Nr. 1 für den Italiener De Rossi. Daneben: Platzverweis Nr. 2 USA-Spieler Mastroeni. Platzverweis Nr. 3 für den US-Amerikaner Pope.

Italy – USA 1:1: referee Larriona has his hands full. Other page: sending-off number one for the Italian De Rossi. Adjacent: number 2 for US player Mastroeni, number 3 for his teammate Pope.

gesehen. Mit weiteren Platzverweisen für die Amerikaner Pablo Mastroeni und Eddie Pope wurde das Stadion buchstäblich zum Tatort.
Mit insgesamt positiven Erkenntnissen bilanzierten die Italiener trotz aller Hindernisse die Vorrunde. »Am allerwichtigsten ist, daß wir zu einem Team zusammengewachsen sind und nicht mehr wie eine Gruppe Fußballer, die zufällig zusammenspielt, auf dem Platz steht«, wie Verteidiger Fabio Grosso sagte. Vor allem die Defensive suchte ihresgleichen. In dieser Beziehung setzen die Italiener mit den Innenverteidigern Alessandro Nesta und Fabio Cannavaro sowie den beiden defensiven Mittelfeldspielern Gennaro Gattuso und Andrea Pirlo nach wie vor die Maßstäbe.
Auch Torwart Gianluigi Buffon, ebenfalls im Zuge des Skandals ins Gerede gekommen, unterstrich seine Weltklasse. Besonders gefeiert wurde der 28jährige Juve-Schlußmann nach vielen Glanzparaden gegen die Tschechen, als er vor allem seinen Klubkameraden Pavel Nedvěd fast zur Verzweiflung getrieben hatte. Lediglich in der italienischen Offensive lief es in der Vorrunde noch nicht ganz so rund. Luca Toni, Gilardino, aber auch Francesco Totti vergaben viele Möglichkeiten. Während sich die italienischen Spieler von ihren Fans – den Tifosi – in Hamburg feiern ließen, waren die Tschechen als Verlierer untröstlich. Sie hatten ein Kontrastprogramm durchlaufen. Beim 3:0 (2:0) gegen die USA in ihrem ersten Spiel in Gelsenkirchen hatten sie wunderbar gezaubert, und sie schienen ihre Rolle als einer der Turnierfavoriten eindrucksvoll zu bestätigen. Doch nicht nur Tomáš Rosický, der stark aufgespielt und zwei Tore erzielt hatte, war am Ende völlig frustriert: »Ich bin sehr traurig und enttäuscht, daß die WM für uns schon vorbei ist. Ich möchte sie jetzt schnell vergessen.«
Nachdem sich das Land dreimal nicht für eine WM-Endrunde qualifizieren konnte, muß dieser nächste große Rückschlag von den Tschechen erst einmal verkraftet werden. Doch das Versagen hatte seine Gründe: Beim Auftaktsieg verletzte sich Stürmer Jan Koller, der das Führungstor erzielt hatte, und fiel aus. Neben dem baumlangen Angreifer fehlte zunächst auch dessen Partner Milan Baroš, der nach langer Pause erst gegen die Italiener wieder mitwirken konnte. Die anderen Stürmer, Karel Poborský, Vratislav Lokvenc und Jiří Štajner, besaßen nicht die Klasse, die beiden besten Offensivkräfte zu ersetzen. Die Mängel traten besonders deutlich beim 0:2 gegen Ghana in Köln im zweiten Vorrundenspiel zu Tage. Einige der Tschechen, die bei der Europameisterschaft 2004 noch großen Fußball zelebrierten, hatten bei der WM ihren Leistungszenit überschritten. Auch der große Pavel Nedvěd, der erst zu den Relegationsspielen gegen Norwegen ins Team zurückgekehrt war, knüpfte nicht mehr an die Leistungen an, die ihn zu Europas »Fußballer des Jahres« gemacht hatten. »Nedvěd gehörte zu den besseren Spielern bei diesem Turnier«, lobte Trainer Karel Brückner dennoch seinen Mittelfeldregisseur: »Davon hätten wir mehr gebraucht.« Wie Nedvěd, der von seinen Juventus-Teamkollegen getröstet wurde, wird auch Brückner mit 66 Jahren bei der Nationalmannschaft aufhören.
Der Trainer war weitgehend machtlos gegen das Ungemach, das sich seine Mannschaft eingebrockt hatte. Platzverweise für Defensivspieler vergrößerten bei den verlorenen Partien gegen Ghana und Italien die Probleme. Im Sturm nicht durchschlagkräftig genug, entstanden zusätzlich Lücken in der Abwehr. Gegen Ghana verursachte Tomáš Ujfaluši einen Strafstoß und sah die Gelb-Rote Karte. Jan Polák wurde gegen Italien mit der gleichen Strafe bedacht. »Sein individuelles Fehlverhalten zeugt von mangelndem Verantwortungsbewußtsein gegenüber seinen Mannschaftskameraden,« rügte Brückner den Nürnberger. Für den Trainer war das 0:2 gegen Italien aber nicht ausschlaggebend für den WM-K.o. »Die Partie gegen Ghana, wo wir unsere eigenen Erwartungen nicht erfüllten, hat uns das frühe Aus

Tschechien – Ghana 0:2: Fairer Einsatz von Ghanas Boateng gegen Rosický (links).
Czech Republic – Ghana 0:2: a fair challenge by Ghana's Boateng on Rosický (left)

Italien – Ghana 2:0: Kopfarbeit von Toni (vorn) und Kuffour.
Unten: Der Tscheche Ujfaluši bekam im Spiel gegen Ghana die Rote Karte.
Daneben: USA – Tschechien 0:3: Koller muß nach nur 45 Minuten Spielzeit verletzt ausscheiden.

Italy – Ghana 2:0: Toni (at front) and Kuffour head the ball.
Below: red card for the Czech Ujfaluši in the match against Ghana.
Adjacent: USA – Czech Republic 0:3: Koller has to leave the field injured after 45 minutes.

eingebrockt«, urteilte er. Während die Tschechen trauerten, brach zeitgleich bei der ghanaischen Nationalmannschaft in Nürnberg ein großer Jubelsturm los. »In Ghana herrscht jetzt Ausnahmezustand; morgen wird dort keiner arbeiten gehen«, sagte der für Mainz 05 spielende Otto Addo, nachdem die Sensation perfekt war: 2:1 gegen die USA. »Das ist ein historischer Moment. Wir haben heute 20 Millionen Menschen glücklich gemacht«, freute sich Trainer Ratomir Dujković, und Mittelfeld-Star Michael Essien rief triumphierend: »Das ist für unsere Familien, für Ghana und für ganz Afrika.« Stephen Appiah, der mit einem vom deutschen Schiedsrichter Markus Merk kurz vor der Halbzeit verhängten Strafstoß den Siegtreffer erzielt hatte, erklärte stolz: »Wir repräsentieren jetzt den ganzen Kontinent.«

Die »Black Stars« hatten sich von dem ernüchternden Erlebnis gegen Italien nicht dauerhaft einschüchtern lassen. Wie gegen Tschechien, als Asamoah Gyan und Sulley Ali Muntari die Tore zu einem hoch verdienten Sieg markierten, boten sie in der entscheidenden Partie gegen die Amerikaner eine taktisch, spielerisch und kämpferisch großartige Vorstellung. Auch der Gegentreffer zum 1:1 nach der Führung von Haminu Dramani brachte das körperlich robuste Team in der spannenden Partie nicht aus der Spur. Obwohl ihre Kollegen von der Elfenbeinküste höher eingeschätzt worden war, schafften es schließlich die Ghanaer, als einzige schwarzafrikanische Mannschaft ins Achtelfinale einzuziehen.

Die USA-Spieler schauten enttäuscht den Feiernden zu. »Unsere Mannschaft tut mir leid. Wir haben sehr gut gespielt«, sagte Trainer Bruce Arena. Nach dem 1:1 gegen Italien hatte er sich fünf Tage zuvor noch begeistert gezeigt: »Phantastisch, das war ein großes Match.« In der harten Partie hatten die US-Spieler ihr typisch amerikanisches Selbstbewußtsein zurückerlangt, das nach dem 0:3 gegen Tschechien schwer ramponiert war. Neun Amerikaner boten nach den Platzverweisen von Mastroeni und Pope gegen zehn »Azzurri« ihre beste WM-Leistung und eröffneten sich damit die Möglichkeit, mit einem Sieg gegen Ghana wie 2002 das Achtelfinale zu erreichen.

Aber wie in den vorangegangenen WM-Begegnungen geriet die US-Elf erneut in Rückstand, ehe Clint Dempsey vor der Halbzeit das erste Tor eines amerikanischen Spielers bei dieser WM-Endrunde gelang. Kurz danach fiel bereits der Gegentreffer, der schließlich die vorzeitige Heimreise auslöste. Daß die Mannschaft der Vereinigten Staaten aus kampf- und willensstarken Akteuren besteht, machte sie jedoch bis zum Schluß deutlich. Letztlich fehlte es aber an offensivem Potential. »Der US-amerikanische Fußball steht dennoch vor einer rosigen Zukunft«, prohezeite Arena. ■

Summary

Tabelle Gruppe E

Italien	3	3	1	0	5:1	7
Ghana	3	2	0	1	4:3	6
Tschechien	3	1	0	2	3:4	3
USA	3	0	1	2	2:6	1

Die Gruppe E wurde als eine der schwersten bezeichnet, weil jeder der vier ausscheiden, aber auch jeder das Achtelfinale erreichen konnte. Der Turnierverlauf bestätigte diese Prognose, denn es dauerte bis zum letzten Spieltag, ehe die Aufsteiger Italien und Ghana feststanden. Dagegen hieß es Tschechien und die USA, die Koffer zu packen. Spannung kam auf, als Ghana gegen Tschechien, das als heimlicher Favorit galt, locker einen 2:0-Erfolg herausspielte und die Partie Italien-USA ein unerwartetes Remis (1:1) ergab. Die ersatzgeschwächten Tschechen vergaben ihre letzte Chance mit einem 0:2 gegen Italien, während zeitgleich Ghana mit einem 2:1-Sieg der USA-Mannschaft das Weiterkommen verdarb. Damit standen die technisch brillant spielenden Ghanaer als einzige afrikanische Mannschaft im Achtelfinale.

Group E was regarded as one of the toughest, because each of the four could have been knocked out or reached the next stage. This was confirmed as the tournament progressed, as it wasn't until the last day that Italy and Ghana were confirmed as qualifiers. On the other hand the Czechs and the USA team had to pack their bags. There was tension when Ghana had a relaxed 2:0 win against the Czech Republic, a secret favourite, and when the Italy-USA match ended in an unexpected 1:1 draw. The Czechs, playing with a weakened team, gave away their last chance in losing 0:2 to Italy, while at the same time Ghana with a 2:1 victory spoiled the USA's chances. And so the technically brilliant Ghanaians were the only African team to reach the last 16.

Italien – Ghana 2:0 (1:0) Hannover, 12. Juni, 21 Uhr

Italien: *Buffon; Zaccardo, Nesta, Cannavaro, Grosso; Perrotta, Pirlo, De Rossi; Totti (56. Camoranesi); Toni (82. Del Piero), Gilardino (64. Iaquinta)*

Ghana: *Kingson; Paintsil, Kuffour, Mensah, Pappoe (46. Illiasu); Muntari, Essien, Appiah, E. Addo; Gyan (89. Tachie-Mensah), Amoah (68. Pimpong)*

Tore: *1:0 Pirlo (40.), 2:0 Iaquinta (83.)*

Schiedsrichter: *Simon (BRA),* ***Assistenten:*** *Tavares, Corona (beide BRA)*

Zuschauer: *43 000 (ausverkauft)*

USA – Tschechien 0:3 (0:2) Gelsenkirchen, 12. Juni, 18 Uhr

USA: *Keller; Cherundolo (46. Johnson), Pope, Onyewu, Lewis; Reyna, Mastroeni (46. O´Brien), Beasley, Donovan, Convey; McBride (77. Wolff)*

Tschechien: *Čech; Grygera, Rozehnal, Ujfaluši, Jankulovski; Galásek, Plašil; Nedvěd, Rosický (86. Štajner), Poborský (82. Polák); Koller (45. Lokvenc)*

Tore: *0:1 Koller (5.), 0:2 Rosický (36.), 0:3 Rosický (76.)*

Schiedsrichter: *Amarilla (PAR),* ***Assistenten:*** *Andino, Bernal (beide PAR)*

Zuschauer: *52 000 (verkauft)*

Italien – USA 1:1 (1:1) Kaiserslautern, 17. Juni, 21 Uhr

Italien: *Buffon; Zaccardo (54. Del Piero), Nesta, Cannavaro, Zambrotti; Perrotta, Pirlo, De Rossi (28. Rot); Totti (35. Gattuso); Toni (61. Iaquenta), Gilardino*

USA: *Keller; Cherundolo, Pope (47. Gelb-Rot), Onyewo, Bocanegra; Mastroeni (45. Rot), Reyna, Donovan, Dempsey (62. Beasley), Convey (52. Conrad); McBride*

Tore: *1:0 Gilardino (22.), 1:1 Zaccardo (27. Eigentor)*

Schiedsrichter: *Larrionda (URU),* ***Assistenten:*** *Al Ghamdi (KSA), Fandino (URU)*

Zuschauer: *46 000 (ausverkauft)*

Tschechien – Ghana 0:2 (0:1) Köln, 17. Juni, 18 Uhr

Tschechien: *Čech; Grygera, Rozehnal, Ujfaluši (65. Rot), Jankulovski; Galásek (46. Polák), Plašil (68. Sionko); Poborský (56. Štajner), Rosický, Nedvěd; Lokvenc*

Ghana: *Kingson; Paintsil, Mensah, Shilla, Mohammed; Muntari, Appiah, Essien, O. Addo (46. Boateng); Gyan (85. Pimpong), Amoah (80. E. Addo)*

Tore: *0:1 Gyan (2.), 0:2 Muntari (82.)*

Schiedsrichter: *Elizondo (ARG),* ***Assistenten:*** *García, Otero (beide ARG)*

Zuschauer: *45 000 (ausverkauft)*

Tschechien – Italien 0:2 (0:1) Hamburg, 22. Juni, 16 Uhr

Tschechien: *Čech; Grygera, Rozehnal, Kováč (78. Heinz), Jankulovski; Polák (45.+2 Gelb-Rot); Poborský (46. Štajner), Rosický, Nedvěd, Plašil; Baroš (64. Jarolím)*

Italien: *Buffon; Zambrotta, Cannavaro, Nesta (17. Materazzi), Grosso; Gattuso, Pirlo, Perrotta; Camoranesi (74. Barone), Totti; Gilardino (60. Inzaghi)*

Tore: *0:1 Materazzi (26.), 0:2 Inzaghi (87.)*

Schiedsrichter: *Archundia (MEX),* ***Assistenten:*** *Ramírez (MEX), Vergara (CAN)*

Zuschauer: *50 000 (ausverkauft)*

Ghana – USA 2:1 (2:1) Nürnberg, 22. Juni, 16 Uhr

Ghana: *Kingson; Paintsil, Mensah, Shilla, Mohamed; Boateng (46. O. Addo), Essien, Appiah, Dramani (80. Tachie-Mensah); Amoah (59. E. Addo), Pimpong*

USA: *Keller; Cherundolo (61. Johnson), Onyewu, Conrad, Bocanegra; Reyna (40. Olsen), Dempsey, Beasley, Lewis (74. Convey); Donovan, McBride*

Tore: *1:0 Dramani (22.), 1:1 Dempsey (43.), 2:1 Appiah (45.+ 2 Foulelfmeter)*

Schiedsrichter: *Merk (GER),* ***Assistenten:*** *Schraer, Salver (beide GER)*

Zuschauer: *41 000 (ausverkauft)*

Legende vom schönen Spiel

Jens-Jörg Rieck

Kroatien – Australien 2:2: Kroatiens Torwart Pletikosa hat den Ball. Srna und die Australier Aloisi und Cahill haben ihn nicht.
Croatia – Australia 2:2: Croatian keeper Pletikosa has the ball. Srna and the Australians Aloisi and Cahill don't.

Große Worte: »Unsere Spieler sind die Besten auf der Welt, und ich bin sicher, daß wir mit einem weiteren Titel aus Deutschland zurückkehren werden.« Nie zuvor in der Geschichte der Fußball-Weltmeisterschaften wurde die Favoritenrolle derart unverblümt besetzt wie von Brasiliens Carlos Alberto Parreira. Schon fünf Wochen vor dem Turnier legte sich der 63jährige auf seine Startelf fest und vergaß nie zu erwähnen, daß er – während andere Trainer sich fragen, wen sie aufstellen – das Problem habe, wen er draußen lassen sollte.

Beim Auftakt gegen Kroatien konnte von einer Gala des »Circus Brasilia« allerdings nie die Rede sein. Obwohl in Bestbesetzung angetreten, rettete sich die »Seleçao« nur dank eines herrlichen Schlenzers von Kaká in der 44. Minute zum achten Sieg in Folge bei einer Weltmeisterschaft. Die Kroaten, bei denen der starke Niko Kovač wegen einer Verletzung kurz vor der Pause ausgewechselt werden mußte, erhöhten in den zweiten 45 Minuten den Druck weiter und hatten besonders durch Dado Pršo einige gute Möglichkeiten.

Sowohl bei der erstmals für einen Titelverteidiger obli-

gatorischen Qualifikation als auch beim ein Jahr zuvor ausgetragenen Confederations Cup konnten die Probleme im Abwehrverbund noch von der überragenden Qualität in der Offensive kaschiert werden, doch diesmal kam auch der Ausfall einiger Leistungsträger aus dem Angriff hinzu. Der größte Verlierer der brasilianischen Turniereröffnung hieß ohne Zweifel Ronaldo. Der offenbar übergewichtige Torschützenkönig der letzten Weltmeisterschaft fand überhaupt nicht ins Spiel und wurde unter den Pfiffen der 72 000 ausgewechselt.
Schon das erste Gruppenspiel, in dem sich am Tag zuvor in Kaiserslautern Australien und Japan gegenüberstanden, war bis zum Abpfiff hart umkämpft. Ausgerechnet Australien, dem bei seiner bisher einzigen Endrundenteilnahme 1974 in der Bundesrepublik Deutschland in

Ronaldinho bei einer für ihn seltenen Aktion: Kopfball aufs Tor gegen Kroatien.
Unten: Für Humor ist Ronaldinho immer zu haben.

Ronaldinho during one of his rare interventions: a header towards goal against Croatia.
Below: Ronaldhino is always in a good mood.

drei Gruppenspielen kein einziges Tor gelungen war, sorgte gegen die höher eingeschätzten Japaner gleich für einen historischen Sieg: In einem furiosen Finale traf der eingewechselte Tim Cahill zweimal (84. und 89.), bevor der ebenfalls eingewechselte John Aloisi in der zweiten Minute der Nachspielzeit den Treffer zum 3:1-Endstand erzielte.
Dabei hatte es lange danach ausgesehen, daß die Australier

Schiedsrichter Poll (England) ohne Übersicht: Im Spiel Kroatien - Australien zeigte er Šimunić drei Gelbe Karten, hier die zweite, bevor er Rot zog. Australien ist im Achtelfinale: Lucas Neill und Teamkameraden genießen den Erfolg.

Referee Poll (England) seemed to lose the place: in the match between Croatia and Australia he showed Šimunić three yellow cards, here the second, before he at last pulled out the red one. Australia is through to the last sixteen: Lucas Neill and his teammates enjoy their success.

Opfer der ersten großen Fehlentscheidung der noch jungen Weltmeisterschaft werden würden. Schiedsrichter Abd El Fatah aus Ägypten gab in der 26. Minute ein Tor, obwohl dem Treffer von Nakamura ein klares Foul zweier japanischer Angreifer gegen Australiens Torhüter Mark Schwarzer vorausgegangen war. Doch das Team von Australiens Trainer Guus Hiddink, der vor acht Jahren mit Holland und vor vier Jahren mit Südkorea in die Halbfinales eingezogen war, feierte am Ende dieses rasanten Spiels einen verdienten Erfolg, und das zählte ohne Zweifel zu den ersten Überraschungen der WM.

Die Frage, was der Titelverteidiger wirklich zu leisten imstande war, konnte auch der folgende Auftritt der Brasilianer in München nicht schlüssig beantworten. Zwar gab es im zweiten Spiel den zweiten Sieg, doch wie schon beim 1:0 über Kroatien enttäuschte der Turnierfavorit mit einem insgesamt leblosen Vortrag. Die Diskussionen in der Heimat über die richtige Aufstellung und vor allem um die gesundheitlichen Probleme von Ronaldo, der wegen Kopfweh und Schwindelanfällen in einem Krankenhaus untersucht worden war, bekamen neue Nahrung. Er zeigte sich zumindest etwas verbessert und lieferte in der 49. Minute die Vorlage zum 1:0 durch Sturmpartner Adriano. Den Schlußpunkt setzte dann der eingewechselte Fred, der in der 90. Minute nach einem Pfostenschuß von Robinho zum 2:0-Endstand abstaubte. Australien wußte erneut zu überzeugen und dachte gar nicht daran, den brasilianischen Ballartisten die Initiative zu überlassen. Nach einer halben Stunde hatte die Mannschaft von Guus Hiddink die Kontrolle der Partie übernommen. Unaufgeregt sahen die »Aussies« zu, wie die Brasilianer ein ums andere Mal bei ihren Angriffen an der vorgeschalteten Viererkette, spätestens aber am hinteren Dreierbund um Lucas Neill, immer wieder scheiterten.

Daß nicht überall, wo ein 0:0 draufstand, auch nur ein 0:0 drin war, bewies das Duell der Geschlagenen in Nürnberg. Sowohl Kroatien als auch Japan hatten ihr erstes Spiel verloren. Nach zwanzig eher verhaltenen Minuten entwickelte sich aber ein unterhaltsames Match, dessen erster Höhepunkt die vergebene Elfmeterchance von

Brasilien - Australien 2:0: Ronaldo wird von Chipperfield und Grella mit Händen und Füßen bearbeitet.
Darunter: Japan – Kroatien 0:0: Die japanische Mannschaft schwört sich ein.
Australien - Japan 3:1: Wilkshire und der Japaner Alex.

Brazil - Australia 2:0: Ronaldo is worked over by Chipperfield and Grella using both hands and feet.
Below: Japan – Croatia 0:0: the Japanese team goes through the pre-match ritual.
Australia - Japan 3:1: Wilkshire and the Japanese player Alex.

Darijo Srna in der 22. Minute war. Torwart Yoshikatsu Kawaguchi wehrte den plaziert geschossenen Ball ab und stand besonders in den spektakulären letzten zehn Minuten noch einige Male im Blickpunkt. Die ohnehin bescheidenen Hoffnungen, sich neben den bereits qualifizierten Brasilianern für das Achtelfinale zu empfehlen, ruhten jetzt auf einem kleinen Wunder am letzten Spieltag der Gruppe F.

»Im Fußball ist alles möglich,« versicherte Japans brasilianischer Coach Zico vor dem Vorrunden-Finale in Dortmund; ein Sieg von Kroatien gegen Australien in Stuttgart, und schon könne man im parallel ausgetragenen Duell mit dem Rekord-Weltmeister die letzte Chance nutzen: »Schließlich haben wir mit unserem 2:2 beim Confed-Cup gezeigt, daß die Brasilianer nicht unverwundbar sind.«

Im Unterschied zu der Partie vor einem Jahr standen die Südamerikaner diesmal selbst mächtig unter Druck. Immer noch warteten alle auf den ersehnten Samba-Fußball, und daß Trainer Parreira – anders als sonst – die Aufstellung erst unmittelbar vor dem Spiel gegen den Asien-Meister bekannt gab, zeigte: Auch an der Nummer 1 der FIFA-Weltrangliste war die Kritik der letzten Tage nicht spurlos vorbeigegangen. Gleich auf fünf Positionen hatte der brasilianische Coach sein Team umgebaut. Gilberto, Juninho, Cicinho, Gilberto Silva und Robinho durften von Beginn an ran; vor allem der erst 22 Jahre alte Robinho setzte die ersten Akzente. In einer schnellen, teilweise hochklassigen ersten Hälfte ließen sich auch Ronaldinho und der mittlerweile um einige Kilo leichtere Ronaldo von der Spielfreude ihrer Teamkollegen anstecken. Völlig überraschend fiel aber der Führungstreffer für die Japaner. Der bisher noch nicht in der Startformation aufgebotene Tamada wuchtete den Ball nach einem Stellungsfehler von Lúcio unter die Latte.

Die Südamerikaner zeigten sich vom Rückstand nach einer

Japan – Kroatien 0:0: Nakata wird von Niko Kovač und Srna herzhaft gestoppt. Unten: Auftritt für Brasiliens zweiten Torwart Rogério Ceni (rechts) im Spiel gegen Japan. Kapitän Dida räumte für ein paar Minuten das Feld.

Japan – Kroatien 0:0: Nakata is convincingly stopped by Niko Kovač and Srna. Below: an appearance for Brazil's second goalkeeper Rogério Ceni (right) in the game against Japan. Captain Dida left the field for a few minutes.

guten halben Stunde unbeeindruckt und kamen kurz vor der Pause zum 1:1 durch Ronaldo. Auch nach dem Wechsel setzten die Spieler des Rekord-Weltmeisters ihren Sturmlauf fort. Erst ließ der ansonsten glänzende Torwart Kawaguchi einen 25-Meter-Schuß von Juninho (53.) durch die Hände gleiten, später trafen dann noch Gilberto (59.) und erneut Ronaldo (81.) zum Endstand von 4:1.
»Man muß immer Geduld haben, auch in schwierigen Momenten, dann erlebt man so schöne Augenblicke wie jetzt«, sagte ein überglücklicher Ronaldo. Die Tatsache, daß der Stürmerstar von Real Madrid mit nun 14 WM-Treffern die Rekordmarke von Gerd Müller erreichte, sei nicht die Hauptsache gewesen, auch wenn er die Bestmarke immer im Auge hatte, wie er erklärte.
In Stuttgart feierten 15 000 australische Fans ebenfalls einen historischen Erfolg: Nach 94 zum Teil chaotischen Minuten schaffte Australien durch ein 2:2 gegen Kroatien erstmals den Einzug ins Achtelfinale einer WM. Schiedsrichter Graham Poll verlor vor allem in der hektischen zweiten Hälfte der Partie die Übersicht. Der Engländer versagte den Australiern beim Stand von 1:2 einen klaren Handelfmeter, später zeigte er Josip Šimunić zweimal Gelb, ohne ihn vom Platz zu stellen. Erst nach seiner dritten Verwarnung in der Nachspielzeit sah der bei Hertha BSC unter Vertrag stehende Bundesliga-Profi dann doch noch die »Ampelkarte«. Zuvor hatte es bereits für Dario Šimić (85.) und Brett Emerton (87.) die Gelb-Rote Karte gegeben.
Die Umstellungen vom kroatischen Trainer Zlatko Kranjčar, der nach den ersten beiden WM-Spielen ohne eigenen Torerfolg mehr Offensivkraft entwickeln wollte, schienen lange Zeit aufzugehen. Nach nur 117 Sekunden führte der WM-Dritte von 1998 dank eines herrlichen Freistoß-Treffers von Darijo Srna. Der zwischenzeitliche Ausgleich durch den früheren Gladbacher Craig Moore per Handelfmeter (38.) wurde nach knapp einer Stunde mit der erneuten Führung von Nico Kovač zunichte gemacht. Dabei gab der aus Kroatien stammende australische Nationalkeeper Zeljko Kalać, der überraschend für den gegen Brasilien unsicheren Mark Schwarzer in die erste Elf gerückt war, allerdings eine ganz unglückliche Figur ab. Harry Kewell gelang aus stark abseitsverdächtiger Position in der 79. Minute schließlich der Ausgleich.
»Das ist der absolute Wahnsinn«, freute sich Australiens Topstürmer Mark Viduka nach dem Schlußpfiff. »Wir haben uns den Achtelfinaleinzug wirklich mehr als verdient.« Bei den Kroaten flossen dagegen die Tränen. Der Favorit erlebte eine ähnliche Schmach wie 2002, als ebenfalls in der Vorrunde Endstation war. »Wir sind bitter enttäuscht. Gerade in Deutschland hatten wir uns soviel vorgenommen«, klagte der in Berlin geborenen Niko Kovač.
Brasilien als souveräner Gewinner der Vorrundengruppe F hatte erst im letzten Spiel die Warnung von Pelé vergessen lassen: »Denkt daran, Carlos Alberto Parreira ist genauso konservativ wie Mario Zagalo.« Der hatte 1994 den Titel mit schnödem Zweckfußball gewonnen, doch nicht einmal die größten Pessimisten hätten erwartet, daß ausgerechnet die Brasilianer, die wie kein zweites Team die »Legende vom schönen Spiel« pflegen, lange Zeit fast ohne artistische Momente auskommen würden. Der Anfang war dennoch gemacht, und das Orakel, das Carlos Alberto Parreira vor dem Turnier verkündet hatte, sollte schließlich bis zum letzten Auftritt gelten: »Ein sechster WM-Triumph würde ein großes Loch zwischen Brasilien und seine Verfolgern reißen, und das wird in den nächsten 200 oder 300 Jahren nur sehr schwer zu stopfen sein.«

Summary

Tabelle Gruppe F

Brasilien	3	3	0	0	7:1	9
Australien	3	1	1	1	5:5	4
Kroatien	3	0	2	1	2:3	2
Japan	3	0	1	2	2:7	1

Brasilien – wer sonst sollte diese Gruppe gewinnen? Der Titelverteidiger steigerte sich von Spiel zu Spiel. Er gewann zum Auftakt gegen Kroatien mit einem Tor, das nächste Spiel gegen Australien mit zwei und beschloß die Vorrunde mit vier Treffern gegen Japan, das damit abgeschlagen war. So blieb die Frage, wer ihn in das Achtelfinale begleiten sollte. Bis elf Minuten vor Schluß waren es die Kroaten, die gegen Australien 2:1 führten. Doch das folgende 2:2 war ein Schock, worauf Hektik und Härte einzogen. Es gab drei Herausstellungen, dabei ein Kuriosum, als der Schiedsrichter dem Kroaten Šimunić dreimal Gelb zeigte, ehe er ihn mit Rot vom Platz schickte. Australien hatte sich das Weiterkommen gleich zum Auftakt mit einem 3:1 gegen Japan verdient – fünf Minuten vor Schluß hatten die Asiaten noch in Führung gelegen.

Brazil – who else was likely to win this group? The title-holders improved from one game to the next. They won the opening match against Croatia by a single goal, the next versus Australia with two, and ended the group round with four against Japan, which sealed the latter team's fate. The question then remained: who would accompany Brasil into the last sixteen? Until eleven minutes from time it was the Croatians who led Australia 2:1. But the final score of 2:2 was a shock which produced high drama and hard play. There were three sendings-off, then a extraordinary incident when the refereee showed the Croatian Šimunić three yellow cards before sending him off the pitch with a red one. Australia had earned their entry to the next round in the opening game versus Japan (3:1) – with five minutes to go the Asians had still been in the lead.

Brasilien – Kroatien 1:0 (1:0) Berlin, 13. Juni, 21 Uhr

Brasilien: *Dida; Cafu, Lúcio, Juan, Roberto Carlos; Émerson, Zé Roberto; Kaká, Ronaldinho; Adriano, Ronaldo (56. Robinho)*
Kroatien: *Pletikosa; Šimić, R. Kovač, Šimunić; Srna, Tudor, N. Kovač (41. J. Leko), Babić, Kranjčar; Klasnić (56. Olić), Pršo*
Tor: *1:0 Kaká (44.)*
Schiedsrichter: *Archundia (MEX),* ***Assistenten:*** *Ramírez (MEX), Vergara (CAN)*
Zuschauer: *72 000 (ausverkauft)*

Australien – Japan 3:1 (0:1) Kaiserslautern, 12. Juni, 15 Uhr

Australien: *Schwarzer; Emerton, Moore (61. Kennedy), Neill, Chipperfield; Culina, Bresciano (53. Cahill), Grella, Wilkshire (75. Aloisi), Kewell; Viduka*
Japan: *Kawaguchi; Tsuboi (56. Moniwa, 90.+1 Oguro), Miyamoto, Nakazawa; Komano, Fukunishi, H. Nakata, Alex; Nakamura; Takahara, Yanagisawa (79. Ono)*
Tore: *0:1 Nakamura (26.), 1:1 Cahill (84.), 2:1 Cahill (89.), 3:1 Aloisi (90.+2)*
Schiedsrichter: *El Fatah (EGY),* ***Assistenten:*** *Dante (MLI), Ndoye (SEN)*
Zuschauer: 46 000 (ausverkauft)

Brasilien – Australien 2:0 (2:0) München, 18. Juni, 18 Uhr

Brasilien: *Dida; Cafu, Lúcio, Juan, Roberto Carlos; Kaká, Émerson (72. Robinho), Zé Roberto, Ronaldinho; Ronaldo (72. Gilberto), Adriano (88. Fred)*
Australien: *Schwarzer; Emerton, Moore (69. Aloisi), Neill, Chipperfield; Grella, Popović (41. Bresciano), Culina; Cahill (56. Kewell), Sterjovski; Viduka*
Tore: *1:0 Adriano (49.), 2:0 Fred (90.)*
Schiedsrichter: *Merk (GER),* ***Assistenten:*** *Schraer, Salver (beide GER)*
Zuschauer: *66 000 (ausverkauft)*

Japan – Kroatien 0:0 Nürnberg, 18. Juni, 15 Uhr

Japan: *Kawaguchi; Kaji, Nakazawa, Miyamoto, Alex; Ogasawara, H. Nakata, Fukunishi (46. Inamoto), Nakamura; Takahara (85. Oguro), Yanagisawa (61. Tamada)*
Kroatien: *Pletikosa; Šimić, R. Kovač, Šimunić; Srna (87. Bošnjak), Tudor (70. Olić), N. Kovač, Babić; Kranjčar (78. Modrić); Pršo, Klasnić*
Schiedsrichter: *De Bleeckere (BEL),* ***Assistenten:*** *Hermans, Vromans (beide BEL)*
Zuschauer: *41 000 (ausverkauft)*

Japan – Brasilien 1:4 (1:1) Dortmund, 22. Juni, 21 Uhr

Japan: *Kawaguchi; Kaji, Tsuboi, Nakazawa, Alex; Ogasawara (56. K. Nakata), H. Nakata, Inamato, Nakamura; Maki (60. Takahara/66. Oguro), Tamada*
Brasilien: *Dida (82. Ceni); Cicinho, Lúcio, Juan, Gilberto; Kaká (71. Zé Roberto), Gilberto Silva, Juninho, Ronaldinho (71. Ricardinho); Ronaldo, Robinho*
Tore: *1:0 Tamada (34.), 1:1 Ronaldo (45.+1), 1:2 Juninho (53.), 1:3 Gilberto (59.), 1:4 Ronaldo (81.)*
Schiedsrichter: *Poulat (FRA),* ***Assistenten:*** *Dagorne, Texier (FRA)*
Zuschauer: *65 000 (ausverkauft)*

Kroatien – Australien 2:2 (1:1) Stuttgart, 22. Juni, 21 Uhr

Kroatien: *Pletikosa; Tomas (83. Klasnić), Šimić (85. Gelb-Rot), Šimunić (90.+3 Gelb-Rot), Babić; Srna, N. Kovač, Kranjčar (65. J. Leko), Tudor; Olić (74. Modrić), Pršo*
Australien: *Kalać; Moore, Neill, Chipperfield (75. Kennedy); Emerton (87. Gelb-Rot), Grella (63. Aloisi), Culina, Sterjovski (71. Bresciano); Cahill, Kewell; Viduka*
Tore: *1:0 Srna (2.), 1:1 Moore (38. Handelfmeter), 2:1 N. Kovač (56.), 2:2 Kewell (79.)*
Schiedsrichter: *Poll (ENG),* ***Assistenten:*** *Sharp, Turner (beide ENG)*
Zuschauer: *52 000 (ausverkauft)*

Schweizer Garde mit Verve

Rainer Kalb

Erwartungsgemäß haben sich in der Gruppe G die beiden europäischen Mannschaften, die Schweiz und Frankreich, durchgesetzt. Frankreich überzeugte dabei erst im letzten Gruppenspiel. Südkorea konnte in der Fremde nie an die Leistungen bei der Heim-WM vor vier Jahren anknüpfen. Und Neuling Togo zahlte in jeder Hinsicht Lehrgeld.

Schon vor dem Anpfiff zum ersten Gruppenspiel hatte die Gruppe G für die meisten Schlagzeilen gesorgt. Nein, es ging nicht um den verletzungsbedingten Ausfall des Schweizers Johan Vonlanthen, für den der frühere Stuttgarter Stürmer Hakan Yakin nachnominiert wurde. Es ging auch nicht um den Schien- und Wadenbeinbruch des französischen Stürmers Djibril Cissé. Es ging um Togo. Die FIFA hielt sich diplomatisch zurück, doch wie die erstmals qualifizierten Togolesen die Bühne Weltmeisterschaft für ihre internen Machtkämpfe mißbrauchten, hat der afrikanischen Sache nicht gedient. Und mitten drin als Opfer der deutsche Trainer Otto Pfister.

Togo hatte von der FIFA rund fünf Millionen Euro erhalten, um die Vorbereitung und die erste Runde der WM finanziell abzusichern. Der Verband

Schweiz – Südkorea 2:0: Frei, Torschütze zum 2:0, behauptet den Ball gegen Lee Ho.

Switzerland – South Korea 2:0: Frei, who made it 2:0, keeps the ball despite a challenge from Lee Ho.

Frankreich – Togo 2:0: Von Trezeguet geht die meiste Gefahr aus, Torwart Agassa und Daré können abwehren. Links: Barthez klärt gegen Togos Adebayor.

France – Togo 2:0: Trezeguet is the most dangerous player, goalkeeper Agassa and Daré are able to clear. Left: Barthez clears from Togo's Adebayor.

versprach den Spielern für die Qualifikation eine hohe fünfstellige Summe, aber das Geld kam nie an, sondern versickerte irgendwo. Die Spieler streikten, ließen insgesamt fünf Trainingseinheiten sausen. Entnervt reiste Trainer Otto Pfister am Tag des Eröffnungsspiels – vier Tage vor dem ersten WM-Spiel Togos überhaupt – ab und sagte: »Ich kehre nicht zurück. Für mich ist ein Lebenstraum zerstört.« Doch dann beknieten ihn die Spieler in nächtlichen, stundenlangen Telefonaten. Pfister kehrte zurück und saß beim Spiel gegen Südkorea auf der Bank. Dem Ersatzkandidaten Winfried Schäfer, mit Kamerun Afrika- und WM-erfahren, war blanke Ablehnung entgegengeschlagen.

Gegen Südkorea ließ es sich gut an für die Schwarzafrikaner. Mohamed Abdel Kader erzielte das erste WM-Tor für Togo: Es war sein 15. Treffer im 47. Länderspiel. Aber nach dem Platzverweis für Jean-Paul Abalo brachen die Togolesen konditionell ein – die bestreikten Trainingseinheiten machten sich bemerkbar.

Den Freistoß nach dem Platzverweis verwandelte Lee Chun-Soo zum Ausgleich, ehe »Volksheld« Ahn Jung-Hwan vom Erstliga-Absteiger MSV Duisburg zum 2:1 traf und seine Erfolgsgeschichte im Nationalteam um ein weiteres Kapitel bereicherte. Ahn war erst in der 46. Minute eingewechselt worden. »Ich bin überglücklich, daß ich dieses wichtige Tor erzielt habe«, erklärte der 30jährige. Er hatte die »Roten Teufel« vor vier Jahren zu Hause mit seinem »Golden Goal« gegen Italien ins Viertelfinale geschossen und war anschließend

Frankreich – Schweiz 0:0: Weltstar Zidane spielte unauffällig. Hier wird er verdeckt von Ribery und angegriffen vom Schweizer Degen.
Unten: Frankreich – Südkorea 1:1: Das Ausgleichstor von Park Ji-Sung tat Frankreich weh. Gallas kann nichts mehr tun.

France – Switzerland 0:0: world star Zidane played an unobtrusive game. Here he is covered by Ribery and attacked by the Swiss Degen.
Below: France – South Korea 1:1: Park Ji-Sung's equaliser hurt France. Gallas can't do anything about it.

vom italienischen Erstligisten AC Perugia entlassen worden, weil Präsident Luciano Gaucci keinen Spieler bezahlen wollte, »der den italienischen Fußball ruiniert hat«.

Im zweiten Auftaktspiel der Gruppe G zwischen Frankreich und der Schweiz war niemand glücklich. Beide Teams lieferten beim enttäuschenden 0:0 einen lahmen, müden Kick ab. Frankreich blieb damit seit dem 3:0-Triumph über Brasilien im Endspiel der WM 1998 im eigenen Land in vier WM-Spielen ohne Torerfolg, denn in Südkorea gelang dem damaligen Titelverteidiger in drei Gruppenspielen kein einziges Tor. Wenn das torlose, saftlose und kraftlose Spiel einen Sieger verdient gehabt hätte, dann die Schweiz. Frankreichs Mannschaft war mit über 30 Jahren Durchschnittsalter die älteste des Turniers. Während Trainer Raymond Domenech mit Hitze und Rasen haderte, hatten die Schweizer Fans nur Hohn und Spott für die »Equipe tricolore« übrig. Sie sangen ein altes Kinderlied: »Le coq est mort« – der Hahn ist tot, in Anspielung auf das gallische Wappentier, das Symbol Frankreichs.

Ein sehr lebendiger Hahn hatte indes beim zweiten Spiel der Franzosen in Leipzig gegen Südkorea alle Kontrollen überwunden, aber gegen den Lärm, den die südkoreanischen Fans mit ihren Trommeln und Kehlen verursachten, krächzte er genauso vergebens an, wie die »Equipe tricolore« versuchte, die Südkoreaner zu schlagen. Gewiß, Thierry Henry gelang nach neun Minuten die 1:0-Führung. Damit hatte Frankreich nach 386 Minuten wieder ein Tor bei einer WM erzielt. Doch statt nachzusetzen, erstarrte das Spiel des Weltmeisters von 1998, und es kamen nach 60 Minuten auch unübersehbare konditionelle Probleme auf. So sorgte Park Ji-Sung mit der ersten Großchance des WM-Halbfinalisten von 2002 in der 81. Minute für den Ausgleich. Zwar waren die Franzosen weit vom prickelnden, begeisternden Fußball früherer Zeiten entfernt, doch den Sieg hatten sie eigentlich unter Dach und Fach,

Togo – Schweiz 0:2: Ohne Hände geht im Fußball nichts. Der Schweizer Magnin und Kader stützen sich ab. Unten: Forson beobachtet einen Seitfallzieher des Schweizers Yakin.

Togo – Switzerland 0:2: hands are essential in football. The Swiss Magnin and Kader push each other away. Below: Forson watches the Swiss Yakin falling over.

wäre da nicht Schiedsrichter Benito Archundia aus Mexiko gewesen. In der 32. Minute war ein Kopfball von Patrick Vieira eindeutig von Torhüter Lee Woon-Jae erst hinter der Linie aus dem Tor gefischt worden, aber der Referee ließ weiterspielen. Das entfachte erneut die Diskussion um den Videobeweis. Trainer Raymond Domenech: »Wir haben das zweite Tor geschossen, der Schiedsrichter hat es nicht gegeben – ja, wir sind hintergangen worden«. Torschütze Henry ergänzte: »Wir waren stinksauer, als wir das Video in der Halbzeitpause gesehen haben – eine 2:0-Führung hätte eine ganz andere Situation ergeben.« Den früheren Gladbacher Trainer Dick Advocaat, der nun die Südkoreaner betreut, kümmerte die ganze Aufregung nicht: »Das Endergebnis lautet 1:1, oder?« Zu allem Überfluß sah Zinedine Zidane nach einem Frustrempler auch noch die zweite Gelbe Karte, womit er für das entscheidende letzte Gruppenspiel gegen Togo gesperrt war.
Togo machte seinem Ruf als Skandalnudel der WM mal wieder alle Ehre. Weil die vom Verband versprochenen Prämienzahlungen immer noch ausgeblieben waren, drohten die Spieler erneut mit einem Streik für das Spiel gegen die Schweiz! Erst massive Interventionen der FIFA und selbst von Arsenal-Trainer Arsene Wenger, der seinen Star Emmanuel Adebayor ins Gebet nahm und ihn vor einer lebenslangen Sperre warnte, veranlaßte die Spieler, doch noch den Flieger zum Spielort Dortmund zu besteigen, wo sie mit zweieinhalbstündiger Verspätung eintrafen. Die Partie wurde dann von der Schweiz erwartungsgemäß mit 2:0 gewonnen, aber die Eidgenossen taten sich dabei schwer. Alexander Frei schoß den Führungstreffer der Schweizer und beendete die Torflaute der Rot-Weißen. Für die Entscheidung sorgte Tranquillo Barnetta in der 88. Minute.
Allerdings wurden Togo zwei klare Elfmeter verweigert, was noch mehr unterstreicht, daß die Schweiz, die von der großen Kulisse in Dortmund wie gelähmt wirkte, nur zu einem Arbeitssieg kam. Wollten auch die Schiedsrichter Togo nicht mehr dabei haben? Am Tag

Südkorea – Togo 2:1: Südkorea feiert parterre, Togos Spieler sind stehend enttäuscht.
Unten: Henry wie ganz Frankreich nach zwei sieglosen Spielen am Boden.

South Korea – Togo 2:1: South Korea on the ground celebrating, Togo's players stand around disappointed.
Below: Henry feeling down, like the whole of France, after two games without a win.

nach dem Spiel verkündete jedenfalls die FIFA, daß sie jetzt die Prämien der Spieler bezahlen und mit dem Guthaben des togolesischen Verbandes für die WM-Teilnahme verrechnen würde. Stoßseufzer von FIFA-Mediendirektor Siegler: »Hoffentlich schreiben die jetzt nur noch sportliche Schlagzeilen.«
Viele konnten es nicht mehr werden, denn Togo war ausgeschieden. Und auch gegen Frankreich gab es mit 0:2 die erwartete, aber noch gnädige Niederlage. Denn endlich zeigten die Franzosen, daß sie noch ansehnlichen, zielorientierten Fußball spielen können und genossen den ersten WM-Sieg seit acht Jahren. Während der gesperrte Zinedine Zidane sich an seinem 34. Geburtstag irgendwo in den Katakomben des Kölner Stadions verkrümelte – die Kameras suchten ihn vergeblich –, glänzte Ersatzkapitän Patrick Vieira. Der feierte auch Geburtstag, seinen »30«., und wie! Nachdem die Stürmer Henry und Trezeguet reihenweise Chancen verschenkt hatten, nahm er in der 55. Minute eine Vorlage des schon als neuer Zidane gefeierten 22jährigen Franck Ribery auf und schoß den Ball hoch ins rechte Eck. Sechs Minuten später leitete der defensive Mittelfeldspieler den Ball zu Thierry Henry, der das 2:0 markierte.
Trainer Raymond Domenech hatte endlich in Henry und Trezeguet zwei Stürmer aufgeboten, und dieses Zeichen zur Offensive beflügelte die ganze Mannschaft. Endlich zeigten die Franzosen wieder einmal Kombinationsfußball mit Zug zum Tor, auch wenn die Chancenauswertung mangelhaft blieb. »Durch die Unentschieden zuvor haben wir uns selber Probleme bereitet. Aber mit der Leistung von heute können wir sehr zufrieden sein«, meinte Patrick Vieira und fuhr fort: »Es gibt sehr viel Potential in diesem Team.«
Frei fühlte sich auch die Schweiz, deren Torjäger Alexander Frei mit dem 2:0 gegen Südkorea in der 77. Minute die Eidgenossen erstmals seit zwölf Jahren wieder in ein WM-Achtelfinale katapultierte. Der Stürmer von Stade Rennes, der während der WM permanent mit Borussia Dortmund verhandelte, sagte: »Die jungen Wilden sind jetzt da, um die Welt zu erobern. Wir haben in den drei Gruppenspielen eine gute Figur abgegeben, keinen Treffer kassiert, aber vier geschossen. Das ist nicht überragend, aber gut.«
Neuer Volksheld in der Schweiz dürfte Philippe Senderos geworden sein. Der Verteidiger von Arsenal London hatte das Spiel mit seinem Kopfballtreffer in der 23. Minute spannend gemacht. Allerdings floß dabei viel Blut: Der Sohn eines spanischen Vaters und einer slowenischen Mutter prallte bei seinem Tor mit dem Koreaner Choi Jin-Cheul beim Kopfballduell zusammen, blutete danach heftig an der Nase und mußte fünf Minuten lang behandelt werden. Kurz vor dem Halbzeitpfiff erlitt er eine Knöchelverletzung, und in der 53. Minute war für den 21jährigen die Partie dann endgültig zu Ende. Senderos verletzte sich bei einem Sturz am Handgelenk und mußte umgehend ausgetauscht werden. Ein teuer erkaufter Sieg, und dennoch ein Sieg des Willens, für den Senderos als Beispiel steht.
Der Erfolg der Eidgenossen war auch ein ganz persönlicher Triumph für Nationalcoach »Köbi« Kuhn: Der Fußball-Lehrer betreute seine Mannschaft zum 50. Mal und wurde bei diesem Jubiläum von seinen Schützlingen mit einer herausragenden Leistung belohnt. Erstmals überhaupt überstand die Schweiz die Vorrunde ohne Niederlage und ohne Gegentor und sorgte damit bei ihren Anhängern für nicht enden wollende Jubelgesänge beim Schlußpfiff. Bei der Europameisterschaft in zwei Jahren in Österreich und der Schweiz werden die Schweizer mehr als nur Mitspieler sein. ■

Summary

Tabelle Gruppe G

Schweiz	3	2	1	0	4:0	7
Frankreich	3	1	2	0	3:1	5
Südkorea	3	1	1	1	3:4	4
Togo	3	0	0	3	1:6	0

Frankreich zitterte sich ins Achtelfinale. Nach den beiden deprimierenden Remisspielen gegen die Schweiz und Südkorea folgte mit dem 2:0 im letzten Gruppenspiel gegen Togo die Erlösung. Doch souverän wurde auch dieser Sieg nicht herausgespielt. Ungeschlagen und ohne Gegentor sicherte sich überraschend die Schweiz den Gruppensieg, die vor dem letzten Spiel punktgleich mit Südkorea war, so daß erst das direkte Aufeinandertreffen über das Weiterkommen entschied. Entsprechend hart ging man zur Sache. Bei ihrem 2:0-Erfolg bewiesen die Schweizer die bessere Kampfmoral, während sich Südkorea damit trösten konnte, als einziges Team mit vier Punkten auszuscheiden. Ohne jeden Zähler mußte dagegen die Mannschaft Togos die Heimreise antreten. Mit ihrem Streit um die Prämien hatte sie sich auch sonst nicht mit Ruhm bekleckert.

France stuttered their way into the last sixteen. After the two depressing draws against Switzerland and South Korea they were saved by the 2:0 win in the last group game against Togo. However even that victory was far from convincing. Unbeaten and without conceding a goal, Switzerland surprised by winning the group. Before the last match they were level with South Korea, so that it was only the direct encounter that decided who would go through. And so it was a tough match. In their 2:0 win the Swiss showed greater fighting spirit, while South Korea could console themselves by being the only team with four points to be eliminated. On the other hand Togo was the only team to set off for home goalless. With their argument about appearance money they had not exactly covered themselves with glory.

Südkorea – Togo 2:1 (0:1) Frankfurt, 13. Juni, 15 Uhr

Südkorea: *Lee Woon-Jae; Song Chong-Gug, Choi Jin-Cheul, Kim Young-Chul, Kim Jin-Kyo (46. Ahn Jung-Hwan); Lee Ho, Lee Eul-Jong (68. Kim Nam-Il), Lee Young-Pyo; Park Ji-Sung; Lee Chun-Soo, Cho Jae-Jin (83. Kim Sang-Sik)*
Togo: *Agassa; Tchangai, Abalo (53. Gelb-Rot), Nibombé, Assémoassa (61. Forson); Sénaya (54. Assimiou), Romao, Maman, Salifou (85. Aziawonou); Adebayor, Kader*
Tore: *0:1 Kader (31.), 1:1 Lee Chung-Soo (54.), 2:1 Ahn Jung-Hwan (72.)*
Schiedsrichter: *Poll (ENG),* ***Assistenten:*** *Sharp, Turner (beide ENG)*
Zuschauer: *48 000 (ausverkauft)*

Frankreich – Schweiz 0:0 Stuttgart, 13. Juni, 18 Uhr

Frankreich: *Barthez; Sagnol, Thuram, Gallas, Abidal; Vieira, Makelele, Ribery (70. Saha); Zidane; Wiltord (84. Dhorasoo), Henry*
Schweiz: *Zuberbühler; P. Degen, Müller (75. Djourou), Senderos, Magnin; Barnetta, Cabanas, Vogel, Wicky (82. Margairaz); Frei, Streller (56. Gygax)*
Schiedsrichter: *Iwanow (RUS),* ***Assistenten:*** *Golubjow, Wolnin (beide RUS)*
Zuschauer: *52 000 (ausverkauft)*

Frankreich – Südkorea 1:1 (1:0) Leipzig, 18. Juni, 21 Uhr

Frankreich: *Barthez; Sagnol, Thuram, Gallas, Abidal; Vieira, Makelele; Malouda (88. Dhorasoo), Zidane (90.+1 Trezeguet), Wiltord (60. Ribery); Henry*
Südkorea: *Lee Woon-Jae; Kim Young-Chul, Choi Jin-Cheul, Kim Dong-Jin, Lee Young-Pyo; Lee Eul-Yong (46. Seol Ki-Hyeon), Kim Nam-Il, Lee Ho (69. Kim Sang-Sik); Park Ji-Sung, Lee Chun-Soo (72. Ahn Jung-Hwan)*
Tore: *1:0 Henry (9.), 1:1 Park Ji-Sung (81.)*
Schiedsrichter: *Archundia (MEX),* ***Assistenten:*** *Ramírez, Vergara (beide MEX)*
Zuschauer: *43 000 (ausverkauft)*

Togo – Schweiz 0:2 (0:1) Dortmund, 19. Juni, 15 Uhr

Togo: *Agassa; Touré, Tchangai, Nibombé, Forson; Dossévi (69. Sénaya), Agboh (25. Salifou), Romao, Maman (87. Malm); Kader, Adebayor*
Schweiz: *Zuberbühler; P. Degen, Müller, Senderos, Magnin; Barnetta, Vogel, Cabanas (77. Streller), Wicky; Frei (87. Lustrinelli), Gygax (46. Yakin)*
Tore: *0:1 Frei (16.), 0:2 Barnetta (88.)*
Schiedsrichter: *Amarilla (PAR),* ***Assistenten:*** *Andino, Bernal (beide PAR)*
Zuschauer: *65 000 (ausverkauft)*

Togo – Frankreich 0:2 (0:0) Köln, 23. Juni, 21 Uhr

Togo: *Agassa; Forson, N. Daré, Tchangai, Abalo; Salifou, Maman (59. Olufadé), Aziawonou, Sénaya; Adebayor (75. Dossévi), Kader*
Frankreich: *Barthez; Sagnol, Thuram, Gallas, Silvestre; Ribery (77. Govou), Vieira (81. Diarra), Makelele, Malouda (74. Wiltord); Henry, Trezeguet*
Tore: *0:1 Vieira (55.), 0:2 Henry (61.)*
Schiedsrichter: *Larrionda (URU),* ***Assistenten:*** *Rial, Fandino (beide URU)*
Zuschauer: *45 000 (ausverkauft)*

Schweiz – Südkorea 2:0 (1:0) Hannover, 23. Juni, 21 Uhr

Schweiz: *Zuberbühler; P. Degen, Müller, Senderos (53. Djourou), Spycher, Vogel; Barnetta, Cabanas, Wicky (88. Behrami); Frei, Yakin (71. Margairaz)*
Südkorea: *Lee Woon-Jae; Lee Young-Pyo (63. Ahn Jung-Hwan), Choi Jin-Cheul, Kim Jin-Kyu, Kim Dong-Jin; Lee Ho, Kim Nam-Il, Park Ji-Sung, Lee Chun-Soo, Park Chu-Young (66. Seol Ki-Hyeon); Cho Jae-Jin*
Tore: *1:0 Senderos (23.), 2:0 Frei (77.)*
Schiedsrichter: *Elizondo (ARG),* ***Assistenten:*** *García, Otero (beide ARG)*
Zuschauer: *43 000 (ausverkauft)*

Schewtschenko auf Spurensuche

Gottfried Weise

Exklusive Lage, Seeblick, schönes Haus, ringsum Wald, eine abgesicherte Zufahrtsstraße – damit ist nicht Andrej Schewtschenkos Villa-Ambiente mit dem Nachbarn George Clooney am Comer See beschrieben, sondern das Vier-Sterne-Hotel »Seminaris« in Potsdam, das Zuhause der ukrainischen Nationalmannschaft in der Vorrunde.
Neben den Deutschen, die sich im nahen Grunewald niedergelassen haben, ist das Team von Oleg Blochin das einzige, das im östlichen Teil der Republik Quartier bezogen hat. Bei der Ankunft des gelb-blauen Busses steigt Superstar Andrej Schewtschenko als Letzter aus – in blauem Nadelstreifenanzug, mit weinroter Krawatte und riesiger schwarzer Sonnenbrille, so als wolle er sich verstecken und damit deutlich machen: Es gibt nicht nur den Schewtschenko! Während Kinder in Folkloretracht mit einem Kosakentanz begeistern und den Gästen nach ukrainischem Brauch Brot und Salz gereicht werden, sind dennoch alle Augen auf den

Ukraine – Tunesien 1:0: Schewtschenko wird von Haggui zu Fall gebracht – Elfmeter.
Darunter: Tunesiens Torwart Boumnijel protestiert.

Ukraine – Tunisia 1:0: Shevchenko is brought down by Haggui – penalty. Below: Tunisian goalkeeper Boumnijel protests.

Spanien – Tunesien 3:1: Was ist denn nun mit dem Ball? Beinahe eine Spielervollversammlung in seiner Nähe.
Saudi-Arabien – Spanien 0:1: López und sein Widerpart Aziz heben ab (links).

Spain – Tunisia 3:1: What's going on with the ball? Nearly a general players' meeting around it.
Saudi Arabia – Spain 0:1: López and his opposite number Aziz take off (left).

momentan wohl bekanntesten Ukrainer gerichtet. Direktor Hartmut Pirl hat in den letzten Monaten mit seinen rund 100 Mitarbeitern fleißig ukrainisch gepaukt, die 55 Zimmer mit russischen und ukrainischen Kabelsendern ausgestattet und auf Wunsch der Teamleitung auch mit Wasserkochern und Teekannen versorgt.
Da kann man sich schon heimisch fühlen, zumal sich Andrej Schewtschenko mit diesem Landstrich besonders verbunden zeigt. Sein Vater – ein Armeeoffizier – war zwischen 1965 und 1976 in Wünsdorf stationiert, wo sich der Oberkommando der Westgruppe der sowjetischen Streitkräfte in Deutschland befand. Seine Mutter arbeitete als Erzieherin. Schwester Olena kam in Potsdam zur Welt, Andrej aber in der Ukraine, in die die Familie inzwischen zurückgekehrt war.
Doch die Reise nach Deutschland wird für einen der besten Angriffsfußballer der Welt alles andere als ein nostalgischer Familienausflug. Unweit des Hotels, im Stadion Luftschiffhafen, findet vor dem ersten Spiel, dem Gipfeltreffen der Gruppe H, das Training statt. »Wo läuft er denn, der Schewtschenko?« Laufen? Er trabt um den Mittelkreis und fällt nur dadurch auf, daß er im Gegensatz zu den Teamgefährten über dem blauen Shirt noch ein orangefarbenes Leibchen trägt. Wer genauer hinschaut, entdeckt, daß er unterhalb des linken Knies bandagiert ist. Was den Deutschen eine Wade ist, ist den Ukrainern ein linkes Knie. Alles bangt darum. Kommt der Star vom AC Mailand, der genauso wie Ballack für die nächste Saison vom russischen Ölmilliardär Roman Abramowitsch für 65 Millionen Euro zum englischen Meister FC Chelsea gelockt wurde, gegen Spanien zum Einsatz oder nicht? Trainer Oleg Blochin, einst selbst einer der besten Stürmer der Welt, zuckt auf der improvisierten Pressekonferenz mit den Schultern und grummelt vor sich hin: »Natürlich sind wir mit Schewtschenko ein anderes Team. Aber wenn es nicht geht, geht es nicht. Was soll das künstliche Problem um einen Star?«
Der Druck auf Schewtschenko

Tunesien – Saudi-Arabien 2:2: Mit einem Judogriff versucht der Tunesier Chedly sich einen Vorteil gegen Al-Ghambi zu verschaffen.
Unten: Saudi-Arabien – Spanien 0:1: Torwart Ziad ist machtlos gegen den Lauf des Balles.

Tunesia – Saudi Arabia 2:2: The Tunisian Chedly tries to gain advantage versus Al-Ghambi by using a judo hold. Below: Saudi Arabia – Spain 0:1: Keeper Ziad is powerless to stop the ball going past him.

ist riesig, als er vor 43 000 Zuschauern im Leipziger Zentralstadion als Kapitän die Ukraine aufs Feld führt. Ein Land im Umbruch erwartet von seinen Kickern ein Signal zum Besseren, nachdem die Mannschaft zuvor zweimal in den Relegationsspielen gescheitert war – 1997 an Kroatien und 2001 an Deutschland. Diesmal nun, nach 15 Jahren der Selbständigkeit, die Premiere in einer WM-Endrunde.
Doch der heimliche Favorit Ukraine bleibt letztlich so geheim, daß er selbst Auftaktgegner Spanien täuscht. Die ewigen WM-Versager von der Iberischen Halbinsel fertigen die Ukraine spielend leicht mit 4:0 ab. Beim ersten Tor köpft Xabi Alonso ein, beim zweiten fälscht Russol einen Freistoß von Villa unhaltbar für Keeper Schowkowski ab.
Als nach Wiederbeginn Innenverteidiger Waschtschuk am Trikot von Fernando Torres zupft, sieht er dafür die Rote Karte. Villa erhöht auf 3:0, worauf sich die Ukraine endgültig in ihr Schicksal ergibt. Schewtschenko kann sich in diesem Spiel niemals aus den »Klauen« des dynamischen Carles Puyol befreien. Trotzdem läßt ihn Trainer Oleg Blochin auch nach dem deprimierenden 4:0 von Fernando Torres auf dem Platz, obwohl er vom emsigen, aber glücklosen Leverkusener Andrej Woronin klar übertroffen wird. »So hoch habe ich noch nie verloren«, wettert Blochin hinterher wütend und fügt grimmig hinzu: »Für diese Leistung muß ich mich bei allen ukrainischen Fans entschuldigen.«
Neue Motivation holt sich Schewtschenko vor dem zweiten Match gegen Saudi-Arabien mit einem Besuch in Wünsdorf, das schon lange kein »Garnisonsstädtchen« mehr ist. Die Entdeckungsfahrt ist Balsam auf die Wunden, die die harsche Kritik der Heimat geschlagen hat. Was kann die »Sbirna«, wie die ukrainische Nationalmannschaft genannt wird, wirklich? Die Zweifel nach dem 0:4-Desaster werden nach vier personellen Wechseln ausgeräumt. Besonders Maxim Kalinitschenko fällt mit gut getimten Bällen bei Standards auf. Nach dem 1:0 durch Russol und dem 2:0 von Altstar Rebrow legt der lange Blonde von Spartak Moskau für den Volkshelden Andrej Schewtschenko auf: Kopfball zum 3:0, seinem 30. Länderspieltor. Endlich! Der Kapitän revanchiert sich für den Paß und beschert Kalinitschenko nach feinem Solo das Hochgefühl zum 4:0. »Jetzt haben wir eine Chance, ins Achtelfinale zu kommen«, frohlockt er und erweist sich als zuverlässiger Prophet. Ohne im abschließenden Spiel gegen Tunesien zu brillieren, gelingt der Einzug ins Achtelfinale. »Sheva« erzielt den einzigen Treffer, einen Elfmeter.
Schewtschenko, dessen Jahreseinkommen auf neun Millionen Euro geschätzt wird, bleibt der Liebling der Ukrainer. Sein Leben auf dem Armani-Laufsteg wird toleriert, erwartet werden WM-Tore. Dabei setzt die Verbandsführung auf die Erfahrung von Oleg Blochin, der die Nationalmannschaft mit harter Hand erfolgreich durch die Qualifikation führte. Siebenmal ging sein Team als Sieger vom Platz, nur einmal als Verlierer. Seine Leistungen als schneller Linksaußen und Star von Trainer Waleri Lobanowski, mit dem er zweimal den Europapokal

der Pokalsieger gewann, haben zu seiner Aura beigetragen: Legendär seine drei Tore, die er 1975 im europäischen Supercup gegen Bayern München erzielte. Im selben Jahr wurde er Europas »Fußballer des Jahres« und damit einer der Vorgänger von Schewtschenko, dem dieser Titel 2004 verliehen wurde. Blochin hat viel vom legendären Altmeister übernommen, der 2002 an einem Schlaganfall starb. Doch kopieren will er ihn nicht: »Ich bin Blochin und nicht Lobanowski.« Am besten beurteilen kann das wohl Andrej Schewtschenko, der der Musterschüler von beiden war. Was Schewtschenko für die Ukraine darstellt, ist Raúl für die Madrider – eine »Real-Ikone«. Während Blochin zum Auftakt seinen Superstar brachte, verzichtete der knorrige Coach Luis Aragonés auf ihn in der Startformation. »Raúl ist nicht

Spanien – Ukraine 4:0: Die ukrainische Mauer in Erwartung eines Freistoßes von Senna.
Darunter: Die erste Rote Karte der WM-Endrunde gab es für den Ukrainer Waschtschuk.

Spain – Ukraine 4:0: the Ukrainian wall waits for a Senna free-kick.
Below: Vashchuk (Ukraine) gets the first red card of the World Cup final rounds.

Tunesien - Saudi-Arabien 2:2: Eine eigene Art Torjubel demonstrieren die Saudis nach dem 1:1-Ausgleich. Darunter: Spanien – Ukraine 4:0: Villa verwandelt den fälligen Strafstoß zum 3:0.

Tunisia – Saudi Arabia 2:2: the Saudis demonstrate their own special goal fever after the 1:1 draw. Below: Spain – Ukraine 4:0: Villa converts the direct free kick to make it 3:0.

mehr antrittsschnell genug«, argumentierte er. Eine Debatte erledigte sich schnell, weil Spaniens Team gegen die Ukraine auch ohne Raúl bezaubernden Fußball spielt – Luis García und David Villa funktionieren mit dem sensationellen Sprinter Fernando Torres (drei Tore) als kombinatives Offensivtrio exzellent. Aber Raúl, der wegen eines Kreuzbandrisses drei Monate aussetzen mußte und mit Reals Absturz seine Form verlor, zeigt beim vorentscheidenden 3:1 gegen Tunesien seinen Wert. Als Joker leitet er mit dem 1:1 die Wende ein. Ein typisches Tor Marke Raúl. Kein Zaubertor, aber ein wichtiger Treffer – sein 44. im 96. Länderspiel.

Nüchtern betrachtet, paßt Raúl im Achtelfinale gegen Frankreich nicht mehr in die ausbalancierte Formation, in der Keeper Iker Casillas noch auf die große Herausforderung wartet, Xavi vom FC Barcelona der große Antreiber und vorn Fernando Torres seit den Zeiten eines Emilio Butruageno der beste spanische Angreifer ist.

Bleibt die Frage, ob die Spanier, die seit dem im eigenen Lande errungenen EM-Triumph von 1964 keinen Titel mehr gewonnen haben, wieder wie 1986 in Mexiko und 1994 in den USA im Viertelfinale ausscheiden? Der Journalist Javier Caceres schreibt: »Vermutlich gibt es kein Bild, das Spanien bei Weltmeisterschaften treffender charakterisiert als jenes Foto von 1994, auf dem man Mittelfeldspieler Luis Enrique sieht, dem der Italiener Tassotti im 16-m-Raum straffrei mit dem Ellenbogen das Nasenbein zertrümmern durfte. Spanien fuhr, wie stets, mit blutiger Nase nach Hause.«

Und die beiden Außenseiter? Tunesien, der Afrika-Champion von 2004 mit seinem französischen Coach Roger Lemerre, ist weit vom Leistungsniveau beim Confederations Cup entfernt. Besonders in der Offensive macht sich das verletzungsbedingte Fehlen des eingebürgerten brasilianischen Torjägers Silva dos Santos bemerkbar. Die erste Chance verspielen die Nordafrikaner mit einem 2:2 gegen Saudi-Arabien. Die letzte verpaßt der zaudernde Coach gegen die Ukraine mit zu späten Einwechslungen. So bleibt in der WM-Chronik von Tunesien der erste Sieg von 1978 in Rosario gegen Mexiko weiter der einzige. Was war das für ein Team von Einzelkönnern? Damals erlebte ich einen Dhiab Tarak, der wie Xavi das Spiel kunstvoll lenken konnte. Es war einmal.

Und Saudi-Arabien? Auch der Angreifer mit Heldenstatus, der 33jährige Sami Al-Jaber, kann als Joker beim 2:2 gegen Tunesien nicht mehr als einen winzigen Punkt retten. Schwacher Trost: Ein demoralisierendes 0:8 wie vor vier Jahren gegen Deutschland kann verhindert werden. So bleibt der Einzug von 1994 ins Achtelfinale als goldenes Kapitel, als Saeed Owairan mit einem »Maradona-Solo« die Belgier erledigte. ■

Summary

Tabelle Gruppe H

Spanien	3	3	0	0	8:1	9
Ukraine	3	2	0	1	5:4	6
Tunesien	3	0	1	2	3:6	1
Saudi-Arabien	3	0	1	2	2:7	1

Spanien brach mit seiner Tradition, bei internationalen Championaten meist zu enttäuschen. Die Mannschaft erzielte in zwei Spielen bereits sieben Tore und führte die Gruppe souverän an. Das vor allem auf Kosten des heimlichen Favoriten Ukraine, der 0:4 unterlag. Die Ukraine, nach diesem ersten Spiel mit dem Rücken zur Wand, verbesserte ihr miserables Torverhältnis mit einem 4:0 gegen Saudi-Arabien. Im entscheidenden Spiel gegen Tunesien setzten sich die körperlich robusteren Kicker von Trainer Oleg Blochin dann noch knapp mit 1:0 durch. Außenseiter Saudi-Arabien war in der Spielkultur durchaus wettbewerbsfähig, aber zu ungleichmäßig besetzt, um in die Entscheidung eingreifen zu können.

Spain broke with her tradition of mostly disappointing at international championships. The team scored seven goals in the first two games and led the group easily. That was largely at the expense of Ukraine, the World Cup's black horse, who went down 4:0. The Ukrainians, with their backs to the wall after that first game, improved their miserable goal difference with a 4:0 win versus Saudi Arabia. In the decider against Tunisia Oleg Blochin's physically more powerful players managed a 1:0 win. Outsiders Saudi Arabia were competitive as far as skill went, but too uneven in quality to be incisive in the crucial moments.

Spanien – Ukraine 4:0 (2:0) Leipzig, 14. Juni, 15 Uhr

Spanien: *Casillas; Ramos, Ibañez, Puyol, Pernía; Senna, Xabi (55. Albelda), Xavi; García (77. Fabregas), Villa (55. Raúl), Torres*
Ukraine: *Schowkowski; Jeserski, Russol, Waschtschuk (47. Rot), Nesmatschni; Gussew (46. Worobjew), Timoschtschuk, Gusin (46. Schelajew), Rotan (64. Rebrow); Woronin, Schewtschenko*
Tore: *1:0 Xabi (13.), 2:0 Villa (17.), 3:0 Villa (48. Foulelfmeter), 4:0 Torres (81.)*
Schiedsrichter: *Busacca (SUI),* **Assistenten:** *Buragina, Arnet (beide SUI)*
Zuschauer: *43 000 (ausverkauft)*

Tunesien – Saudi-Arabien 2:2 (1:0) München, 14. Juni, 18 Uhr

Tunesien: *Boumnijel; Trabelsi, Jaïdi, Haggui, Jemmali; Mnari, Chedly (69. Ghodhbane); Bouazizi (55. Nafti), Namouchi, Chikhaoui (82. Essediri); Jaziri*
Saudi-Arabien: *Zaid; Dokhi, Tukar, Al-Montashari, Sulimani; Al-Ghambi, Aziz, Khariri, Noor, Al-Temyat (67. Al-Hawsawi); Al-Kahtani (82. Al-Jaber)*
Tore: *1:0 Jaziri (23.), 1:1 Al-Kahtani (57.), 1:2 Al-Jaber (84.), 2:2 Jaïdi (90.+2)*
Schiedsrichter: *Shield (AUS),* **Assistenten:** *Gibson, Wilson (beide AUS)*
Zuschauer: *66 000 (ausverkauft)*

Saudi-Arabien – Ukraine 0:4 (0:2) Hamburg, 19. Juni, 18 Uhr

Saudi-Arabien: *Zaid; Dokhi (55. Al-Khathran), Tukar, Al-Montashari, Sulimani; Al-Ghambi, Aziz, Khariri; Noor (77. Al-Jaber), Ameen (55. Al-Hawsawi); Al-Kahtani*
Ukraine: *Schowkowski; Swiderski, Russol, Nesmatschni; Gussew, Kalinitschenko, Timoschtschuk, Schelajew; Rebrow (71. Rotan); Woronin (79. Gusin), Schewtschenko (86. Milewski)*
Tore: *0:1 Russol (4.), 0:2 Rebrow (36.), 0:3 Schewtschenko (46.), 0:4 Kalinitschenko (84.)*
Schiedsrichter: *Poll (ENG),* **Assistenten:** *Sharp, Turner (beide ENG)*
Zuschauer: *50 000 ausverkauft*

Spanien – Tunesien 3:1 (0:1) Stuttgart, 19. Juni, 21 Uhr

Spanien: *Casillas; Ramos, Ibañez, Puyol, Pernía; Senna (46. Fabregas), Xabi, Xavi; García (46. Raúl), Torres, Villa (57. Joaquin)*
Tunesien: *Boumnijel; Trabelsi, Jaïdi, Haggui, Ayari (57. Yahia); Namouchi, Mnari, Nafti, Buoazizi (57. Ghodhbane), Chedly (80. Guemamdia); Jaziri*
Tore: *0:1 Mnari (8.), 1:1 Raúl (71.), 2:1 Torres (76.), 3:1 Torres (90.+1 Foulelfmeter)*
Schiedsrichter: *Simon (BRA),* **Assistenten:** *Tavares, Corona (beide BRA)*
Zuschauer: *52 000 (ausverkauft)*

Ukraine – Tunesien 1:0 (0:0) Berlin, 23. Juni, 16 Uhr

Ukraine: *Schowkowski; Swiderski, Russol, Nesmatschni; Gussew, Rebrow (55. Worobjew), Timoschtschuk, Schelajew, Kalinitschenko (75. Gusin); Schewtschenko (88. Milewski), Woronin*
Tunesien: *Boumnijel; Trabelsi, Jaïdi, Haggui, Ayari; Namouchi, Nafti (90.+1 Ghodhbane), Mnari, Chedli (79. dos Santos), Bouazizi (79. Ben Saada); Jaziri (45.+1 Gelb-Rot).*
Tor: *1:0 Schewtschenko (70. Foulelfmeter)*
Schiedsrichter: *Amarilla (PAR),* **Assistenten:** *Andino (MEX), Bernal (PAR)*
Zuschauer: *72 000 (ausverkauft).*

Saudi-Arabien – Spanien 0:1 (0:1) Kaiserslautern, 23. Juni, 16 Uhr

Saudi-Arabien: *Zaid; Dokhi, Sulimani (81. Massad), Al-Montashari, Tukar; Khariri, Al-Khathran, Aziz (13. Al-Temyat). Noor; Al-Harthi; Al-Jaber (68. Al-Hawsawi)*
Spanien: *Cañizares; Salgado, Juanito, Marchena, López; Albelda, Iniesta, Fabregas (66. Xavi); Joaquin, Raúl (46. Villa), Reyes (70. Torres)*
Tor: *0:1 Juanito (36.)*
Schiedsrichter: *Codjia (BEN),* **Assistenten:** *Ntagungira (RWA), Aderodjou (BEN)*
Zuschauer: *46 000 (ausverkauft)*

»Fan-Meile« am Brandenburger Tor
»Fan-mile« at the Brandenburg Gate.

Die 32 Endrundenteilnehmer

The 32 Final Teams

Neben dem automatisch qualifizierten Gastgeber Deutschland stellte Europa 13 Teilnehmer, die sich aus den acht Gruppensiegern, den zwei besten Zweiten und drei weiteren Zweitplazierten rekrutierten, die in Play-offs ermittelt wurden. Weiterhin qualifizierten sich die ersten vier der Südamerikagruppe, die Sieger der fünf Afrikagruppen, die ersten drei des CONCACAF-Finales, die beiden Erstplazierten der zwei Asien-Finalgruppen, der Viertplazierte der CONCACAF-Gruppe, der das Play-off-Duell gegen den besten Drittplazierten aus Asien gewann, sowie der Sieger der Ozeaniengruppe, der sich gegen das fünftplazierte Südamerika-Team durchsetzte.

Besides the host nation, Germany, which had automatic qualification, Europe provided a further 13 participant teams, made up of the eight group winners, the two best second-placed teams, and three more second-placed teams selected by play-off. In addition the qualifiers included the four best South American teams, the winners of the five African groups, the top three from the finals of the CONCACAF group, the top two from the two Asian final groups, the fourth-placed team in the CONCACAF group (which had won the play-off versus the best third-placed team from Asia), and the winner of the Oceania group, which had defeated the fifth-placed South American team.

Deutschland

16. Teilnahme an der WM-Endrunde (1934, 1950, 1954, 1958, 1962, 1966, 1970, 1974, 1978, 1982, 1986, 1990, 1994, 1998, 2002)

Deutschland vor dem Spiel gegen Polen. Unten von links Schneider, Frings, Lahm, Podolski, Schweinsteiger; oben Klose, Metzelder, Lehmann, Friedrich, Mertesacker, Ballack.

Tor:

1 Jens Lehmann (36), FC Arsenal, 30/0*
12 Oliver Kahn (37), Bayern München, 85/0
23 Timo Hildebrand, (27), VfB Stuttgart, 3/0

Abwehr:

2 Marcell Jansen (20), Borussia Mönchengladbach, 5/0
3 Arne Friedrich (27), Hertha BSC, 35/0
4 Robert Huth (21), FC Chelsea, 16/2
6 Jens Nowotny (32), Bayer Leverkusen, 45/1
16 Philipp Lahm (22), Bayern München, 17/1
17 Per Mertesacker (22), Hannover 96, 21/1
21 Christoph Metzelder (25), Borussia Dortmund, 20/0

Mittelfeld:

5 Sebastian Kehl (26), Borussia Dortmund, 26/3
7 Bastian Schweinsteiger (21), Bayern München, 26/5
8 Torsten Frings (29), Werder Bremen, 50/7
13 Michael Ballack (29), Bayern München, 63/30
15 Thomas Hitzlsperger (24), VfB Stuttgart, 14/0
18 Tim Borowski (26), Werder Bremen, 18/1
19 Bernd Schneider (32), Bayer Leverkusen, 62/1
22 David Odonkor (22), Borussia Dortmund, 0/0

Angriff:

9 Mike Hanke (22), VfL Wolfsburg, 6/1
10 Oliver Neuville (33), Borussia Mönchengladbach, 53/8
11 Miroslav Klose (28), Werder Bremen, 53/23
14 Gerald Asamoah (27), FC Schalke 04, 39/6
20 Lukas Podolski (21), 1. FC Köln 32/12

Trainer:

Jürgen Klinsmann (41)

* Anzahl der Länderspiele/Anzahl der erzielten Tore (Stand jeweils vor WM-Beginn)

Polen

7. Teilnahme an einer WM-Endrunde (1938, 1974, 1978, 1982, 1986, 2002)

Polen vor dem Spiel gegen Ekuador. Unten von links Baszczyński, Żurawski, Szymkowiak, Żewłakow, Smolarek, Radomski; oben Jop, Krzynówek, Sobolewski, Boruc, Bąk.

Tor:

1 Artur Boruc (26) Celtic Glasgow, 15/0
12 Tomasz Kuszczak (24), West Bromwich Albion, 3/0
22 Łukasz Fabiański, (21) Legia Warschau, 2/0

Abwehr:

2 Mariusz Jop (27), FK Moskau, 10/0
3 Seweryn Gancarczyk (24), Metalist Charkow, 2/0
4 Marcin Baszczyński (29), Wisła Krakow, 30/1
6 Jacek Bąk (33), Al-Rayyan SC (QAT), 70/2
14 Michał Żewłakow (30), RSC Anderlecht, 54/1
17 Dariusz Dudka (22), Wisła Krakow, 6/0
18 Mariusz Lewandowski (27), Schachtjor Donezk, 24/1

Mittelfeld:

5 Kamil Kosowski (28), FC Southampton, 43/4
7 Radosław Sobolewski (29), Wisła Krakow, 17/1
8 Jacek Krzynówek (30), Bayer Leverkusen, 56/9
10 Mirosław Szymkowiak (29), Trabzonspor, 27/3
13 Sebastian Mila (23), Austria Wien, 26/6
15 Euzebiusz Smolarek (25), Borussia Dortmund, 11/3
16 Arkadiusz Radomski (28), Austria Wien, 18/0
19 Bartosz Bosacki (29), Łech Poznan, 10/0
20 Piotr Giza (26), Cracovia Krakow, 4/0

Angriff:

9 Maciej Żurawski (29), Celtic Glasgow, 48/15
11 Grzegorz Rasiak (27), FC Southampton. 28/8
21 Ireneusz Jelen (25), Wisła Plock, 7/1
23 Paweł Brożek (23), Wisła Krakow, 3/1

Trainer:

Paweł Janas (53)

Ekuador

■ 2. Teilnahme an einer WM-Endrunde (2002)

Ekuador vor dem Spiel gegen Polen. Unten von links Delgado, Reasco, Méndez, Valencia, Castillo, De La Cruz; oben Espinoza, Hurtado, Mora, C. Tenorio, E. Tenorio.

Tor:

1 *Edwin Villafuerte (27), Deportivo Quito, 14/0*
12 *Cristian Mora (26), LDU Quito, 7/0*
22 *Damian Lanza (24), SD Aucas, 5/0*

Abwehr:

2 *Jorge Guagua (24), El Nacional Quito, 16/1*
3 *Iván Hurtado (31), Al-Arabi SC (QAT), 128/5*
4 *Ulises De La Cruz (32), Aston Villa, 83/5*
5 *José Perlaza (24), CD Olmedo, 4/0*
13 *Paul Ambrosi (25), LDU Quito, 26/6*
17 *Giovanny Espinoza (29), LDU Quito, 6/0*
18 *Neicer Reasco (28), LDU Quito, 29/0*

Mittelfeld:

6 *Patricio Urrutia (28), LDU Quito, 4/0*
7 *Christian Lara (26), El Nacional Quito, 18/3*
8 *Edison Méndez (27), LDU Quito, 62/10*
14 *Segundo Castillo (23), El Nacional Quito, 9/0*
15 *Marlon Ayoví (34), Deportivo Quito, 73/5*
16 *Luís Valencia (20), Recreativo Huelva (ESP), 15/3*
19 *Luís Saritama (22), Deportivo Quito, 14/0*
20 *Edwin Tenorio (29), Barcelona Guayaquil, 67/0*

Angriff:

9 *Felix Borja (23), El Nacional Quito, 5/2*
10 *Iván Kaviedes (28), Argentinos Juniors (ARG), 42/13*
11 *Agustín Delgado (31), LDU Quito, 67/29*
21 *Carlos Tenorio (27), Al-Sadd SC (QAT), 28/4*
23 *Cristian Benitez (20), El Nacional Quito, 4/0*

Trainer:

Luis Fernando Suárez (46)

Costa Rica

■ 3. Teilnahme an einer WM-Endrunde (1990, 2002)

Costa Rica vor dem Spiel gegen Deutschland. Unten von links Martínez, Umaña, Fonseca, W. Centeno; oben Porras, Sequeiro, Wanchope, González, Solís, Marín, Gómez.

Tor:

1 *Alvaro Mesén (33), CS Herediano, 37/0*
18 *José Francisco Porras (35), Deportivo Saprissa, 16/0*
23 *Wardy Alfaro (28), Deportivo Alajuelense, 1/0*

Abwehr:

2 *Jervis Drummond (29), Deportivo Saprissa, 54/1*
3 *Luis Marín (31), Deportivo Alajuelense, 118/5*
4 *Michael Umaña (23), FC Brujas, 16/0*
5 *Gilberto Martínez (26), Brescia Calcio, 56/0*
12 *Leonardo González (26), CS Herediano, 35/0*
15 *Harold Wallace (30), Deportivo Alajuelense, 77/1*
17 *Gabriel Badilla (21), Deportivo Saprissa, 5/0*
22 *Michael Rodríguez (24), Deportivo Alajuelense, 2/0*

Mittelfeld:

6 *Danny Fonseca (26), CS Cartaginés, 20/2*
7 *Cristián Bolaños Navarro (22), Deportivo Saprissa, 14/1*
8 *Mauricio Solís (33), CSD Comunicaciones (GUA), 106/6*
10 *Walter Centeno (31), Deportivo Saprissa, 91/15*
14 *Randall Azofeifa (21), Deportivo Saprissa, 4/0*
16 *Carlos Hernández (24), Deportivo Alajuelense, 16/6*
20 *Douglas Sequeiro (28), Real Salt Lake, 27/2*

Angriff:

9 *Paulo César Wanchope (29), CS Herediano, 67/43*
11 *Ronald Gómez (31), Deportivo Saprissa, 78/23*
13 *Kurt Bernard (28), FC Puntarenas, 2/0*
19 *Álvaro Saborío (24), Deportivo Saprissa, 22/7*
21 *Victor Nuñez (26), CS Cartaginés, 2/0*

Trainer:

Alexandre Borges Guimaraes (46)

England

12. Teilnahme an der WM-Endrunde (1950, 1954, 1958, 1962, 1966, 1970, 1982, 1986, 1990, 1998, 2002)

England vor dem ersten Spiel. Unten von links J. Cole, Beckham, Neville, A. Cole, Owen; oben Robinson, Terry, Ferdinand, Gerrard, Crouch, Lampard.

Tor:

1 Paul Robinson (24), Tottenham Hotspur, 19/0
13 David James (35), Manchester City, 33/0
22 Scott Carson (20), FC Liverpool, 0/0

Abwehr:

2 Gary Neville (31), Manchester United, 78/0
3 Ashley Cole (25), FC Arsenal, 44/0
5 Rio Ferdinand (27), Manchester United, 22/0
6 John Terry (25), FC Chelsea, 45/1
12 Sol Campbell (29), FC Arsenal, 66/1
14 Wayne Bridge (25), FC Fulham, 22/1
15 Jamie Carragher (28), FC Liverpool, 23/0

Mittelfeld:

4 Steven Gerrard (26), FC Liverpool, 40/6
7 David Beckham (31), Real Madrid, 87/16
8 Frank Lampard (27), FC Chelsea, 38/10
11 Joe Cole (24), FC Chelsea, 30/5
16 Owen Hargreaves (25), Bayern München, 29/0
17 Jermaine Jenas (23), Tottenham Hotspur, 15/0
18 Michael Carrick (24), Tottenham Hotspur, 5/0
19 Aaron Lennon (19), Tottenham Hotspur, 0/0
20 Stewart Downing (19), FC Middlesbrough, 1/0

Angriff:

9 Wayne Rooney (20), Manchester United, 29/11
10 Michael Owen (26), Newcastle United, 75/35
21 Peter Crouch (25), FC Liverpool, 5/1
23 Theo Walcott (17), FC Arsenal, 0/0

Trainer:

Sven-Göran Eriksson (58)

Schweden

11. Teilnahme an der WM-Endrunde (1934, 1938, 1950, 1958, 1970, 1974, 1978, 1990, 1994, 2002)

Schweden vor dem ersten Spiel. Unten von links Svensson, Ljungberg, Wilhelmsson, Linderoth, Edman; oben Larsson, Ibrahimovic, Mellberg, Shaaban, Alexandersson, Lucic.

Tor:

1 Andreas Isaksson (24), Stade Rennes, 38/0
12 John Alvbåge (23), Viborg FF (DEN), 1/0
23 Rami Shaaban (30), Fredrikstad FK (NOR), 0/0

Abwehr:

2 Mikael Nilsson (27), Panathinaikos Athen, 25/3
3 Olof Mellberg (28), Aston Villa, 62/2
4 Teddy Lucic (33), BK Häcken, 80/0
5 Erik Edman (27), Stade Rennes, 35/1
13 Petter Hansson (29), SC Heerenveen, 12/0
14 Fredrik Stenman (23), Bayer Leverkusen, 0/0
15 Karl Svensson (22), IFK Göteborg, 1/0

Mittelfeld:

6 Tobias Linderoth (27), FC Kopenhagen, 56/1
7 Niclas Alexandersson (34), IFK Göteborg, 85/7
8 Anders Svensson (29), IF Elfsborg Boras, 65/13
9 Fredrik Ljungberg (29), FC Arsenal, 56/12
16 Kim Källström (23), Stade Rennes, 32/4
19 Daniel Andersson (28), Malmö FF, 46/0
21 Christian Wilhelmsson (26), RSC Anderlecht, 27/2

Angriff:

10 Zlatan Ibrahimovic (24), Juventus Turin, 37/18
11 Henrik Larsson (34), FC Barcelona, 88/34
17 Johan Elmander (25), Brøndby Kopenhagen, 17/7
18 Mattias Jonson (32), Djurgården Stockholm, 52/9
20 Marcus Allbäck (32), FC Kopenhagen, 55/23
22 Markus Rosenberg (23), Ajax Amsterdam, 7/3

Trainer:

Lars Lagerbäck (57)

Paraguay

■ *7. Teilnahme an der WM-Endrunde (1930, 1950, 1958, 1986, 1998, 2002)*

Paraguay vor dem ersten Spiel. Unten von links Valdez, Caniza, Acuña, Riveros, Bonet; oben Paredes, Villar, Cáceres, Gamarra, Santa Cruz, Toledo.

Tor:

1 *Justo Villar (28), Newell's Old Boys (ARG), 37/0*
12 *Derlis Gómez (33), Sportivo Luqueño, 4/0*
22 *Aldo Bobadilla (30), Libertad Asunción, 5/0*

Abwehr:

2 *Jorge Núñez (28), Estudiantes de La Plata, 13/1*
3 *Delio Toledo (30), Real Saragossa, 28/4*
4 *Carlos Gamarra (35), Palmeiras Sao Paulo, 104/11*
5 *Julio César Cáceres (26), River Plate, 30/2*
14 *Paulo Da Silva (26), Deportivo Toluca, 31/0*
15 *Julio Manzur (25), FC Santos, 11/0*
21 *Denis Caniza (31), CD Cruz Azul (MEX), 72/1*

Mittelfeld:

6 *Carlos Bonet (28), Libertad Asunción, 26/1*
7 *Salvador Cabañas (25), Jaguares de Chiapas (MEX), 13/1*
8 *Edgar Barreto (21), NEC Nijmegen, 13/0*
10 *Roberto Acuña (34), Deportivo La Coruña, 90/5*
11 *Diego Gavilán (26), Newell's Old Boys (ARG), 38/0*
13 *Carlos Paredes (29), Reggina Calcio, 66/10*
16 *Cristian Riveros (23), Libertad Asunción, 6/0*
17 *José Montiel (18), Olimpia Asunción, 5/0*
19 *Julio Dos Santos (23), Bayern München, 14/5*

Angriff:

9 *Roque Santa Cruz (24), Bayern München, 42/13*
18 *Nelson Haedo Valdez (22), Werder Bremen, 9/2*
20 *Dante López (22), Genua, 8/3*
23 *Nelson Cuevas (26), Atlético Pachuca (MEX), 32/5*

Trainer:

Anibal Ruiz (64)

Trinidad & Tobago

■ *1. Teilnahme an der WM-Endrunde*

Trinidad & Tobago vor dem ersten Spiel. Unten von links Samuel, Edwards, Birchall, Gray, Theobald, S. John; oben Yorke, Sancho, Hislop, A. John, Lawrence.

Tor:

1 *Shaka Hislop (37), West Ham United, 23/0*
21 *Kelvin Jack (30), FC Dundee, 30/0*
22 *Clayton Ince (33), Coventry City, 63/0*

Abwehr:

2 *Ian Cox (35), FC Gillingham, 16/0*
3 *Avery John (30), New England Revolution (USA), 54/0*
4 *Marvin Andrews (30), Glasgow Rangers, 96/10*
5 *Brent Sancho (28), FC Gillingham, 39/0*
6 *Dennis Lawrence (31), FC Wrexham, 60/4*
8 *Cyd Gray (29), San Juan Jabloteh, 36/1*
17 *Atiba Charles (28), W Connection, 18/0*

Mittelfeld:

7 *Christopher Birchall (22), FC Port Vale, 16/2*
9 *Aurtis Whitley (29), San Juan Jabloteh, 21/1*
11 *Carlos Edwards (33), Luton Town, 48/1*
16 *Evans Wise (32), SV Waldhof Mannheim, 17/1*
18 *Densill Theobald (23), FC Falkirk (SCO), 35/1*
23 *Anthony Wolfe (22), San Juan Jabloteh, 3/0*

Angriff:

10 *Russell Latapy (37), FC Falkirk (SCO), 65/28*
12 *Collin Samuel (24), Dundee United, 16/3*
13 *Cornell Glen (24), Los Angeles Galaxy, 35/11*
14 *Stern John (29), Coventry City, 92/64*
15 *Kenwyne Jones (21), FC Southampton, 27/2*
19 *Dwight Yorke (34), FC Sydney, 51/15*
20 *Jason Scotland (27), FC St. Johnstone (SCO), 24/5*

Trainer:

Leo Beenhakker (63)

Argentinien

■ 14. Teilnahme an der WM-Endrunde (1930, 1934, 1958, 1962, 1966, 1974, 1978, 1982, 1986, 1990, 1994, 1998, 2002)

Die Mannschaft Argentiniens vor dem Spiel gegen Elfenbeinküste. Unten von links Saviola, Rodriguez, Cambiasso, Crespo, Mascherano; oben Sorin, Heinze, Abbondanzieri, Burdisso, Riquelme, Ayala.

Tor:

1 Roberto Abbondanzieri (33), Boca Juniors, 21/0
12 Leonardo Franco (29), Atlético Madrid, 3/0
23 Oscar Ustari (19), Independiente, 0/0

Abwehr:

2 Roberto Ayala (33), FC Valencia, 99/6
3 Juan Pablo Sorin (30), FC Villarreal,70/10;
4 Fabricio Coloccini (24), Deportivo La Coruña, 23/1
6 Gabriel Heinze (28), Manchester United, 28/1
15 Gabriel Milito (25), Real Saragossa, 14/0
17 Leandro Cufré (28), AS Rom, 2/0
21 Nicolás Burdisso (25), Inter Mailand, 7/0

Mittelfeld:

5 Esteban »Cuchu« Cambiasso (25), Inter Mailand, 21/1
8 Javier Mascherano (22), Corinthians Sao Paulo, 14/0
10 Juan Román Riquelme (27), FC Villarreal, 30/8
13 Lionel Scaloni (28), West Ham United, 5/0
16 Pablo Aimar (26), FC Valencia, 39/7
18 Maxi Rodríguez (25), Atlético Madrid, 12/1
22 Luis »Ludo« González (25), FC Porto, 27/5

Angriff:

7 Javier »El Conejo« Saviola (24), FC Sevilla, 30/9
9 Hernán Crespo (30), FC Chelsea, 54/29
11 Carlos Tévez (22), Corinthians Sao Paulo, 20/3
14 Rodrigo Palacio (24), Boca Juniors, 2/0
19 Lionel Messi (18), FC Barcelona, 6/1
20 Julio Cruz (31), Inter Mailand, 15/3

Trainer:

José Pekerman (56)

Niederlande

■ 8. Teilnahme an der WM-Endrunde (1934, 1938, 1974, 1978, 1990, 1994, 1998)

Die Mannschaft der Niederlande vor dem Spiel gegen Serbien-Montenegro. Unten von links van Bronckhorst, Sneijder, van Bommel, Robben, Cocu; oben van Persie, van der Sar, van Nistelrooy, Heitinga, Mathijsen, Ooijer.

Tor:

1 Edwin van der Sar (35), Manchester United, 107/0
22 Henk Timmer (34), AZ Alkmaar, 1/0
23 Maarten Stekelenburg (23), Ajax Amsterdam, 1/0

Abwehr:

2 Kew Jaliens (27), AZ Alkmaar, 1/0
3 Khalid Boulahrouz (24), Hamburger SV, 10/0
4 Joris Mathijsen (26), AZ Alkmaar, 6/0
5 Giovanni van Bronckhorst (31), FC Barcelona, 55/3
12 Jan Kromkamp (25), FC Liverpool, 8/0
13 André Ooijer (31), PSV Eindhoven, 17/2
14 John Heitinga (22), Ajax Amsterdam, 16/1
15 Tim de Cler (27), AZ Alkmaar, 2/0

Mittelfeld:

6 Denny Landzaat (30), AZ Alkmaar, 20/1
8 Phillip Cocu (35), PSV Eindhoven, 95/10
10 Rafael van der Vaart (23), Hamburger SV, 35/6
16 Hedwiges Maduro (21), Ajax Amsterdam, 9/0
18 Mark van Bommel (29), FC Barcelona, 35/7
20 Wesley Sneijder (22), Ajax Amsterdam, 20/5

Angriff:

7 Dirk Kuyt (25), Feyenoord Rotterdam, 16/4
9 Ruud van Nistelrooy (29), Manchester United, 49/25
11 Arjen Robben (22), FC Chelsea, 18/6
17 Robin van Persie (23), FC Arsenal, 7/1
19 Jan Vennegoor of Hesslink (27), PSV Eindhoven, 6/0
21 Ryan Babel (19), Ajax Amsterdam, 4/2

Trainer:

Marco van Basten (41)

Serbien-Montenegro

10. Teilnahme an der WM-Endrunde (1930, 1950, 1954, 1958, 1962, 1974, 1982, 1990, 1998)

Die Mannschaft von Serbien-Montenegro vor dem Spiel gegen die Niederlande. Unten von links Stanković, N. Djordjević, Kežman, Nadj, Duljaj; oben Gavrančić, Dragutinović, Jevrić, Krstajic, Milošević, P. Djordjević.

Tor:

1 Dragoslav Jevrić (31), BB Ankaraspor, 39/0
12 Oliver Kovačević (31), ZSKA Sofia, 3/0
23 Vladimir Stojković (22), Roter Stern Belgrad, 0/0

Abwehr:

3 Ivica Dragutinović (30), FC Sevilla, 25/0
5 Nemanja Vidić (24), Manchester United, 19/1
6 Goran Gavrančić (27), Dynamo Kiew, 24/0
13 Dušan Basta (21), Roter Stern Belgrad, 2/0
14 Nenad Djordjević (26), Partizan Belgrad, 15/1
15 Milan Dudić (26), Roter Stern Belgrad, 11/0
16 Dušan Petković (31), OFK Belgrad, 12/0
20 Mladen Krstajić (32), FC Schalke 04, 44/2

Mittelfeld:

2 Ivan Ergić (25), FC Basel, 0/0
4 Igor Duljaj (26), Schachtjor Donezk, 36/2
7 Ognjen Koroman (27), FC Portsmouth, 24/1
10 Dejan Stanković (27), Inter Mailand, 57/10
11 Predrag Djordjević (33), Olympiakos Piräus, 33/1
17 Albert Nadj (31), Partizan Belgrad, 41/3
18 Zvonimir Vukić (26), Partizan Belgrad, 25/6
22 Saša Ilić (28), Galatasaray Istanbul, 31/5

Angriff:

8 Mateja Kežman (26), Atletico Madrid, 46/17
9 Savo Milošević (32), CA Osasuna, 97/35
19 Nikola Žigić (25), Roter Stern Belgrad, 10/3
21 Danijel Ljuboja (27), VfB Stuttgart, 14/1

Trainer:

Ilija Petković (60)

Elfenbeinküste

1. Teilnahme an der WM-Endrunde

Die Mannschaft der Elfenbeinküste vor dem Spiel gegen Argentinien. Unten von links Eboué, Zokora, Drogba, Boka, Keita; oben Kalou, Akale, Y. Touré, Méité, K. Touré, Tizié.

Tor:

1 Jean-Jacques Tizié (33), Espérance Tunis, 70/10
16 Gérard Gnanhouan (27), HSC Montpellier, 6/0
23 Boubacar Barry (26), SK Beveren, 5/0

Abwehr:

3 Arthur Boka (23), RC Strasbourg, 20/1
4 Kolo Touré (25), FC Arsenal, 40/1
6 Blaise Kouassi (31), ES Troyes AC (FRA), 34/0
12 Abdoulaye Méité (25), Olympique Marseille, 15/0;
13 Marc Zoro (22), FC Messina, 12/0
17 Cyril Domoraud (34), US Créteil (FRA), 48/0
21 Emmanuel Eboué (23), FC Arsenal, 9/0

Mittelfeld:

2 Kanga Akalé (25), AJ Auxerre, 20/2
5 Didier Zokora (25), AS St. Etienne, 35/0
7 Emerse Fae (22), FC Nantes, 11/0
10 Gilles Yapi Yapo (24), Young Boys Bern, 24/2
19 Yaya Touré (23), Olympiakos Piräus, 11/2
20 Guy Demel (24), Hamburger SV, 6/0
22 N´Dri Romaric (23), UC Le Mans, 6/0

Angriff:

8 Bonaventure Kalou (28), Paris St. Germain, 46/11
9 Arouna Koné (22), PSV Eindhoven, 15/2
11 Didier Drogba (28), FC Chelsea, 29/21
14 Bakary Koné (24), OGC Nizza, 13/3
15 Aruna Dindane (25), RC Lens, 32/10
18 Kader Keita (24), OSC Lille, 23/6

Trainer:

Henri Michel (58)

Portugal

4. Teilnahme an der WM-Endrunde (1966, 1986, 2002)

Die Mannschaft Portugals vor dem Spiel gegen Angola. Unten von links Figo, Petit, Simão,Tiago, Miguel; oben Pereira, Pauleta, Valente, Meira, Carvalho, Ronaldo.

Tor:

1 Ricardo Pereira (30), Sporting Lissabon, 47/0
12 Quim (30), Benfica Lissabon, 24/0
22 Paulo Santos (33), SC Braga, 1/0

Abwehr:

2 Paulo Ferreira (27), FC Chelsea, 29/0
3 Marco Caneira (27), Sporting Lissabon, 13/0
4 Ricardo Costa (25), FC Porto, 2/0
5 Fernando Meira (28), VfB Stuttgart, 28/2
13 Miguel (26), FC Valencia, 26/1
14 Nuno Valente (31), FC Everton, 22/1
16 Ricardo Carvalho (28), FC Chelsea, 22/1

Mittelfeld:

6 Costinha (31), Dynamo Moskau, 42/2
8 Petit (29), Benfica Lissabon, 34/3
10 Hugo Viana (23), FC Valencia, 19/1
18 Maniche (28), FC Chelsea, 29/3
19 Tiago (25), Olympique Lyon, 20/0
20 Deco (28), FC Barcelona, 33/2

Angriff:

7 Luís Figo (33), Inter Mailand, 118/31
9 Pedro Pauleta (33), Paris St. Germain, 80/43
11 Simão Sabrosa (26), Benfica Lissabon, 41/7
15 Luís Boa Morte (28), FC Fulham, 24/1
17 Cristiano Ronaldo (21), Manchester United, 30/11
21 Nuno Gomes (29), Benfica Lissabon, 53/23
23 Hélder Postiga (23), AS St. Etienne, 22/9

Trainer:

Luiz Felipe Scolari (57)

Mexiko

13. Teilnahme an der WM-Endrunde (1930, 1950, 1954, 1958, 1962, 1966, 1970, 1978, 1986, 1994, 1998, 2002)

Die Mannschaft Mexikos vor dem Spiel gegen Iran. Unten von links Franco, Méndez, Salcido, Bravo, Pineda, Borgetti; oben Sánchez, Torrado, Osorio, Márquez, Pardo.

Tor:

1 Oswaldo Javier Sánchez (32), Deportivo Guadalajara, 68/0
12 José de Jesús Corona (25), UA Guadalajara, 6/0
13 Francesco Guillermo Ochoa (20), CF América, 1/0

Abwehr:

2 Claudio Suárez (37), CD Chivas (USA), 176/6
3 Carlos Salcido (26), Deportivo Guadalajara, 30/2
4 Rafael Márquez (27), FC Barcelona, 63/7
5 Ricardo Osorio (26), CD Cruz Azul, 54/2
14 Gonzálo Pineda (23), Deportivo Guadalajara, 28/1
15 José Antonio Castro (25), CF América, 10/0
16 Mario Méndez (27), CF Monterrey, 32/0
18 Andres Guardado (19), Atlas Guadalajara, 7/0
22 Francisco Rodríguez (24), Deportivo Guadalajara, 31/1

Mittelfeld:

6 Gerardo Torrado (27), CD Cruz Azul, 54/2
7 Antonio Naelson Matías »Sinha« (30), Deportivo Toluca, 30/4
8 Pavel Pardo (29), CF América, 123/5
20 Rafael García (31), Atlas Guadalajara, 51/3
23 Luis Pérez (25), CF Monterrey, 51/8

Angriff:

9 Jared Borgetti (32), Bolton Wanderers, 73/37
10 Guillermo Franco (29), FC Villarreal, 5/2
11 Ramón Morales (30), Deportivo Guadalajara, 44/5
17 José Francisco Fonseca (26), CD Cruz Azul, 28/19
19 Omar Bravo (26), Deportivo Guadalajara, 31/7
21 Jesús Arellano (33), CF Monterrey, 67/7

Trainer:

Ricardo Antonio La Volpe (54)

Angola

■ 1. Teilnahme an der WM-Endrunde

Die Mannschaft Angolas vor dem Spiel gegen Portugal. Unten von links Figueiredo, Mendonça, Zé Kalanga, Mateus, Macanga; oben Ricardo, Locó, Delgado, Jamba, Kali, Akwá.

Tor:

1 João Ricardo (36), ohne Verein, 24/0
12 Lama (25), Petro Atlético, 9/0
22 Mário (21), Interclube Luanda, 0/0

Abwehr:

2 Marcos Airosa (21), Barreirense, 1/0
3 Jamba (28), AS Aviação, 33/0
4 Lebo Lebo (29), Petro Atlético, 15/0
5 Kali (27), FC Barreirense, 19/0
15 Rui Marques (28), Hull City, 1/0
20 Locó (21), Primeiro de Agosto Luanda, 9/0
21 Luís Manuel Delgado (26), Petro Atlético, 15/0
23 Marco Abreu (31), Portimonense SC (POR), 2/0

Mittelfeld:

6 Miloy (25), Interclube Luanda, 10/0
7 Figueiredo (33), SC Varzim (POR), 20/2
8 André Macanga (28), Al-Kuwait SC, 31/0
11 Mateus (23), FC Gil Vicente (POR), 2/2
13 Edson (26), FC Ferreira (POR), 5/0
14 Mendonça (23), SC Varzim (POR), 32/3
17 José Zé Kalanga (22), Petro Atlético, 21/4

Angriff:

9 Pedro Mantorras (24), Benfica Lissabon, 9/3
10 Akwá (29), Al-Wakra (QAT), 75/35
16 Flavio (26), Al Ahly Kairo, 45/13
18 Love Cabungula (27), AS Aviação, 34/5
19 André Titi Buengo (26), Clermont Foot (FRA), 1/0

Trainer:

Luís Oliveira Gonçalves (45)

Iran

■ 3. Teilnahme an der WM-Endrunde (1978, 1998)

Die Mannschaft Irans vor dem Spiel gegen Mexiko. Unten von links Teymourian, Karimi, Mahdavikia, Kaabi, Nosrati; oben Daei, Mirzapour, Golmohammadi, Rezaei, Hashemian, Nekounam.

Tor:

1 Ebrahim Mirzapour (27), Foolad Khuzestan, 62/0
12 Hassan Roudbarian (27), Pas Teheran, 6/0
22 Vahid Talebloo (24), Esteghlal Teheran, 1/0

Abwehr:

3 Sohrab Bakhtiarizadeh (28), Saba Battery Teheran, 29/2
4 Yahya Golmohammadi (35), Persepolis Teheran, 67/4
5 Rahman Rezaei (31), FC Messina, 41/2
13 Hossein Kaabi (20), Foolad Khuzestan, 42/1
18 Moharram Navidkia (23), Sepahan Ishafan, 24/0
19 Amir Hossein Sadeghi (24), Esteghlal Teheran, 1/0
20 Mohammad Nosrati (24), Pas Teheran, 42/3

Mittelfeld:

2 Mehdi Mahdavikia (28), Hamburger SV, 89/11
6 Javad Nekounam (25), Pas Teheran, 69/12
7 Ferydoon Zandi (27), 1. FC Kaiserslautern, 9/1
8 Ali Karimi (27), Bayern München, 89/32
14 Andranik Teymourian (23), Abu Muslem Khorasan, 5/1
17 Javad Kazemian (25), Persepolis Teheran, 24/0
21 Mehrzad Madanchi (24), Persepolis Teheran, 5/2
23 Massoud Shojaei (22), Saipa Karadj, 1/0

Angriff:

9 Vahid Hashemian (29), Hannover 96, 26/10
10 Ali Daei (37), Persepolis Teheran, 145/109
11 Rasoul Khatibi (27), Sepahan Isfahan, 11/0
15 Arash Borhani (22), Pas Teheran, 19/7
16 Reza Enayati (29), Esteghlal Teheran, 14/3

Trainer:

Branko Ivanković (52)

Italien

16. Teilnahme an der WM-Endrunde (1934, 1938, 1950, 1954, 1962, 1966, 1970, 1974, 1978, 1982, 1986, 1990, 1994, 1998, 2002)

Die Mannschaft Italiens vor dem Spiel gegen Ghana. Unten von links De Rossi, Pirlo, Cannavaro, Perrotta, Totti; oben Nesta, Zaccardo, Gilardino, Grosso, Toni, Buffon.

Tor:

1 Gianluigi Buffon (28), Juventus Turin, 58/0
12 Angelo Peruzzi (36), Lazio Rom, 31/0
14 Marco Amelia (24), AS Livorno Calcio, 1/0

Abwehr:

2 C ristian Zaccardo (24), US Palermo, 11/1
3 Fabio Grosso (28), US Palermo, 15/1
5 Fabio Cannavaro (32), Juventus Turin, 91/1
6 Andrea Barzagli (24), US Palermo, 7/0
13 Alessandro Nesta (30), AC Mailand, 73/0
19 Gianluca Zambrotta (29), Juventus Turin, 52/1
22 Massimo Oddo (29), Lazio Rom, 18/0
23 Marco Materazzi (32), Inter Mailand, 26/0

Mittelfeld:

4 Daniele De Rossi (22), AS Rom, 15/3
8 Gennaro Gattuso (28), AC Mailand, 40/1
10 Francesco Totti (29), AS Rom, 49/8
16 Mauro Camoranesi (29), Juventus Turin, 19/1
17 Simone Barone (28), US Palermo, 12/1
20 Simone Perrotta (28), AS Rom, 22/1
21 Andrea Pirlo (27), AC Mailand, 22/4

Angriff:

7 Alessandro Del Piero (31), Juventus Turin, 72/25
9 Luca Toni (33), AC Florenz, 16/7
11 Alberto Gilardino (23), AC Mailand, 13/6
15 Vincenzo Iaquinta (26), Udinese Calcio, 11/0
18 Filippo Inzaghi (32), AC Mailand, 48/21

Trainer:

Marcello Lippi (58)

Tschechien

9. Teilnahme an der WM-Endrunde (1934, 1938, 1954, 1958, 1962, 1970, 1982, 1990)

Die Mannschaft Tschechiens vor dem Spiel gegen die USA. Unten von links Poborský, Jankulovski, Nedvěd, Galásek, Rosický, Plašil; oben Koller, Ujfaluši, Grygera, Rozehnal, Čech.

Tor:

1 Petr Čech (24), FC Chelsea, 40/0
16 Jaromír Blažek (33), Sparta Prag, 10/0
23 Antonín Kinský 31), Saturn Ramenskoje (RUS), 5/0

Abwehr:

2 Zdeněk Grygera (26), Ajax Amsterdam, 39/1
3 Pavel Mareš (30), Zenit St. Petersburg, 8/0
6 Marek Jankulovski (33), AC Mailand, 46/8
13 Martin Jiránek (27), Spartak Moskau, 22/0
21 Tomáš Ujfaluši (28), AC Florenz, 47/2
22 David Rozehnal (25), Paris St. Germain, 20/0

Mittelfeld:

4 Tomáš Galásek (33), Ajax Amsterdam, 49/1
5 Radoslav Kováč (26), Spartak Moskau, 5/0
7 Libor Sionko (29), Austria Wien, 17/1
8 Karel Poborský (34), Dynamo České Budejoviće, 113/8
10 Tomáš Rosický (25), Borussia Dortmund, 54/15
11 Pavel Nedvěd 33), Juventus Turin, 86/17
14 David Jarolím (25), Hamburger SV, 2/0
17 Jiří Štajner (30), Hannover 96, 19/3
19 Jan Polák (25), 1. FC Nürnberg, 16/5
20 Jaroslav Plašil (24), AS Monaco, 12/1

Angriff:

9 Jan Koller (33), Borussia Dortmund, 66/40
12 Vratislav Lokvenc (32), Red Bull Salzburg, 70/13
15 Milan Baroš (24), Aston Villa, 47/27
18 Marek Heinz (28), Galatasaray Istanbul, 26/5

Trainer:

Karel Brückner (66)

USA

8. Teilnahme an der WM-Endrunde (1930, 1934, 1950, 1990, 1994, 1998, 2002)

Die Mannschaft der USA vor dem Spiel gegen Tschechien. Unten von links Cherundolo, Beasley, Convey, Donovan, Lewis, Reyna; oben Mastroeni, Pope, McBride, Onyewu, Keller.

Tor:

1 Tim Howard (27), Manchester United, 16/0
18 Kasey Keller (36), Borussia Mönchengladbach, 92/0
19 Marcus Hahnemann (33), FC Reading (ENG), 6/0

Abwehr:

2 Chris Albright (27), Los Angeles Galaxy, 20/1
3 Carlos Bocanegra (27), FC Fulham, 40/6
4 Pablo Mastroeni (29), Colorado Rapids, 47/0
6 Steve Cherundolo (27), Hannover 96, 34/1
7 Eddie Lewis (31), Leeds United, 68/8
12 Gregg Berhalter (32), Energie Cottbus, 44/0
13 Jimmy Conrad (29), Kansas City Wizards, 14/0
22 Oguchi Onyewu (24), Standard Lüttich, 14/1
23 Eddie Pope (32), Real Salt Lake, 79/8

Mittelfeld:

5 John O'Brien (28), CD Chivas (USA), 30/3
8 Clint Dempsey (23), New England Revolution, 21/5
10 Claudio Reyna (32), Manchester City, 109/8
14 Ben Olsen (29), D.C. United, 34/6
15 Bobby Convey (23), FC Reading (ENG), 38/1
17 DaMarcus Beasley (24), PSV Eindhoven, 57/12
21 Landon Donovan (24), Los Angeles Galaxy, 80/25

Angriff:

9 Eddie Johnson (22), Kansas City Wizards, 17/9
11 Brian Ching (28), Houston Dynamo, 19/4
16 Josh Wolff (29), Chicago Fire, 47/9
20 Brian McBride (33), FC Fulham, 91/29

Trainer:

Bruce Arena (54)

Ghana

1. Teilnahme an der WM-Endrunde

Die Mannschaft Ghanas vor dem Spiel gegen Italien. Unten von links Gyan, Essien, Pappoe, Amoah, Muntari; oben Paintsil, Appiah, Kuffour, E. Addo, Mensah, Kingson.

Tor:

1 Sammy Adjei (25), Mohadon Sports Ashdod (ISR), 29/0
16 George Owu (23), Ashantigold SC, 6/0
22 Richard Kingson (27), B.B. Ankaraspor, 31/0

Abwehr:

2 Hans Adu Sarpei (29), VfL Wolfsburg, 6/0
4 Sammy Osei Kuffour (29), AS Rom, 56/3
5 John Mensah (23), Stade Rennes, 30/0
6 Addoquaye Pappoe (25), Ashdod Tel Aviv (ISR), 25/0
7 Shilla Illiasu (23), Asante Kotoko, 0/0
13 Habib Mohammed (22), King Faisal Babes, 0/0
15 John Paintsil (24), Hapoel Tel Aviv, 19/0
17 Daniel Quaye (25), Hearts of Oak Accra, 6/0
21 Ahmed Issah (24), Randers FC (DEN), 10/0

Mittelfeld:

8 Michael Essien (23), FC Chelsea, 14/3
9 Derek Boateng (23), AIK Solna (SWE), 10/3
10 Stephen Appiah (25), Fenerbahce Istanbul, 39/10
11 Sulley Ali Muntari (21), Udinese Calcio, 13/3
18 Eric Addo (27), PSV Eindhoven, 3/0
20 Otto Addo (31), FSV Mainz 05, 11/1
23 Haminu Dramani (20), Roter Stern Belgrad, 6/0

Angriff:

3 Asamoah Gyan (20), FC Modena, 10/7
12 Alex Tachie-Mensah (29), FC St. Gallen, 4/0
14 Matthew Amoah (25), Borussia Dortmund, 13/5
19 Razak Pimpong (23), FC Kopenhagen, 1/0

Trainer:

Ratomir Dujković (60)

Brasilien

18. Teilnahme an der WM-Endrunde (1930, 1934, 1938, 1950, 1954, 1958, 1962, 1966, 1970, 1974, 1978, 1982, 1986, 1990, 1994, 1998, 2002)

Die Mannschaft Brasiliens vor dem Spiel gegen Kroatien. Unten von links Ronaldinho, Roberto Carlos, Kaká, Zé Roberto, Ronaldo; oben Dida, Lúcio, Juan, Adriano, Émerson, Cafu.

Tor:

1 Dida (33), AC Mailand, 85/0
12 Rogério Ceni (33), FC Sao Paulo, 15/0
22 Júlio César (26), Inter Mailand, 11/0

Abwehr:

2 Cafu (36), AC Mailand, 137/5
3 Lúcio (28), Bayern München, 49/2
4 Juan (27), Bayer Leverkusen, 37/2
6 Roberto Carlos (33), Real Madrid, 120/11
13 Cicinho (25), Real Madrid, 9/1
14 Luisão (25), Benfica Lissabon, 19/1
15 Cris (29), Olympique Lyon, 16/1
16 Gilberto (30), Hertha BSC, 8/0

Mittelfeld:

5 Émerson (30), Juventus Turin, 69/6
8 Kaká (24), AC Mailand, 37/12
10 Ronaldinho Gaúcho (26), FC Barcelona, 62/27
11 Zé Roberto (31), Bayern München, 78/5
17 Gilberto Silva (29), Arsenal London, 35/3
18 Mineiro (30), FC Sao Paulo, 2/0
19 Juninho Pernambucano (31), Olympique Lyon, 36/4
20 Ricardinho (30), Corinthians Sao Paulo, 18/1

Angriff:

7 Adriano (24), Inter Mailand, 31/22
9 Ronaldo (29), Real Madrid, 91/58
21 Fred (22), Olympique Lyon, 3/2
23 Robinho (22), Real Madrid, 22/5

Trainer:

Carlos Alberto Parreira (63)

Kroatien

3. Teilnahme an der WM-Endrunde (1998, 2002)

Die Mannschaft Kroatiens vor dem Spiel gegen Brasilien. Unten von links Srna, Klasnić, N. Kovač, R. Kovač, Šimić; oben Šimunić, Pletikosa, Pršo, Tudor, Babić, Kranjčar.

Tor:

1 Stipe Pletikosa (27), Hajduk Split, 47/0
12 Joseph Anthony Didulica (28), Austria Wien, 3/0
23 Tomislav Butina (32), FC Brügge, 27/0

Abwehr:

3 Josip Šimunić (28), Hertha BSC, 40/3
4 Robert Kovač (32), Juventus Turin, 52/4
5 Igor Tudor (28), AC Siena, 49/3
7 Dario Šimić (30), AC Mailand, 76/3
11 Mario Tokić (30), Austria Wien, 24/0
13 Stjepan Tomas (30), Galatasaray Istanbul, 46/1

Mittelfeld:

2 Darijo Srna (24), Schachtjor Donezk,31/8
6 Jurica Vranješ (26), Werder Bremen, 21/0
8 Marko Babić (25), Bayer Leverkusen, 29/1
10 Niko Kovač (34), Hertha BSC, 55/8
14 Luka Modrić (20), Dinamo Zagreb, 1/0
15 Ivan Leko (28), FC Brügge, 11/0
16 Jerko Leko (28), Dynamo Kiew, 32/2
19 Niko Kranjčar (21), Hajduk Split, 17/3
20 Anthony Šerić (26), Panathinaikos Athen, 14/0

Angriff:

9 Dado Pršo (31), Glasgow Rangers, 26/8
17 Ivan Klasnić (26), Werder Bremen, 16/5
18 Ivica Olić (26), ZSKA Moskau, 33/6
21 Boško Balaban (27), FC Brügge, 24/8
22 Ivan Bošnjak (27), Dinamo Zagreb, 11/1

Trainer:

Zlatko Kranjčar (49)

Australien

■ *2. Teilnahme an der WM-Endrunde (1974)*

Die Mannschaft Australiens vor dem Spiel gegen Japan. Unten von links Neill, Culina, Wilkshire, Moore, Bresciano; oben Grella, Viduka, Schwarzer, Emerton, Chipperfield, Kewell.

Tor:

1 Marc Schwarzer (33), FC Middlesbrough, 36/0
12 Ante Ćović (30), Hammarby IF, 1/0
18 Zeljko Kalać (33), AC Mailand, 51/0

Abwehr:

2 Lucas Neill (28), Blackburn Rovers, 23/0
3 Craig Moore (30), Newcastle United, 31/2
6 Tony Popović (32), Crystal Palace, 55/7
16 Michael Beauchamp (25), Central Coast Mariners, 1/0
22 Mark Milligan (20), FC Sydney, 0/0

Mittelfeld:

4 Tim Cahill (26), FC Everton, 14/8
5 Jason Culina (25), PSV Eindhoven, 12/1
7 Brett Emerton (27), Blackburn Rovers, 46/11
8 Josip Skoko (30), Stoke City, 45/9
11 Stan Lazaridis (33), Birmingham City, 58/0
13 Vincenzo Grella (27), FC Parma, 16/0
14 Scott Chipperfield (30), FC Basel, 45/11
20 Luke Wilkshire (24), Bristol City, 8/0
21 Mile Sterjovski (259), FC Basel, 20/3
23 Marco Bresciano (26), FC Parma, 23/7

Angriff:

9 Mark Viduka (30), FC Middlesbrough, 32/6
10 Harry Kewell (33), FC Liverpool, 19/6
15 John Aloisi (29), Deportivo Alavés, 39/22
17 Archie Thompson (33), PSV Eindhoven, 18/21
19 Joshua Kennedy (23), Dynamo Dresden, 0/0

Trainer:

Guus Hiddink (59)

Japan

■ *3. Teilnahme an der WM-Endrunde (1998, 2002)*

Die Mannschaft Japans vor dem Spiel gegen Australien. Unten von links H. Nakata, Komano, Miyamoto, Takahara, Alex; oben Fukunishi, Yanagisawa, Nakamura, Tsuboi, Nakazawa, Kawaguchi.

Tor:

1 Seigo Narazaki (30), Nagoya Grampus, 50/0
12 Yoichi Doi (32), FC Tokio, 4/0
23 Yoshikatsu Kawaguchi (30), Jubilo Iwata, 87/0

Abwehr:

2 Teruyuki Moniwa (24), FC Tokio, 8/1
3 Yuichi Komano (24), Sanfrecce Hiroshima, 6/0
5 Tsuneyasu Miyamoto (28), Gamba Osaka, 67/3
6 Koji Nakata (24), FC Basel, 54/2
14 Alex (Alessandro Santos) (28), Urawa Red Diamonds, 70/5
19 Keisuke Tsuboi (26), Urawa Red Diamonds, 31/1
21 Akira Kaji (26), Gamba Osaka, 42/1
22 Yuji Nakazawa (28), Yokohama Mariners 48/9

Mittelfeld:

4 Yasuhito Endo (26), Gamba Osaka, 40/3
7 Hidetoshi Nakata (27), Bolton Wanderers, 72/11
8 Mitsuo Ogasawara (27), Kashima Antlers, 50/7
10 Shunsuke Nakamura (27), Celtic Glasgow, 58/15
15 Takashi Fukunishi (29), Jubilo Iwata, 60/7
17 Junichi Inamoto (26), West Bromwich Albion, 62/4
18 Shinji Ono (26), Urawa Red Diamonds, 53/6

Angriff:

9 Naohiro Takahara (27), Hamburger SV, 40/15
11 Seiichiro Maki (25), JEF United Chiba, 9/3
13 Atsushi Yanagisawa (29), Messina Calcio, 55/17
16 Masashi Oguro (26), Grenoble Foot, 16/5
20 Keiji Tamada (26), Nagoya Grampus, 37/7

Trainer:

Zico (53)

Frankreich

12. Teilnahme an der WM-Endrunde (1930, 1934, 1938, 1954, 1958, 1966, 1978, 1982, 1986, 1998, 2002)

Die Mannschaft Frankreichs vor dem Spiel gegen die Schweiz. Unten von links Wiltord, Makelele, Barthez, Sagnol, Henry; oben Abidal, Gallas, Thuram, Vieira, Ribery, Zidane.

Tor:

1 Mikaël Landreau (27), FC Nantes, 84/4
16 Fabien Barthez (34), Olympique Marseille, 77/0
23 Grégory Coupet (33), Olympique Lyon, 18/0

Abwehr:

2 Jean-Alain Boumsong (26), Newcastle United, 18/1
3 Eric Abidal (26), Olympique Lyon, 5/0
5 William Gallas (28), FC Chelsea, 37/1
13 Mikaël Silvestre (28), Manchester United, 37/0
15 Lilian Thuram (34), Juventus Turin, 111/2
17 Gaël Givet (24), AS Monaco 11/0
19 Willy Sagnol, (29), Bayern München, 35/0
21 Pascal Chimbonda (27), Wigan Athletic, 0/0

Mittelfeld:

4 Patrick Vieira (29), Juventus Turin, 84/4
6 Claude Makelele (33), FC Chelsea, 40/0
7 Florent Malouda (25), Olympique Lyon, 10/1
8 Vikash Dhorasoo (32), Paris St. Germain, 15/1
10 Zinedine Zidane (33), Real Madrid, 99/28
18 Alou Diarra, (24), R. C. Lens, 8/0

Angriff:

9 Sidney Govou (26), Olympique Lyon, 19/3
11 Sylvain Wiltord (32), Olympique Lyon, 77/25
12 Thierry Henry (28), FC Arsenal, 76/31
14 Louis Saha (27), Manchester United 8/2
20 David Trezeguet (29), Juventus Turin, 61/31
22 Franck Ribery (19), Olympique Marseille, 0/0

Trainer:

Raymond Domenech (54)

Schweiz

8. Teilnahme an der WM-Endrunde (1934, 1938, 1950, 1954, 1962, 1966, 1994)

Die Mannschaft der Schweiz vor dem Spiel gegen Frankreich. Unten von links Wicky, Barnetta, Müller, Vogel, Cabanas; oben Frei, Streller, Ph. Degen, Senderos, Zuberbühler, Magnin.

Tor:

1 Pascal Zuberbühler (35), FC Basel, 37/0
12 Diego Benaglio (22), Nacional Madeira, 0/0
21 Fabio Coltorti (25), Grasshopper Zürich, 1/0

Abwehr:

2 Johannes Djourou (19), FC Arsenal, 1/0
3 Ludovic Magnin (27), VfB Stuttgart, 27/2
4 Phillipe Senderos (21), FC Arsenal, 10/2
13 Stéphane Grichting (27), AJ Auxerre, 3/0
17 Christoph Spycher (29), Eintracht Frankfurt, 19/0
19 Valon Behrami (21), Lazio Rom, 4/1
20 Patrick Müller (29), Olympique Lyon, 62/3
23 Philipp Degen (23), Borussia Dortmund, 12/0

Mittelfeld:

5 Xavier Margairaz (22), FC Zürich, 1/0
6 Johann Vogel (29), AC Mailand, 82/2
7 Ricardo Cabanas (27), 1. FC Köln, 34/4
8 Raphael Wicky (29), Hamburger SV, 64/1
10 Daniel Gygax (24), OSC Lille, 20/4
15 Blerim Dzemaili (20), FC Zürich, 1/0
16 Tranquillo Barnetta (21), Bayer Leverkusen 11/1

Angriff:

9 Alexander Frei (26), Stade Rennes, 42/23
11 Marco Streller (24), 1. FC Köln, 8/1
14 David Degen (23), FC Basel, 0/0
18 Mauro Lustrinelli (30), Sparta Prag, 5/0
22 Hakan Yakin (34), Young Boys Bern, 44/14

Trainer:

Jakob Kuhn (62)

Südkorea

7. Teilnahme an der WM-Endrunde (1954, 1986, 1990, 1994, 1998, 2002)

Die Mannschaft Südkoreas vor dem Spiel gegen Togo. Unten von links Park Ji-Sung, Lee Eul-Jong, Song Chong-Gug, Lee Yong-Pyu, Lee Chun-Soo; oben Cho Jae-Jin, Kim Young-Chul, Lee Ho, Choi Jin-Cheul, Kim Jin-Kyu, Lee Woon-Jae.

Tor:

- **1** Lee Woon-Jae (33), Suwon Samsung, 95/0
- **20** Kim Yong-Dae (26), Seongnam Ilhwa, 15/0
- **21** Kim Young-Kwang (22) Chunnam Dragons, 5/0

Abwehr:

- **2** Kim Young-Chul (29), Seongnam Ilhwa, 10/1
- **3** Kim Dong-Jin (24), FC Seoul, 33/2
- **4** Choi Jin-Cheul (35), Chonbuk Hyundai, 61/4
- **6** Kim Jin-Kyu (21), Jubilo Iwata, 21/3
- **12** Lee Young-Pyo (29), Tottenham Hotspurs, 83/5
- **18** Kim Sang-Sik (29), Seongnam Ilhwa, 40/2
- **22** Song Chong-Gug (27), Suwon Samsung, 49/3
- **23** Cho Won-Hee (23), Suwon Samsung, 13/1

Mittelfeld:

- **5** Kim Nam-Il (29), Suwon Samsung, 65/2
- **7** Park Ji-Sung (25), Manchester United, 59/5
- **8** Kim Do-Heon (23), Seongnam Ilhwa, 31/5
- **13** Lee Eul-Yong (30), Trabzonspor, 46/2
- **15** Baek Ji-Hoon (21), FC Seoul, 11/0
- **17** Lee Ho (21), Ulsan Hyundai, 10/0

Angriff:

- **9** Ahn Jung-Hwan (30), MSV Duisburg, 59/16
- **10** Park Chu-Young (20), FC Seoul, 17/5
- **11** Seol Ki-Hyeon (27), Wolverhampton, 65/13
- **14** Lee Chun-Soo (24), Ulsan Hyundai, 61/7
- **16** Chung Kyung-Ho (26), Gwangju Sangmu, 39/5
- **19** Cho Jae-Jin (24), Shimizu S-Pulse, 19/5

Trainer:

Dick Advocaat (58)

Togo

1. Teilnahme an der WM-Endrunde.

Die Mannschaft Togos vor dem Spiel gegen Südkorea. Unten von links Coubadja Touré, Salifou, Romao, Senaya, Abalo Dosseh; oben Tchangai, Assémoassa, Daré, Adebayor, Maman, Agassa.

Tor:

- **1** Ouro-Nimini Tchagnirou (28), Djoliba AC Bamako, 9/0
- **16** Kossi Agassa (27), FC Metz, 48/0
- **22** Kodjovi Obilalé (22), Etoile Filante de Lomé, 0/0

Abwehr:

- **2** Nibombé Daré (25), RAEC Mons, 37/1
- **3** Jean-Paul Abalo Dosseh (30), Apoel Nikosia, 64/1
- **5** Massamasso Tchangai (27), Benevento Calcio, 90/5
- **12** Eric Akoto (25), Admira/Wacker Mödling, 40/1
- **13** Richmond Forson (26), Poiré-sure-Vie, 7/0
- **19** Ludovic Assémoassa (25), Ciudad de Murcia, 5/0
- **21** Franck Atsou (27), Al-Hilal (KSA), 13/0
- **23** Assimiou Touré (18), Bayer Leverkusen (U 19) 0/0

Mittelfeld:

- **6** Yao Kaka Aziawonou (26), Young Boys Bern, 31/1
- **8** Kuami Agboh (28), SK Beveren, 4/0
- **9** Thomas Dossévi (27), FC Valenciennes, 9/1
- **10** Cherif Touré Maman (23), FC Metz, 38/7
- **15** Jacques Alaixys Romao (22), Louhans-Cuiseaux, 9/0
- **20** Affo Clermont Erassa (23), AS Maulins, 9/0

Angriff:

- **4** Emmanuel Sheyi Adebayor (22), Arsenal London, 28/12
- **7** Moustapha Salifou (23), Stade Brest, 33/4
- **11** Robert Malm (33), Stade Brest, 0/0
- **14** Adékanmi Olufadé (26), Al-Sailiya, 24/0
- **17** Mohamed Abdel Kader Coubadja Touré (27), EA Guingamp, 75/51
- **18** Yao Junior Sénaya (22), YF Juventus Zürich, 20/2

Trainer:

Otto Pfister (68)

Spanien

■ *12. Teilnahme an der WM-Endrunde (1934, 1950, 1962, 1966, 1978, 1982, 1986, 1990, 1994, 1998, 2002)*

Die Mannschaft Spaniens vor dem Spiel gegen die Ukraine. Unten von links Pernía, Xavi, Villa, García, Puyol; oben Casillas, Ramos, Ibañez, Senna, Alonso, Torres.

Tor:

1 Iker Casillas (25), Real Madrid, 56/0
19 Santiago Cañizares (36), FC Valencia, 44/0
23 José Manuel Reina (23), FC Liverpool, 2/0

Abwehr:

2 Michel Salgado (30), Real Madrid, 49/0
3 Mariano Pernía (29), FC Getafe, 0/0
4 Carlos Marchena (26), FC Valencia, 27/1
5 Carles Puyol (28), FC Barcelona, 44/1
12 Antonio López (24), Atlético Madrid, 8/1
15 Sergio Ramos (20), Real Madrid, 8/2
20 Juanito (29), Betis Sevilla, 14/1
22 Pablo Ibañez (25), Atlético Madrid, 8/0

Mittelfeld:

6 David Albelda (28), FC Valencia, 31/0
8 Xavi Hernández (26), FC Barcelona, 33/1
13 Andrés Iniesta (22), FC Barcelona, 0/0
14 Xabi Alonso (25), FC Liverpool, 23/0
16 Marcos Senna (29), FC Villareal, 1/0
17 Joaquin (24), Betis Sevilla, 36/4
18 Francesc Fabregas (19), Arsenal London, 1/0

Angriff:

7 Raúl (28), Real Madrid, 92/42
9 Fernando Torres (22), Atlético Madrid, 27/9
10 José Antonio Reyes (22), Arsenal London, 16/3
11 Luis García (27), FC Liverpool, 7/3
21 David Villa (25), FC Valencia 5/2

Trainer:

Luis Aragonés (67)

Ukraine

■ *1. Teilnahme an der WM-Endrunde (der Fußballverband der Ukraine wurde erst 1991 gegründet)*

Die Mannschaft der Ukraine vor dem Spiel gegen Spanien. Unten von links Rotan, Gussew, Waschtschuk, Woronin, Timoschtschuk; oben Gusin, Jeserski, Schowkowski, Schewtschenko, Russol, Nesmatschni.

Tor:

1 Oleksandr Schowkowski (31), Dynamo Kiew, 64/0
12 Andrej Pjatow (21), Worskla Poltawa, 0/0
23 Bogdan Schust (20), Schachtjor Donezk, 1/0

Abwehr:

2 Andrej Nesmatschni (27), Dynamo Kiew, 45/0
3 Alexander Jazenko (21), FC Charkow, 0/0
5 Wladimir Jeserski (29), Dnepr Dnepropetrowsk, 19/1
6 Andrej Russol (23), Dnepr Dnepropetrowsk, 19/1
13 Dimitro Tschigrinski (19), Schachtjor Donezk, 0/0
17 Wladislaw Waschtschuk (31), Dynamo Kiew, 54/1
22 Wjatscheslaw Swiderski (27), Arsenal Kiew, 2/0

Mittelfeld:

4 Anatoli Timoschtschuk (27), Schachtjor Donezk 52/1
8 Oleg Schelajew (29), Dnepr Dnepropetrowsk, 15/0
9 Oleg Gussew (23), Dynamo Kiew, 22/1
11 Sergej Rebrow (32), Dynamo Kiew, 69/14
14 Andrej Gusin (33), Sowjetow Samara (Russland), 60/9
18 Sergej Nasarenko (26), Dnepr Dnepropetrowsk, 11/1
19 Maxim Kalinitschenko (27), Spartak Moskau, 17/1
21 Ruslan Rotan (24), Dynamo Kiew, 16/3

Angriff:

7 Andrej Schewtschenko (29), AC Milan, 63/28
10 Andrej Woronin (26), Bayer Leverkusen, 28/3
15 Artjom Milewski (21), Dynamo Kiew, 0/0
16 Andrej Worobjew (27), Schachtjor Donezk, 48/5
20 Alexej Belik (25), Schachtjor Donezk, 11/2

Trainer:

Oleg Blochin (53)

Tunesien

4. Teilnahme an der WM-Endrunde (1978, 1998, 2002).

Die Mannschaft Tunesiens vor dem Spiel gegen Saudi-Arabien. Unten von links Chedly, Jaziri, Trabelsi, Jemmali, Bouazizi; oben Jaïdi, Namouchi, Haggui, Chikhaoui, Mnari, Boumnijel.

Tor:

1 Ali Boumnijel (40), Africain Tunis, 47/0
16 Adel Nefzi (32), US Monastir, 0/0
22 Hamdi Kasraoui (23), E.S. Tunis, 8/0

Abwehr:

3 Karim Haggui (22), R.C. Strasbourg, 26/4
4 Allaeddine Yahia (24), AS St. Etienne, 12/4
6 Hatem Trabelsi (29), Ajax Amsterdam, 55/0
7 Haykel Guemamdia (24), Racing Strasbourg 13/5
15 Radhi Jaïdi (30), Bolton Wanderers, 87/5
18 David Jemmali (31), Girondins Bordeaux, 1/0
19 Anis Ayari (24), Samsumspor, 23/1
21 Karim Saidi (23), US Lecce, 14/0

Mittelfeld:

8 Mehdi Nafti (27), Birmingham City, 27/1
10 Khaies Ghodhbane (30), Konyespor, 88/6
12 Jawher Mnari (29), 1. FC Nürnberg, 35/19
13 Riadh Bouazizi (33), Kayseri Exciesspor, 83/4
14 Adel Chedly (29), 1. FC Nürnberg, 36/4
20 Hamed Namouchi (22), Glasgow Rangers, 13/0
23 Sofiane Melliti (27), Gaziantepspor, 13/1

Angriff:

2 Karim Essediri (26), Rosenborg Trondheim, 5/0
5 Zied Jaziri (27), F.C. Troyes, 59/13
9 Yassine Chikhaoui (19), ES Sahel, 0/0
11 Silva dos Santos (27), FC Toulouse, 27/17
17 Chaouki Ben Saada (22), Bastia, 11/0

Trainer:

Roger Lemerre (64)

Saudi-Arabien

4. Teilnahme an der WM-Endrunde (1994, 1998, 2002).

Die Mannschaft Saudi-Arabiens vor dem Spiel gegen Tunesien. Unten von links Al-Kahtani, Al-Temyat, Dokhi, Aziz, Al-Montashari; oben Sulimani, Tukar, Khariri, Zaid, Al-Ghambi, Noor.

Tor:

1 Mohammed Al-Deayea (33), Al-Hilal Riad, 181/0
21 Mabrouk Zaid (27), Al Ittihad Jeddah, 32/0
22 Mohammad Khojah (24), Al-Shahab Riad, 8/0

Abwehr:

2 Ahmed Dokhi (29), Al-Ittihad Jeddah, 67/4
3 Redha Tukar (30), Al-Ittihad Jeddah, 36/6
4 Hamad Al-Montashari, Al-Ittihad Jeddah, 31/6
5 Naif Al-Qadi (27), Al-Ahly Jeddah, 28/2
12 Abdulaziz Al-Khathran, (32), Al-Hilal Riad, 19/0
13 Hussein Sulimani (29), Al-Ahly Jeddah, 96/3
15 Ahmed Al-Bahri (25), Al-Ittihad Jeddah, 10/3
17 Mohammad Al-Bishi (19), Al-Ahly Jeddah, ohne Angabe

Mittelfeld:

6 Omar Al-Ghambi (27), Al-Hilal Riad, 37/5
7 Mohammad Ameen (26), Al-Ittihad Jeddah, 16/7
8 Mohammed Noor (28), Al-Ittihad Jeddah, 62/22
10 Mohammad Al-Shlhoub (25), Al-Hilal Riad, 48/15
14 Saud Khariri (25), Al-Ittihad Jeddah, 33/12
16 Khaled Aziz (24), Al Hilal Riad, 13/2
18 Nawaf Al-Temyat (29), Al-Hilal Riad, 55/13
19 Mohammed Massad (23), Al-Ahly Jeddah, 5/0

Angriff:

9 Sami Al-Jaber (33), Al-Hilal Riad, 159/63
11 Saad Al-Harthi (22), Al-Nasr Riad, 15/12
20 Yasser Al-Kahtani (23), Al-Hilal Riad, 44/32
23 Malek Al-Hawsawi (24), Al-Ahly Jeddah, 5/0

Trainer:

Marcos Paqueta (47)

Die SkyArena von Frankfurt/Main: Eine Diashow an den Hochhäusern erinnert an berühmte Kicker. Gegenüber: Eine Karriere vom Schuhputzer zum dreifachen Weltmeister – Eröffnung der Ausstellung »Pelestation – The Legend in Action« in Berlin

The Frankfurt/Main SkyArena: a slide-show on the high-rise blocks reminds watchers of famous footballers. Opposite: a career going from shoe-cleaner to triple world champion – opening of the exhibition »Pelestation – The Legend in Action« in Berlin.

WM-Geschichte 1930-2002

World Cup History 1930-2002

Bis zur FIFA WM Deutschland 2006 wurde die Weltmeisterschaft 17mal ausgetragen, was 644 Endrunden-Begegnungen erforderte, in denen 1916 Tore fielen. Ab 1930 wurde um den Coupe Jules Rimet gespielt, der nach dem dreimaligen Gewinn 1970 in den Besitz Brasiliens überging. Seit 1974 werden die Weltmeister mit dem FIFA World Cup geehrt, der jedoch beim Weltverband verbleibt. In die 17 WM-Titel teilen sich sieben Länder: Brasilien mit fünf, Italien und Deutschland mit drei, Uruguay und Argentinien mit zwei Siegen sowie England und Frankreich mit jeweils einem Erfolg.

Up to the FIFA World Cup in Germany 2006, the World Cup competition has been held 17 times, requiring 644 matches in the final stages, in which 1916 goals have been scored. From 1930, teams played for the Coupe Jules Rimet, which in 1970 after three Brazilian victories became that country's property. Since 1974 the world champions have been awarded the FIFA World Cup which however remains in the possession of the world body. The 17 championship titles have been shared between seven countries: Brazil has won five times, Italy and Germany three, Uruguay and Argentina two, and England and France with one title each.

Lucien Laurent

Volleyschuß für die Ewigkeit

Soll ich loslegen? Ich kann mich auch mit 96 noch ganz gut daran erinnern.
Also, es war der 13. Juli 1930. Im Auftaktmatch trafen wir Franzosen auf Mexiko. In Südamerika herrschte zu dieser Zeit Winter. Gespielt wurde im Estadio Pocitos von Penarol Montevideo. Etwa 4500 Zuschauer sahen im Schneetreiben mein 1:0. In der 19. Minute behauptete sich Chantrel im Mittelfeld, paßte auf Delfour, der den rechten Flügelsprinter Libérati ins Laufen brachte. Seine Flanke kam genau dahin, wo ich schon ungeduldig wartete. Volley mit rechts. Da paßte alles. Wie ich für diese französische Reisegruppe entdeckt wurde? Ich war jung, 22 Jahre, stürmte für den FC Sochaux und debütierte Anfang 1930 in der Nationalmannschaft gegen Portugal. Außerdem hatte ich Glück. Mein Chef bei Peugeot bewilligte einen Sonderurlaub von zwei Monaten. Das war nicht die Regel zu Zeiten harter Wirtschaftsrezession in Europa.
Wie es begann? Am 21. Juni ging ich mit meinem älteren Bruder Jean in Villefranche-sur-Mer, der alten Seeräuberstadt in der Nähe von Nizza, an Bord. Mit uns reisten auf dem italienischen Dampfer »Conte Verde« auch die Rumänen und Belgier. Nur die Jugoslawen wählten eine andere Route. An Deck ebenfalls der französische FIFA-Präsident Jules Rimet. Im Gepäck hatte er einen Klumpen Gold, die Siegestrophäe, eine Göttin.
Das Training auf dem Schiffsdeck machte jedoch weniger Spaß. Da blieben nur Handstände, Bocksprünge und Kartenspiele ... Manchmal haben wir uns auch auf dem Deck der 1. Klasse ein paar Bälle zugespielt.
Mehr los war am Abend. Entweder spielte eine Bordband auf, oder uns unterhielt der berühmte russische Baß Fjodor Schaljapin. Ein tolles Erlebnis auch der Maskenball, als der Äquator überquert wurde. Das wurde ordentlich begossen.
Welche Erinnerungen ich an das Turnier habe? Nach dem positiven Auftakt mit 4:1 gegen Mexiko mit meinem ersten Tor verloren wir zweimal 0:1. Im zweiten Match gegen Argentinien rasierte mir der berüchtigte »Klopper« Monti gleich in den ersten Minuten so brutal den Knöchel, daß die Mannschaft

Da sich die Finalisten nicht über den Ball einigen können, entscheidet sich der Referee in der 1. Halbzeit für den argentinischen und in der zweiten für den uruguayischen. Letzterer kam am 17. Juni 2006 in Köln für 40 000 Euro zur Auktion (links).
As the finalists cannot agree on which ball to use, the referee decides to use the Argentinian ball in the first half and in the second the Uruguayan one. The latter was sold at auction in Cologne on 17th June 2006 for 40,000 Euros.

Die Franzosen bei ihrer 13tägigen Überfahrt auf dem Dampfer »Conte Verde«
The French during their 13-day crossing on the steamer »Conte Verde«.

Lucien Laurent

**1907; französischer Fußballspieler beim FC Sochaux; bestritt zwischen 1930 und 1935 zehn Länderspiele; schoß am 13. Juli 1930, 15.19 Uhr, in Montevideo das erste Tor der WM-Geschichte; fehlte wegen einer Knieverletzung bei der WM 1934; den obigen Bericht gab er Gottfried Weise am 28. Februar 2004; Laurent starb am 11. April 2005.*

Gedämpfte Begeisterung in Europa

FIFA-Präsident Rimet (links) überreicht den Pokal an OK-Chef Dr. Raúl Jude. Die Siegesgöttin wird 1983 gestohlen.
FIFA President Rimet (left) hands over the Cup to Dr Raúl Jude. The golden Goddess of Victory was to be stolen in 1983.

Das vierte Tor der »Urus«: Castro erzielt es per Kopfball. Links: der erste Weltmeister – Uruguay. Wie bei den Olympiasiegen von 1924 und 1928 ist der farbige José Leandro Andrade der überragende Spieler.
The »Urus« fourth goal: a header from Castro. Left: the first World Champions. As at the 1924 and 1928 Olympic victories the black player José Leandro Andrade is the outstanding player.

praktisch die ganze Partie mit zehn Spielern auskommen mußte.
Das letzte Vorrundenspiel gegen Chile konnte ich nur von der Tribüne aus verfolgen. Jetzt trieb mich eigentlich das Heimweh, doch wir mußten bis zum 4:2-Erfolg der »Urus« im Finale gegen Argentinien bleiben, weil der belgische Endspiel-Schiedsrichter Langenus, der Mann mit Krawatte und Knikkerbockern, erst danach zur »Conte Verde« stoßen konnte. Wie das Echo in der Heimat auf mein historisches Tor war? Ach, das war schon wieder in Vergessenheit geraten. Ich erzählte auch keinem im Familienkreis davon. Der Beweis: Mein Sohn Marc erfuhr von dem Volley-Tor erst 1982. Vielleicht hätte ich gesprächiger sein sollen! Inzwischen haben sich Journalistenbesuche bei mir in Besançon gehäuft. Der berühmteste Reporter war Gary Lineker, der mich vor der Weltmeisterschaft von 1998 hier für die BBC interviewte. Sein Geschenk: Eine Kopie der WM-Trophäe von 1930, die »Goldene Göttin«. Ein feiner Kerl, der Gary! Vielleicht wußte der Engländer, daß ich nach Krieg und Gefangenschaft alle Erinnerungsstücke verloren hatte. Nicht aber die Erinnerung an mein erstes Weltmeisterschaftstor von 1930. ■

Finale
30.7.1930, Montevideo, Centenario-Stadion

Uruguay-Argentinien 4:2 (1:2)
Uruguay: *Enrique Ballestrero; José Nasazzi, Ernesto Mascheroni; José Leandro Andrade, Lorenzo Fernández, Álvaro Gestido; Pablo Dorado, Héctor Scarone, Héctor Castro, José Pedro Cea, Victoriano Santos Iriarte; Trainer: Alberto Suppici*
Argentinien: *Juan Botasso; Fernando Paternóster, José Della Torre; Pedro Suárez, Luis Fernando Monti, Juan Evaristo; Marino Evaristo, Manuel Ferreira, Guillermo Stábile, Francisco Varallo, Carlos Desiderio Peucelle; Trainer: F. Olazar/J. Tramutola*

Torfolge: *1:0 Dorado (12.), 1:1 Peucelle (20.), 1:2 Stábile (37.), 2:2 Cea (57.), 3:2 Iriarte (68.), 4:2 Castro (89.)*
Schiedsrichter: *John Langenus (Belgien)*
Linienrichter: *Henri Christophe (Belgien), Ulrico Saucedo (Bolivien)*
Zuschauer: *68 346*

Sieben europäische Verbände gründeten 1904 in Paris die FIFA – Deutschland und England fehlten jedoch. Im Frühjahr 1914 beschloß der Kongreß von Christiania, das olympische Fußballturnier als WM anzuerkennen. Der erste Weltmeister sollte 1916 in Berlin gekürt werden, was aber der 1. Weltkrieg verhinderte.
Mitte der 20er Jahre entwickelte FIFA-Präsident Jules Rimet die Idee eigenständiger Titelkämpfe, die man 1928 in Amsterdam beschloß. Die Entscheidung für das Ausrichterland fiel ein Jahr darauf zugunsten von Uruguay, das 1924 und 1928 den Olympiasieger gestellt hatte. Da das Land 1930 aufwendig den 100. Jahrestag seiner Unabhängigkeit feiern wollte, erklärte sich die Regierung bereit, die Fahrt- und Aufenthaltskosten aller Teilnehmer zu übernehmen. Doch die ausbrechende Weltwirtschaftskrise dämpfte vor allem in Europa die Begeisterung. Letztlich nahmen nur Belgien, Frankreich, Jugoslawien und Rumänien das Angebot an.

Spätes Geständnis des Raimundo Orsi

František Plánička

Schade, daß ich die Premiere in Uruguay verpaßt habe, denn auch später kam ich bei meinen 73 Länderspielen für die Tschechoslowakei nie mehr nach Südamerika. Dabei hatten wir schon 1930 mit den Pragern Kád'á und Puč eine sehr starke Mannschaft zusammen. Doch die Klubs wollten ihre Profis nicht für zwei Monate freigeben. Ich habe es selbst erlebt, denn seit 1925 war ich bei Slavia Prag Berufsfußballer und bezog für damalige Verhältnisse ein gutes Grundgehalt von 1200 Kronen. Dazu kamen Prämien. Außerdem war ich noch in der Versicherungsbranche tätig. So konnte ich mir ein Auto leisten, ein Haus – und eine Familie gründen.

Im Gegensatz zu 1930 dominierte nun das Profitum in den wichtigsten Ligen. Der Fußball hatte sich enorm entwickelt. Das drückte sich schon darin aus, daß sich 32 Nationen um die Teilnahme bewarben, also doppelt so viele wie vier Jahre zuvor in Uruguay. Im Feld der 16 Endrundenteilnehmer fehlten dann von den großen Fußball-Ländern nur England und Titelverteidiger Uruguay. Die Südamerikaner revanchierten sich gewissermaßen für Italiens Fernbleiben von 1930.

Doch das störte den Gastgeber nicht. Geld schien beim jungen Diktator Mussolini keine Rolle zu spielen. In Turin, Triest, Florenz und Neapel entstanden gewaltige Stadien, die modernsten Europas. Der Duce, wie sich Mussolini nennen ließ, wollte Italien bei dieser WM ins beste Licht rücken. Dazu gehörte natürlich auch der sportliche Erfolg. Trainer Vittorio Pozzo konnte sein Team mit zwei argentinischen Weltstars und einem brasilianischen Zauberer verstärken. Monti, Orsi und Guaita wurden ruck, zuck eingebürgert.

Am liebsten wäre den Organisatoren natürlich ein Finale zwischen Italien und Deutschland gewesen, denn ein Jahr zuvor war das Nazi-Regime an die Macht gekommen. Doch das konnten wir mit unserem 3:1 im Halbfinale verhindern, wo ich gut in Form war. Oldřich Nejedlý hatte mit seinem Hattrick einen Riesentag erwischt, dagegen der deutsche Keeper Willibald Kreß nicht seinen besten.

Vor dem Endspiel sprachen wir in unserem Camp in Frascati, vor den Toren Roms, weniger über den Kontrahenten Italien als vielmehr über den schwedischen Schiedsrichter Eklind. Seine Parteinahme im Halbfinale für Italien und gegen Österreich ging beim 1:0 der Gastgeber so weit, daß er in der Startphase erst ein schweres Foul am Torjäger Sindelar übersah und nur wenig später bei Guaita Tor gab, obwohl Keeper Platzer von Meazza rücksichtslos auf der Linie zu Boden gerempelt worden war.

Ob der Schiedsrichter beeinflußt war? Auf jeden Fall durfte Eklind vor dem Endspiel eine halbe Stunde zu Mussolini in die Ehrenloge. Keiner weiß

František Plánička

**1904, genannt »Franta, die Katze von Prag«; spielte für Slavia Prag; bestritt zwischen 1926 und 1938 73 Länderspiele, wobei er 37mal Mannschaftskapitän war; 1938 WM-Viertelfinalist (im Wiederholungsspiel gegen Brasilien ausgeschieden); 1984 Auszeichnung mit dem Fair-Play-Diplom der UNESCO; der obige Bericht stammt aus einem TV-Interview mit Gottfried Weise vom Mai 1982; Plánička starb am 20. Juli 1996.*

Das Turnier der Torhüter

Die zweite WM, für die 1932 das faschistische Italien den Zuschlag erhalten hatte, ging ohne den Titelverteidiger über die Bühne: Uruguay schmollte, weil es sich 1930 durch Europa in Stich gelassen sah. Dafür war das Interesse der anderen umso größer: 32 der 47 Verbände meldeten, so daß erstmals Qualifikationsspiele ausgetragen wurden. Anders als 1930 wurde das Turnier nicht nur in einer, sondern in acht Städten veranstaltet, von denen einige neue Stadien erhielten.

Zwei Torhüter als Mannschaftskapitäne: Combi (links) und Plánička, dazwischen Schiedsrichter Eklind (andere Seite). Preisverleihung durch Mussolini (links). Oben: erstmals Sonderbriefmarken

Two goalkeepers as team captains: Combi (left) and Plánička, between them referee Eklind (other page). Presentation of awards by Mussolini (left). Above: the first special issue stamps.

genau, was dort besprochen wurde. Aber wir glaubten es zu ahnen, denn sie verstanden sich offenbar gut.
Obwohl das römische Stadion, das den Namen der faschistischen Partei trug, mit 55 000 Zuschauern gefüllt war und auf der Pressetribüne rund 300 Journalisten diesem ersten globalen Ereignis beiwohnten, sah Eklind bewußt über Fouls der Italiener hinweg. Übertriebene Härte kam besonders auf, als wir unsere Führung durch Linksaußen Puč bis zur 81. Minute behaupteten. Erst dann glückte Orsi der Ausgleich. Vielleicht hätten wir den knappen Vorsprung behaupten können, wenn es damals schon Stadionuhren gegeben hätte. So aber fehlte uns das Zeitgefühl. In der Verlängerung erzielte Schiavio dann das 2:1. Unser Pech war, daß wir zwei Verletzte nicht auswechseln konnten. So spielten wir zum Schluß praktisch mit neun Mann. Anschließend nahm ich für unser Team einen Silberpokal entgegen, doch ich war bitter enttäuscht. Ein wenig Trost flatterte 44 Jahre nach dem Finale in mein Prager Haus. Absender: Raimundo Orsi, Finaltorschütze von 1934, jetzt im argentinischen Mendoza zu Hause. Sein Brief war ein spätes Geständnis. Es hieß darin: »Nicht auszudenken, wenn Schiedsrichter Eklind nicht auf unserer Seite gestanden hätte. Denn alles drehte sich bei uns um die Frage: Wie können wir den Teufelskerl Plánička bezwingen? Bei einer Endspiel-Niederlage fürchteten wir das Schlimmste. Sogar eine Hinrichtung auf Befehl Mussolinis schlossen manche von uns nicht aus.«
Ich betrachte dieses Schreiben als eine Art Wiedergutmachung; ebenso die Goldmedaille, die ich 1964 von italienischen Journalisten in Florenz als »moralischer Held« erhielt. ■

Finale

10.6.1934, Rom, PNF-Stadion

Italien-ČSR 2:1 n.V. (0:0, 1:1)

Italien: *Giampiero Combi; Eraldo Monzeglio, Luigi Allemandi; Attilio Ferraris, Luis Fernando Monti, Luigi Bertolini; Enrique Guaita, Giuseppe Meazza, Angelo Schiavio, Giovanni Ferrari, Raimundo Orsi; Trainer: Vittorio Pozzo*

ČSR: *František Plánička; Josef Čtyroký, Ladislav Ženíšek; Rudolf Krčil, Štefan Čambal, Josef Košťálek; Antonín Puč, Oldřich Nejedlý, Jiří Sobotka, František Svoboda, František Junek; Trainer: Karel Petrů*

Torfolge: *0:1 Puč (76.), 1:1 Orsi (81.), 2:1 Schiavio (96.)*

Schiedsrichter: *Ivan Eklind (Schweden),*

Linienrichter: *Jacques Baert (Belgien), Mihály Iváncsics (Ungarn)*

Zuschauer: *55 000*

Von den 16 Endrundenteilnehmern kamen zwölf aus Europa, darunter die von Otto Nerz trainierten Deutschen, die das Spiel um Platz drei gegen das österreichische »Wunderteam« von Hugo Meisl gewannen. Vor allem die Torhüter prägten diese WM: Giampiero Combi für Italien, František Plánička für die Tschechoslowakei, Ricardo Zamora für Spanien, Willibald Kreß und Hans Jakob für Deutschland. Torschützenkönig wurde der Prager Oldřich Nejedlý, der fünfmal traf.

Eintrittskarte für Schweiz-Niederlande (3:2) am Eröffnungstag im San Siro-Stadion von Mailand

Ticket for the Switzerland-Netherlands game (3:2) on the opening day in Milan's San Siro stadium.

Das Scheitern der »Großdeutschen«

Gustav Stark

Langsam gewinnen wir Abstand von den Ereignissen an Frankreichs Fußballfronten. Unser Blick bleibt nicht mehr wie gebannt vom Schreck am Gestern haften. Er wendet sich der Zukunft zu. Was nutzt das unablässige Verweilen im Vergangenen, das bloße Beklagen und Anklagen; die Zeituhr ist nicht stehengeblieben, und das Fußball-Leben geht weiter ... Wir geben gerne zu, daß es nicht einfach ist, immer wieder Hoffnung zu entfachen, nachdem wir seit Februar von nichts weiter als der Hoffnung lebten. Denn die Tatsachen ohne diesen Hoffnungsfilter ließen kaum etwas anderes erwarten als das Versagen der deutschen Mannschaft in Paris. »So deuten viele Vorzeichen darauf hin, daß Deutschland schon in der Vorrunde als sogenannte ›gesetzte‹ Nation ausscheidet«, schrieben wir in düsterer Vorahnung bei unserer Vorbesprechung zur Weltmeisterschaft. Und nach der Stuttgarter Enttäuschung gegen Aston Villa riefen wir bestürzt aus: »Wie sollen wir die Vorrunde der Weltmeisterschaft überstehen, wenn uns gegen eine Vereinself nicht glückt, was dem Gegner (Schweiz) sogar gegen die Nationalmannschaft (Englands) gelingt?« In der ersten Verzweiflung suchte man vielfach nach Entschuldigungen. Entschuldigungen gleichen meist sehr verdächtig Beschönigungen. Beschönigungen grenzen nahe an mangelnden Mut. Mangelnder Mut zur Erkenntnis ist der erste Schritt zu neuen Fehlern ... In zwei Spielen nicht gewinnen, kann niemand mehr mit Pech erklären. Nicht Zuschauer, nicht Mannschaftsaufstellung, nicht System, nicht Mischung – die Gründe unseres Versagens liegen tiefer, mag vielleicht von all dem etwas mitgespielt haben. Unseres Versagens? Ja, wir haben versagt! Eine National-

Brutale Brasilianer

Nach der Einverleibung Österreichs bestand die Nazi-Führung auf einer »großdeutschen« Mannschaft, die nach einem 1:1 im Achtelfinale gegen die Schweiz jedoch im Wiederholungsspiel (2:4) ausschied. Die erstmals von Sepp Herberger betreute Elf hatte schon in der Vorbereitung gegen Aston Villa (1:2) und England (3:6) verloren. Nicht dabei: Österreichs langjähriger Mannschaftskapitän Matthias Sindelar, der Anfang 1939 unter mysteriösen Umständen durch eine Kohlen-

Gustav Stark

Der Münchner Schiedsrichter, der die beiden deutschen WM-Spiele in Frankreich miterlebt hatte, veröffentlichte seine Beobachtungen im »Reichssportblatt«, 28.6.1938 (leicht gekürzt). Stark pfiff 1940 das Endspiel um die Deutsche Meisterschaft.

Italien verteidigt den WM-Titel mit Erfolg. Auf dem Foto: Trainer Vittorio Pozzo schwenkt die »Goldene Göttin«. Andere Seite: Auftaktspiel Deutschland-Schweiz, das der belgische Schiedsrichter John Langenus leitet. Daneben: Vor der Verlängerung – Ratlosigkeit bei den »Großdeutschen«

Italy successfully defends its title. On the photograph: manager Vittorio Pozzo waves the »Golden Goddess«. Other page: the Germany-Switzerland opening game, refereed by Belgian John Langenus. Adjacent: before extra time – the representatives of »Greater Germany« have no idea what to do.

elf, die 1937 in elf Spielen unbesiegt bleibt, ein Torverhältnis von 36:6 erzielt, die in Glasgow mit Ovationen überschüttet wird, schon 1934 »dritter Weltmeister« war, darf nicht so schnell ausscheiden. Wie bei den Olympischen Spielen hat sie in entscheidender Stunde weit unter ihrem wahren Wert gespielt.
Das war eins der wesentlichen Merkmale der Niederlage: die deutschen Spieler ... unterlagen als die matteren, erschöpfteren, der physischen Steigerung ihres Könnens unfähigen Spieler.
Das zweite Merkmal unseres Versagens war die mangelnde Mannschaftseinheit ...
Der Schweizer Stürmer Trello Abegglen verriet – was ein Zuschauer aus der Entfernung nicht so sicher feststellen kann – ein bedeutsames Symptom dieser Uneinheitlichkeit im deutschen Spiel. Ihm fiel auf, daß die deutschen Spieler sehr viel sprachen, sich ständig mit Worten verständigen mußten, während die Schweizer sich zu gut kannten, um solche Hilfsmittel in Anspruch nehmen zu müssen. Unsere früheren Nationalmannschaften haben stumm gespielt.
Vielfach wird die Frage erörtert, ob man nicht mit einer rein Wiener oder einer rein »altdeutschen« Mannschaft mehr erreichte. Der Gedanke hat viel Bestechendes an sich. Obwohl die österreichische Mannschaft in der laufenden Spielzeit gerade einen Tiefstand fast ohnegleichen erreicht hatte ..., bewies sie im unvergeßlich großen Wiener Kampf am 3. April, daß sie in schweren Spielen vielleicht doch noch einmal zu Leistungen fähig ist, die an 1931/32 erinnern. Wir würden davon sogar überzeugt sein, wenn Sindelar statt 35 höchstens 30 alt wäre.
In diesem Plan, sofern er überhaupt erwogen wurde, bestärkten allerdings die Leistungen der Wiener im ersten Aston-Villa-Spiel nicht, so daß es verständlich war, nun doch nach der starken Synthese beider Truppenteile zu suchen. Bei allen Vorschlägen, die auf die wesentlichere Betonung des Wiener Elements hinzielen, trifft man auf gar zu viel Romantik der Erinnerung und auf die völlige Verkennung der jetzt gegebenen Tatsachen. Man spricht vom Wunderteam und übersieht, daß es nicht mehr existiert und z.B. Österreich als Wiener Stadtelf kürzlich erst noch gegen Ungarn glatt verlor, während eine stark ersatzgeschwächte Elf des alten Reichs 1:1 spielte. Man sieht, ganz so mühelos läßt sich das Problem nachträglich doch nicht lösen. Aber wichtiger scheint uns auch, daß man aus den trüben Tagen von Paris lernt. Denn wir müssen jetzt wieder vorwärtsschauen. ■

Finale

19.6.1938, Paris, Colombes-Stadion

Italien-Ungarn 4:2 (3:1)

Italien: *Aldo Olivieri; Alfredo Foni, Pietro Rava; Pietro Serantoni, Michele Andreolo, Ugo Locatelli; Amedeo Biavati, Giuseppe Meazza, Silvio Piola, Giovanni Ferrari, Luigi Colaussi; Trainer: Vittorio Pozzo*

Ungarn: *Antal Szabó; Sándor Bíró, Gyula Polgár; Gyula Lázár, György Szücs, Antal Szalay; Pál Titkos, Gyula Zsengellér, Dr. György Sárosi, Jenö Vincze, Ferenc Sas; Trainer: Alfréd Schaffer*

Torfolge: *1:0 Colaussi (6.), 1:1 Titkos (7.), 2:1 Piola (16.), 3:1 Colaussi (35.), 3:2 Dr. Sárosi (70.), 4:2 Piola (82.);*

Schiedsrichter: *Georges Capdeville (Frankreich)*

Linienrichter: *Gustav Krist (ČSR), Hans Wüthrich (Schweiz)*

Zuschauer: *45 124*

monoxidvergiftung umkam. Negativ fielen die Brasilianer mit ihrer Härte im Viertelfinale gegen die Tschechoslowakei (1:1) auf. Torjäger Nejedlý erlitt einen Beinbruch, Plánička hütete trotz gebrochenen Unterarmknochens

Originalentwurf des französischen Grafikers Joë Bridge für eine Sonderbriefmarke

Original sketch for a special stamp by French graphic artist Joë Bridge.

noch 35 Minuten das Gehäuse. Nach einem Sieg im Wiederholungsspiel (2:1) lieferten die Südamerikaner dann aber Italien im Halbfinale eine große Partie (1:2). Mit Leônidas (acht Treffer) stellten sie auch den Torschützenkönig.

Stille wie beim Begräbnis

Wolf Lyberg

Für mich als jungen Journalisten war es kaum faßbar, als ich 1950 nach Brasilien geschickt wurde, das sich schon um die Fußball-WM von 1942 beworben hatte, die aber wegen des Zweiten Weltkrieges ausfallen mußte. Es war letztlich wohl mein fünfmonatiger Portugiesisch-Lehrgang, der meine Chefs überzeugt hatte. In Rio de Janeiro angekommen, empfingen mich 40 Grad Hitze. Von einer bevorstehenden Weltmeisterschaft war nichts zu merken. In der Riesenschüssel des Maracanã-Stadions, das 200 000 Menschen fassen und schon 1948 fertiggestellt sein sollte, fehlte noch die Gegentribüne. Doch dann wurden 25 000 Soldaten abkommandiert, die unter der Leitung eines Majors die Arbeiten zu Ende brachten. Am Tag vor dem ersten Spiel nahm dann die ganze Truppe auf der fertigen Tribüne Platz, um festzustellen, ob sie das Gewicht aushalten würde. Es funktionierte, worauf der Major zum General befördert wurde.

Unvergeßlich die Eröffnung der Weltmeisterschaft. Der Enthusiasmus der Zuschauer war unbeschreiblich. Erstmals spielte man den neuen Welt-Hit »Brazil, Brazil«. Tausende Raketen wurden gen Himmel gejagt, worauf deren Asche auf unsere Tribüne herabregnete. 585 Personen mußten anschließend ihre Verbrennungen ärztlich behandeln lassen.

Wir Schweden hatten vor der WM heiß diskutiert, ob unsere Auslandprofis Gunnar Gren, Nils Liedholm und Gunnar Nordahl, mit denen wir 1948 in London Olympia-Gold gewonnen hatten, eingesetzt werden sollten. Doch die Verantwortlichen für die Nationalmannschaft lehnten das ab, weil sie meinten, »Gre-No-Li«, wie man das Trio nannte, hätte Schweden verraten. Trotzdem qualifizierten wir uns aber gegen Irland mit neuen Spielern, darunter Lennart Skoglund, der vorher noch nie in der 1. Division gespielt hatte.

Für die WM wurden wir in einer Gruppe mit Indien, Italien und Paraguay ausgelost. Doch als die FIFA den Indern untersagte, wie üblich barfuß zu spielen, meldeten sich diese aus Protest wieder ab. Ein ganz anderes Problem hatten die Italiener, die am 4. Mai 1949 bei einem Flugzeugabsturz die gesamte Mannschaft des AC Turin verloren hatten, die beinahe mit der Nationalelf identisch war. Dennoch gelang es Trainer Vittorio Pozzo, ein neues Klasseteam aufzustellen, mit dem er – aus Furcht vor einer neuen Katastrophe – eine sechstägige Schiffsreise in Kauf nahm, um

Wolf Lyberg

**1917, von 1939 bis 1961 Journalist bei der Stockholmer Sportzeitung »Idrottsbladet«, Mitbegründer der Internationalen Handball-Föderation; von 1969 bis 1988 Generalsekretär des schwedischen NOK, 1972 bis 1984 Chef de Mission der schwedischen Olympiamannschaften; er nahm von 1936 bis 2004 an allen Olympischen Spielen teil und berichtete von den Fußball-WM 1950 bis 1974.*

Links: der Presseausweis von 1950

WM-Trophäe im Schuhkart

Während des Krieges versteckte Italiens FIFA-Vizepräsident Dr. Ottorino Barassi den Siegerpokal in einem Schuhkarton unterm Bett und entzog ihn so den Besatzern. Beim Wiederbeginn erhielt die Trophäe den Namen Coupe Jules Rimet.

Nur einmal gelingt es den Brasilianern im »Endspiel«, Uruguays Torwart Máspoli zu bezwingen (links).
Unten: Bei den Gastgebern werben die Weltmeister um Sympathie, als sie sich mit der brasilianischen Flagge zeigen.
Ganz unten: das Maracanã-Stadion

Only once do the Brazilians manage to beat Uruguay's goalkeeper Máspoli in the final (left). Below: the world champions try to woo the hosts by parading with the Brazilian flag. Foot of page: the Maracanã Stadium.

nach Brasilien zu gelangen. Die Zeitungen gaben uns Schweden gegen Italien keine Chance, doch dann geschah das Unglaubliche, als wir mit 3:2 gewannen. Die Journalisten schrieben nun über »Pal-Jepp-Sko«, hinter dem sich Palmér, Jeppson und Skoglund verbargen. Am Ende holte die Mannschaft dann die Bronzemedaille noch vor Spanien.
Zuvor hatten wir allerdings eine deutliche Schlappe erlitten: Das erste Spiel der Finalrunde verlor Schweden gegen Brasilien mit 1:7. Unser einziges Tor stammte aus einem Elfmeter. Kein Wunder also, wenn danach alle fest glaubten, daß der WM-Titel nur an die Mannschaft des Gastgebers gehen würde.
Das Finale gegen Uruguay fand vor einer Riesenkulisse im Maracanã-Stadion statt. Angeblich waren es 200 000, was bis heute einen Zuschauerrekord darstellt. Mitten unter ihnen saßen wir ausländischen Journalisten, denn auf die Pressetribüne hatte man nur die brasilianischen Kollegen gelassen, die ansonsten am Rasen hin und her liefen und wie üblich während der Partie mit ihren Spielern Interviews machten. Das hatte die FIFA ihnen diesmal aber nicht erlaubt.
Für Brasilien schien die Sache gelaufen, als Friaça kurz nach Beginn der zweiten Halbzeit das 1:0 erzielte. Doch bald darauf folgte der Ausgleich durch Schiaffino, und elf Minuten vor Schluß pfiff ein eisiger Wind durch die Arena, als Ghiggia Uruguay in Führung schoß. 20 Meter von mir entfernt fiel daraufhin vor Überraschung einem uruguayischen Zuschauer die Asche von der Zigarre, worauf sein Nachbar, der sich belästigt fühlte, mit einer Pistole wild um sich ballerte. Eine Waffe gehörte damals zur Standardausrüstung jedes Brasilianers, der auf sich hielt. Beim Betreten einer Bar waren die Pistolen allerdings an der »Waffen-Garderobe« abzuliefern.
Nachdem Uruguay mit 2:1 gewonnen hatte, herrschte im Stadion eine Stille wie bei einem Begräbnis. Man hörte nur noch das Schluchzen der brasilianischen Fans, von denen viele weinten. Die Uruguayer sahen zu, daß sie mit ihrer »Goldenen Göttin« heil wegkamen. Auch ich nahm ein Taxi und fuhr ins Zentrum, wo ich mir eines der Extrablätter kaufen wollte, doch der Zeitungsverkäufer verweigerte es mir anfangs. Später verstand ich warum. Auf der Titelseite stand in riesigen Lettern »URUGUAY Campeào do MUNDO!« Darunter ein Foto der brasilianischen Mannschaft, das man nicht mehr rechtzeitig hatte auswechseln können. So sicher waren sie sich gewesen. ■

Nach Kriegsende hatte sich Brasilien bereit erklärt, 1950 die WM-Endrunde ausrichten, das einzige Mal vollständig in Turnierform. Die vier Gruppensieger erreichten die Finalrunde. Dennoch kam es zu einem »Endspiel«, da die Organisatoren die Partie Brasilien-Uruguay wohlweislich als letzte angesetzt hatten. Erstmalig trugen alle Spieler Rückennummern. Unter den 13 Teilnehmern befand sich erstmals England, das 1928 aus der FIFA ausgetreten war und 1946 mit den anderen britischen Verbänden zurückkehrte. Die Mannschaft erlebte jedoch gegen die USA ein Desaster (0:1) und schied in der Vorrunde aus. Dagegen fehlten die Deutschen: Erst Ende 1950 wurde der Länderspielbetrieb wieder aufgenommen.

Finale

16.7.1950, Rio de Janeiro, Maracanã-Stadion

Uruguay-Brasilien 2:1 (0:0)

Uruguay: *Roque Gastón Máspoli; Matías González, Eusebio Ramón Tejera; Schubert Gambetta, Obdulio Jacinto Varela, Víctor Rodríguez Andrade; Alcides Edgardo Ghiggia, Julio Pérez, Oscar Omar Míguez, Juan Alberto Schiaffino, Ruben Morán; Trainer: Juan López*
Brasilien: *Barbosa; Juvenal, Augusto; Bigode, Danilo, José Carlos Bauer; Chico, Jair, Ademir; Tomaz Soares Zizinho; Friaça; Trainer: Flávio Costa*

Torfolge: *0:1 Friaça (47.), 1:1 Schiaffino (66.), 2:1 Ghiggia (79.)*
Schiedsrichter: *George Reader (England)*
Linienrichter: *Arthur Ellis (England), George Mitchell (Schottland)*
Zuschauer: *173 850*

»Elf Freunde müßt ihr sein«

Fritz Walter

Vollbrachten wir deutschen Fußballer ein Wunder, als wir in Bern Weltmeister wurden? Je größer der Abstand zu jenem 4. Juli 1954 wird, desto mehr kommt mir das so vor. Doch Wunder passieren immer wieder, und das konkrete hatte Gründe, denn uns drückte damals nicht die Last des Favoriten. In unserer Vorrundengruppe gehörten wir nicht einmal zu den »Gesetzten«. Das waren die vier Jahre unbesiegten Ungarn, die 1953 als erste kontinentale Elf England im Wembley-Stadion mit 6:3 besiegt hatten, sowie die höher gehandelten Türken.
Bundestrainer Sepp Herberger, der für mich nur der »Chef« war, hatte zurückhaltend, aber raffiniert geplant. Gegen den heißen Favoriten Ungarn ließ er nur eine zweite Mannschaft auflaufen; die 3:8-Niederlage war einkalkuliert, wenn auch nicht in dieser Höhe. Statt dessen konzentrierte er die Kräfte auf die Türkei. Dem 4:1-Sieg folgte im Entscheidungsspiel ein 7:2, womit wir uns durch die Hintertür in die Runde der letzten Acht schlichen.
Mit dem Essen kam der Appetit. Mit ein bißchen Glück und einem 2:0 überstanden wir gegen Jugoslawien das Viertelfinale. Entscheidend wurde die Partie gegen Österreich. Gegen diese Riesenmannschaft glückte uns aber einfach alles, und wir gewannen mit 6:1. Jetzt merkten es auch die anderen: Die Deutschen können nicht nur rennen, sondern sogar ein bißchen spielen ...
Was war geschehen? Von Runde zu Runde wuchsen Trainer und Mannschaft zusammen. Beispielsweise Toni Turek war anfangs keineswegs die Nummer eins im Tor. Doch er steigerte sich von Spiel zu Spiel und setzte sich von Kwiatkowski und Kubsch – den beiden anderen Torhütern – ab. Oder Jupp Posipal. Von Haus aus Stopper, wurde er von Herberger zum Außenverteidiger umgeschult. Stundenlang übten beide miteinander, und eines Tages konnte Posipal die Bälle mit beiden Füßen gleich gut schießen.
Die Fäden liefen bei mir, dem Kapitän, im Mittelfeld zusammen. Mein erstes Länderspiel hatte ich 1940 bestritten, doch ab 1942 folgte eine Pause von neun Jahren. Krieg und Gefangenschaft stahlen mir meine beste Zeit. Als ich mich auf die Weltmeisterschaft vorbereitete, war ich schon im 34. Lebensjahr – nur Turek war älter.

Fritz Walter

**1920; Kapitän der deutschen Weltmeister-Elf von 1954; WM-Vierter von 1958; Ehrenspielführer der deutschen Nationalmannschaft; bestritt von 1940 bis 1958 61 Länderspiele, in denen er 33 Tore schoß; spielte von 1930 bis 1959 für den 1. FC Kaiserslautern; Namensgeber für das Fritz-Walter-Stadion (1985) und die Fritz-Walter-Stiftung (1998); den obigen Beitrag autorisierte er 1994 anläßlich des 40jährigen Jubiläums des WM-Erfolgs; er starb am 17. Juni 2002.*

Ein verwirrender Modus

Die WM-Sonderbriefmarke auf einer Maximumkarte
A blown-up version of the World Cup special issue stamp.

Rahns Schuß aus dem Hintergrund macht Deutschland zum Weltmeister. Unten: Ein historisches Andenken: das Finalticket. Andere Seite: auf den Schultern ihrer Fans – Fritz Walter, Eckel und Herberger

Rahn's long-range shot makes Germany world champions. Below: An historic souvenir: the ticket for the final. Other page: on the shoulders of their fans – Fritz Walter, Eckel and Herberger

Dabei hätte ich vier Wochen vor der WM am liebsten Schluß gemacht, als ich mit dem 1. FC Kaiserslautern das Endspiel um die Deutsche Meisterschaft gegen Hannover 96 mit 1:5 verlor und ausgepfiffen wurde. Die Presse schrieb, Fritz Walter sei einfach zu alt. Herberger solle mich und die vier anderen Lauterer, die das Gerippe der Nationalelf bildeten, daheim lassen.

Meine Leistungssteigerung erkläre ich mir mit einer Trotzreaktion, ausgelöst auch von bösen Briefen, die mir meine Frau in das Trainingslager im Schwarzwald nachschickte. In solchen Situationen konnte ich doppelt und dreifach trainieren. So kam es, daß ich zur WM absolut fit war. Noch heute bin ich stolz, alle sechs Spiele absolviert zu haben, obwohl mir an warmen Tagen meine Malaria, die ich mir im Krieg eingehandelt hatte, zu schaffen machte.

Dennoch blieben wir für das Endspiel gegen Ungarn nur Außenseiter. Vize-Weltmeister ist ja auch ganz schön, dachten wir. Und nur nicht wieder so hoch verlieren ... Doch wir sagten uns auch: Beim 3:8 fehlte die Hälfte unserer ersten Reihe. Dennoch schossen wir gegen ihre beste Truppe drei Tore. Die Ungarn waren also auch verletzbar.

Am Sonntag, dem 4. Juli, regnete es. Herberger prophezeite mittags: »Das ist dem Fritz sein Wetter.« Doch kaum waren im Berner Wankdorfstadion acht Minuten gespielt, lagen wir schon 0:2 zurück. Die Sache schien gelaufen. Aber zwei Minuten später erzielte Max Morlock den psychologisch wichtigen Anschlußtreffer. Die Ungarn fingen nun an, sich untereinander zu kritisieren. Das nutzte Helmut Rahn, den wir den »Boß« nannten, um in der 18. Minute den Ausgleich zu schießen: 2:2!

In der Halbzeit hatten wir erstmals das Gefühl, wir könnten das Undenkbare erreichen. Die Ungarn besaßen die Eigenart, den Ball zu »schnippeln«, doch auf dem nassen Rasen war er schwerer als sonst zu berechnen. Was mich anging, so machten sie einen Fehler: Wenn ich zu Hause in der Oberliga Südwest auflief, stand mir vom Anpfiff an ein »Bewacher« auf den Hacken. Das hinterließ Wirkung, denn ich war sehr sensibel. In Bern aber war József Bozsik mein Gegenspieler, doch er vernachlässigte die Abwehr und ging statt dessen vorn mit 'rein. So hatte ich Raum und konnte in Ruhe unser Spiel aufbauen. Konditionell waren wir voll da und auf eine Verlängerung vorbereitet.

Doch dazu sollte es nicht kommen: Sechs Minuten vor Schluß erzielte der »Boß« das 3:2. Deutschland war erstmals Fußball-Weltmeister! In der Zeit des Wiederaufbaus, nur neun Jahre nach dem Krieg, war das vielen Menschen sehr wichtig. Kein Zauberer-Vers von Sepp Herberger hat uns zu Weltmeistern gemacht. Sein Gebot lautete: »Elf Freunde müßt ihr sein.« Das vor allem haben wir beherzigt, und wir sind auch später die großartige Truppe geblieben. ■

Finale

4.7.1954, Bern, Wankdorfstadion

BR Deutschland-Ungarn 3:2 (2:2)

BR Deutschland: *Toni Turek; Jupp Posipal, Werner Kohlmeyer; Horst Eckel, Werner Liebrich, Karl Mai; Helmut Rahn, Max Morlock, Ottmar Walter, Fritz Walter, Hans Schäfer; Trainer: Sepp Herberger*

Ungarn: *Gyula Grosics; Mihály Lantos, Jenö Buzánszky; József Zakariás, Gyula Loránt, József Bozsik; Mihály Tóth, Ferenc Puskás, Nándor Hidegkuti, Sándor Kocsis, Zoltán Czibor; Trainer: Gusztav Sebes*

Torfolge: *0:1 Puskás (6.), 0:2 Czibor (8.), 1:2 Morlock (10.), 2:2 Rahn (18.), 3:2 Rahn (84.)*

Schiedsrichter: *William Ling (England),*

Linienrichter: *Vincenzo Orlandini (Italien), Mervyn Griffiths (Wales)*

Zuschauer: *62 471*

WM-Siegerplakette von 1954

World Cup winner's plaque from 1954

An der Qualifikation nahmen 33 Länder teil, darunter das damals selbständige Saarland, das mit der Bundesrepublik und Norwegen in der Europagruppe 1 spielte. Das von Helmut Schön trainierte Team erreichte gegen Norwegen einen 3:2-Auwärtssieg und ein 0:0-Unentschieden, es verpaßte aber ein Weiterkommen durch Niederlagen gegen die DFB-Auswahl (0:3 und 1:3). Die 16 Endrundenteilnehmer wurden in vier Vorrunden-Gruppen ausgelost, in denen jeweils die zwei »Gesetzten« gegen die beiden »Ungesetzten« antraten, zu denen die Deutschen zählten. Diese gewannen in Gruppe 2 gegen die Türkei (4:1) und verloren mit der »zweiten Garnitur« gegen Ungarn (3:8), da Herberger seine Stammspieler schonen wollte. Nach einem 7:0-Erfolg gegen Südkorea wurde die Türkei Zweiter vor den punktgleichen Deutschen. Da das Torverhältnis aber keine Rolle spielte, wurde ein Entscheidungsspiel anberaumt, das der spätere Weltmeister mit 7:2 entschied.

Als noch richtig Tore fielen

Heinz Florian Oertel

Ja, ja, ja, – das war und bleibt Fußball zum Träumen. Was der 58er Weltmeister Brasilien bot, bedeutet mir auch heute noch Besonderes, nie wieder Erlebtes. Achtmal berichtete ich zwischen 1954 und 1990 von Weltmeisterschaften, doch der Titelkampf von 1958 mit dem Stockholmer Finale Brasilien gegen Schweden bleibt der unübertroffene Höhepunkt.

Ich sehe mich auch heute noch auf der Tribüne des Råsunda-Stadions. Mein leider inzwischen schon verstorbener Freund und Weggefährte Wolfgang Hempel und ich übertrugen als Radioreporter die Partie. Vor uns die brasilianischen Kollegen, deren einmalige Eloquenz ich auch schon 1952 bei den Olympischen Sommerspielen in Helsinki bewundert hatte.

Ein solches Sprecherfeuerwerk, wie ich es damals erlebte, kann kein Deutscher leisten. Vermutlich läßt es unsere Sprache gar nicht zu. So sind die brasilianischen Reporter auf ihre Art wohl am ehesten mit den artistischen Fußballern dieses Landes gleichzusetzen. Ihr »Gooooooool«-Schrei ist weltberühmt, und in Stockholm hatten sie auch fünfmal Grund dafür.

Für den richtigen Sound sorgen dabei auch die Kicker-Künstlernamen. Niemals würde beispielsweise die Schilderung einer Kombination funktionieren, wenn die Reporter die Fußballer beim vollen Namen nennen würden: »Hideraldo Luis Bellini gibt zu Waldir Didí Pereira und weiter zu Edvaldo Vavá Izídio Neto, der gibt ab zu Edson Arantés de Nascimento ...« Da macht jede Zunge schlapp.

Das geht es mit »Bellini spielt Didí an, der gibt zu Vavá weiter, welcher zu Pelé flankt« nicht nur einfacher, sondern vor allem schneller. Und Schnelligkeit mit teils traumwandlerischer Sicherheit beim artistischen Kombinieren zeichnete die Weltmeister von 1958 aus. Der 17jährige Pelé schoß zwei Tore und verzauberte die fast 50 000 Zuschauer, die bestmöglichen Fußball sahen, zu dem auch die erstklassigen Schweden beitrugen, die wohl nie mehr eine bessere Elf stellten als die von damals. Mit dem beinahe schon 38 Jahre alten Gunnar Gren, mit Kurt Hamrin (AC Padua), Nils Liedholm (AC Mailand) und Lennart Skoglund (Inter Mailand).

Der 5:2-Finalsieg der Brasilianer drückt vieles aus, was aber auch andere Resultate belegen. Mit 6:3 gewann Frankreich ge-

Wales durch die Hintertür

Während die Bundesrepublik als Titelverteidiger automatisch für die Endrunde zugelassen war, scheiterte die erstmals gemeldete DDR in der Qualifikation an der Tschechoslowakei und Wales. Obwohl die Waliser, die gegen die DDR in Leipzig vor 100 000 Zuschauern mit 1:2 verloren, ebenfalls ausgeschieden waren, gelangten sie aber dennoch durch eine Hintertür nach Schweden. Der Grund: Nacheinander hatten sich die Türkei, Indonesien und der Sudan geweigert, gegen Israel anzutre-

Heinz Florian Oertel
**1927; gebürtiger Cottbuser; promovierter Journalist; populärster DDR-Sportreporter und -moderator; er gehörte von 1950 bis 1991 ununterbrochen dem Berliner Rundfunk an; begann als Schauspieler und Neulehrer; Berichterstatter von 17 Olympischen Spielen (seit 1952) und acht Fußball-Weltmeisterschaften (seit 1954); Herausgeber der Olympiabücher im Verlag Das Neue Berlin (2000-2006).*

Feldverweis für Erich Juskowiak: Der Düsseldorfer kann es nicht fassen. Rechts: Ticket für das Finale, in dem Pelé (andere Seite) zwei seiner sechs Tore schoß.

Dismissal for Erich Juskowiak: the man from Düsseldorf can't come to terms with it. Right: ticket for the final, in which Pelé (other page) scored two of his six goals.

gen die starke deutsche Mannschaft Platz 3. Im Halbfinale schlug Brasilien Frankreich mit 5:2, Schweden bezwang die Bundesrepublik mit 3:1. Vorher trennten sich Frankreich-Nordirland 4:0, Brasilien-Österreich 3:0, Ungarn-Mexiko 4:0, Frankreich-Paraguay 7:3, das Spiel ČSR-Argentinien endete 6:1 ... Ja, das waren noch Tor-Zeiten! Für den Titelverteidiger, die deutsche Mannschaft unter Sepp Herberger, war es schwer. Eckpfeiler der Elf bildeten die Helden von 1954, Spieler wie Fritz Walter, Helmut Rahn, Hans Schäfer und Horst Eckel, die sich mit ihren Leistungen noch immer sehen lassen konnten und am Ende den vierten Platz erreichten. Doch der Umbruch stand unmittelbar bevor. Der 21jährige Hamburger Uwe Seeler repräsentierte die kommende Generation.

Unangenehm wurde die Halbfinalpartie zwischen Schweden und der Bundesrepublik im Göteborger Ullevi-Stadion, wo Stimmungsmacher schon lange vor Spielbeginn mit den 50 000 Zuschauern »Heja-heja-heja«-Schlachtrufe einübten, die die Deutschen bis ins Mark erschüttern sollten. Anfangs war allerdings das Gegenteil der Fall. Schäfer schoß sogar das Führungstor; mit 1:1 ging es in die Pause. Das Spiel eskalierte in der 59. Minute, als es zwischen Hamrin und seinem Gegenspieler Erich Juskowiak zu einem Gerangel kam. Als der in Italien spielende Hamrin im Stürzen Juskowiak foulte, trat der Düsseldorfer nach, was einen Platzverweis zur Folge hatte.

Nun spielten die Schweden wie entfesselt, während die Deutschen praktisch mit neun Mann auskommen mußten, nachdem Fritz Walter mit einer Knöchelverletzung vom Platz getragen worden war. Humpelnd kehrte er zurück, um sich wenigstens noch als Rechtsaußen nützlich zu machen. Doch die Niederlage war nun absehbar. Erst schoß Gren Schweden in Führung, und in der vorletzten Minute stellte Hamrin den 3:1-Erfolg und damit die Finalteilnahme sicher. Zu Hause folgte ein wütender Aufschrei. Vom schwedischen Hexenkessel und einem unfähigen Schiedsrichter namens István Zsolt war die Rede, dem die deutsche Öffentlichkeit unterstellte, daß der Ungar sich für das Berner 3:2 von 1954 hatte rächen wollen. Viel Chauvinismus war im Spiel, der einer ansonsten sympathischen Weltmeisterschaft einen schlechten Beigeschmack einbrachte. Doch besonnene und namhafte Berichterstatter wie Dr. Friedebert Becker, der damals den »Kicker« herausgab, oder der 1934 nach England emigrierte Dr. Willy Meisl gaben dem Gesamtgeschehen und dem hochverdienten Weltmeister Brasilien auch gute Noten.

Die 35 Spiele wurden von fast 900 000 Zuschauer gesehen, was auch die Organisatoren eines Besseren belehrte, denn wegen den umfangreicher gewordenen Fernsehübertragungen hatten diese einen erheblichen Besucherschwund befürchtet. Doch der trat nicht ein. Holger Bergérus, viel strapazierter Organisationschef, konnte deshalb resümieren: »Wir sind auf unsere Kosten gekommen.« ■

Finale

29.6.1958, Stockholm, Råsunda-Stadion

Brasilien-Schweden 5:2 (2:1)

Brasilien: *Gilmar; Djalma Santos, Hideraldo Luiz Bellini, Orlando, Nilton Santos; Zito, Didí; Garrincha, Vavá, Pelé, Mário Zagalo; Trainer: Vicente Feola*

Schweden: *Karl Svensson; Sven Axbom, Orvar Bergmark; Sigvard Parling, Bengt Gustavsson, Reino Börjesson; Lennart Skoglund, Nils Liedholm, Agne Simonsson, Gunnar Gren, Kurt Hamrin; Trainer: George Raynor*

Torfolge: *0:1 Liedholm (4.), 1:1 Vavá (9.), 2:1 Vavá (32.), 3:1 Pelé (55.), 4:1 Zagalo (68.), 4:2 Simonsson (80.), 5:2 Pelé (90.)*

Schiedrichter: *Maurice Guigue (Frankreich)*

Linienrichter: *Albert Dusch (BR Deutschland), Juan Gardeazábal (Spanien)*

Zuschauer: *49 737*

ten, womit das Land kampflos Sieger der Asien/Afrika-Gruppe wurde. Da laut Regeln aber keiner ohne Spiel zur Endrunde zugelassen werden durfte, wurde eine Extra-Qualifikation anberaumt. Unter den Gruppenzweiten loste man Wales aus, das Israel zweimal mit 2:0 besiegte. Einmal qualifiziert, erreichten die Waliser als Vorrundenzweiter durch ein weiteres Entscheidungsspiel gegen Ungarn (2:1) das Viertelfinale, wo sie erst am späteren Weltmeister Brasilien scheiterten.

Bester Torjäger: Just Fontaine (Frankreich). Mit 13 Treffern hält er bis heute den WM-Rekord. Im Spiel um Platz 3 gegen die Deutschen (6:3) schoß er vier Tore.

Top scorer: Just Fontaine (France). With 13 goals he still holds the World Cup record. In the third place play-off versus the Germans (6:3) he scored four goals.

Unansehnliches Defensivspiel

Hartmut Scherzer

Der VW-Käfer kostete anno 1962 4500 D-Mark. Der Preis des Tickets für einen Hin- und Rückflug von Frankfurt am Main nach Santiago de Chile in der billigsten Klasse betrug 3700 DM. Man kann also leicht ermessen, welch extrem teure Angelegenheit damals die Fußball-Weltmeisterschaft in Chile für deutsche Verlage war. Das Jet-Zeitalter war gerade erst angebrochen. Auf dem vierstrahligen Lufthansa-Flieger war denn auch die neue Düsen-Epoche gekennzeichnet: Boeing Jet 720.

Mit diesem Linienflug also reiste die deutsche Nationalmannschaft, begleitet von gerade mal 15 deutschen Journalisten, nach Südamerika. Es war erst die zweite Reise einer deutschen Fußball-Auswahl überhaupt über den Atlantik. Im Jahr zuvor war Sepp Herberger mit seinen Männern vorab zu einem Freundschaftsspiel (1:3) – und zur akribischen Vorbereitung – nach Santiago geflogen. So »buchte« der Bundestrainer die Escuela Militar »Bernardo O'Higgins« als WM-Quartier, eine »schreckliche Kaserne«, wie dann mancher Spieler hinter vorgehaltener Hand tuschelte, wo man sich vom Leben abgeschirmt fühlte. Fotografen legten von außen Leitern an die Mauern, um Bilder vom Training zu erhaschen. Kadetten in weißen Stahlhelmen bewachten den Sportplatz; Soldaten mit preußischen Pickelhauben die Kasernentore, durch die nur Einlaß fand, wer ein Passepartout Herbergers vorzeigen konnte. Es war einfacher, nach dem Spiel in die Kabine zu gelangen.

Die Exklusivität des kostspieligen Fluges über den Äquator wurde jedem Passagier mit einer DIN-A4-Urkunde der Lufthansa dokumentiert. Beglaubigt (handschriftlich): R. Mayer, Chefpilot, über dem Äquator, dem 20.5.62 an Bord des Boeing Jet D-ABOQ auf dem Fluge von Frankfurt/M nach Santiago de Chile.

Warum ich trotz der gewaltigen Kosten als Jungspund von 23 Jahren in den Genuß meines ersten von später zwölf WM-Abenteuern kam? Ich war bei der Weltnachrichtenagentur United Press International (UPI) angestellt und dort für die Bundesrepublik zuständig.

Glückliche Weltmeister: Nílton Santos und Pelé. Darüber: einer der besten Deutschen – Uwe Seeler

Happy world champions: Nílton Santos and Pelé. Above: one of the best Germans – Uwe Seeler

Hartmut Scherzer

**1938; gebürtiger Berliner; 1960-1972 verantwortlich für den Sport des deutschen UPI-Dienstes; 1973-1989 Redakteur bzw. Ressortleiter der Frankfurter »Abendpost/Nachtausgabe«; seit 1989 freier Journalist; Berichterstatter von 17 Olympischen Spielen (seit 1964), zwölf Fußball-WM (seit 1962) und 23 Tour de France (seit 1977); 1996 »Reporter des Jahres«, 2004 Jules-Rimet-Auszeichnung der FIFA, 2005 Laureuas-Medien-Preis.*

Fritz Walter reiste als Reporter

Bei der Vergabe der 7. WM hatte sich Chile 1956 überraschend gegen Argentinien durchgesetzt. Als im Mai 1960 große Teile der Anden-Republik durch ein Erdbeben zerstört wurden, hielt Cheforganisator Carlos Dittborn dennoch an der Ausrichtung fest, obwohl europäische Verbände die Verlegung der WM gefordert hatten. Einen Monat vor Beginn starb dann auch noch Dittborn ...

Die Bundesrepublik qualifizierte sich ohne Punktverlust gegen Nordirland und Griechenland,

Überraschende Vizeweltmeister: Tschechoslowakei. Oben: Sonderbriefmarke von 1962
Surprise runners-up: Czechoslovakia. Above: special stamp, 1962.

Herbergers Generalprobe vor dem Abflug, Deutschland-Uruguay (3:0) in Hamburg, war mein Länderspieldebüt – wie auch das Wolfgang Fahrians. Trotz Kabinenzugangs war »Zitaten-Journalismus« damals nicht üblich. Mit einem Zitat nach einem Gespräch mit Omar Sivori (mit Übersetzer) über Horst Szymaniak erregte ich dennoch Aufmerksamkeit. Vor dem ersten Spiel – Deutschland-Italien – hatte der italienische Star mir versichert: »Wäre Szymaniak Italiener, würde er bei uns spielen.« Ein Ritterschlag für den Abtrünnigen, denn der Wuppertaler spielte beim AC Catania und hatte damit nach Ansicht vieler Kritiker seinen Platz in der Nationalmannschaft verwirkt. Weltmeister Max Morlock, als Kolumnist in Chile dabei, fand es »unerhört«, daß Herberger auf einen Spieler zurückgriff, der als Profi sein Geld im Ausland verdiente. »Ein Armutszeugnis für den deutschen Fußball«, hetzte Morlock.

Der wahre Streit aber entzündete sich schon damals ums deutsche Tor. Nach dem Abschlußtraining in der Kaserne, erzählt Wolfgang Fahrian heute, sei Helmut Schön – damals Herbergers Assistent – auf ihn zugekommen. Er hätte den Arm um ihn gelegt und gesagt: »Wolfgang, du spielst. Konzentriere dich darauf.« Hans Tilkowski, die Nummer eins mit 18 Länderspielen, sprang dann bei der Mannschaftssitzung auf, riß die Stühle neben sich um und verschwand.

Fahrian stand gegen Italien erst zum zweiten Mal im deutschen Tor. Er hielt bravourös das 0:0 und kann noch heute sein Glück von damals nicht fassen: »Ich kam aus einem Dorf von 2000 Einwohnern, aus Klingenstein bei Ulm, und auf einmal schaute ganz Deutschland auf mich – und das an meinem 21. Geburtstag. Beim Rückblick wird mir immer wieder bewußt: Eine Weltmeisterschaft ist das Größte im Leben eines Fußballspielers.«

Auch beim 2:1 gegen die Schweiz und dem 2:0 gegen Chile zeichnete sich Fahrian aus. Nach dem Italien-Spiel soll sich Tilkowski betrunken, Möbel zertrümmert und aus dem Zimmer auf den Flur geschleudert haben. Allerdings erklärt Fahrian diese Geschichte zur Mär. »Ich habe kein kaputtes Mobiliar gesehen.« Und er muß es schließlich wissen, denn er teilte die Kadettenkammer mit Tilkowski, Günter Sawitzki und Willi Giesemann.

Als der Jugoslawe Petar Radaković dann im Viertelfinale an der Strafraumgrenze ungedeckt zum Schuß kam, war das die Endstation. Fahrian hatte den Ball nicht einmal kommen sehen. Deutschland verlor 0:1 – gescheitert mit seinem unansehnlichen Defensivspiel, das sich vor allem Sepp Herberger vorwerfen lassen mußte. Dennoch blieb er im Amt. Erst ein Jahr später, als die Bundesliga eingeführt und die Kritik an Herberger lauter wurde, zog er sich verärgert zurück. ■

Finale
17.6.1962, Santiago, Nationalstadion

Brasilien-CSSR 3:1 (1:1)
Brasilien: *Gilmar; Djalma Santos, Nílton Santos; Zito, Mauro, Zózimo; Garrincha, Didí, Vavá, Amarildo, Mário Zagalo; Trainer: Aimoré Moreira*
ČSSR: *Viliam Schrojf; Ladislav Novák, Ján Popluhár, Jiří Tichý; Josef Masopust, Svatopluk Pluskal; Josef Jelínek, Andrej Kvašňák, Josef Kadraba, Adolf Scherer, Tomáš Pospíchal; Trainer: Rudolf Vytlacil*

Torfolge: *0:1 Masopust (15.), 1:1 Amarildo (17.), 2:1 Zito (69.), 3:1 Vavá (78.)*
Schiedsrichter: *Nikolai Latyschew (UdSSR)*
Linienrichter: *Bobby Davidson (Schottland), Leo Horn (Niederlande)*
Zuschauer: *68 679*

dagegen mußte die DDR als Gruppenzweiter hinter Ungarn erneut zuschauen. Gegen die Niederlande spielte sie zu Hause 1:1, die Punkte aus dem Rückspiel sprach die FIFA ihr zu, weil der Mannschaft die Einreise verweigert wurde.

Fritz Walter, der im Krieg nur knapp einen Flugzeugabsturz überlebt hatte, traute sich das erste und einzige Mal wieder an Bord einer Maschine. Zum Verdruß von Bundestrainer Sepp Herberger reiste er aber nur als Berichterstatter.

Eintrittskarte für die Partie Deutschland-Chile (2:0)
Ticket for the Germany-Chile match (2:0).

Die Geburt eines Mythos

Hartmut Scherzer

Ach ja, das ominöse »Wembley-Tor«! Die Weltmeisterschaft 1966 in England reduziert sich im deutschen Fußball-Gedächtnis auf diesen umstrittenen dritten Treffer im Finale, das England zum Weltmeister und Deutschland zum anständigsten Verlierer in der Geschichte des Fußballs machte. Wir Agentur-Journalisten, die an diesem Samstag, dem 30. Juli, die Ereignisse ad hoc zu schildern hatten, konnten – wie die Kollegen der Zeitungen auch – von der Pressetribüne aus natürlich nicht sehen, ob der Ball vor, auf oder hinter der Linie aufgesprungen war. Wir hatten auch keine Zeit zum diskutieren und konnten ebenso nicht auf die später gezeigten Zeitlupenaufnahmen des Fernsehens warten.

Im Gegenteil. Geradezu nüchtern beschrieben wir damals in unseren Spielberichten – im Journalisten-Jargon »Schnellschuß« genannt – die Geburtsminuten eines mittlerweile 40 Jahre alten Mythos, was sich so las: »Hurst jagte aus kurzer Entfernung einen knallharten Schuß unter die Latte, und es war nicht festzustellen, ob der Ball, der von der Lattenkante zu Boden geschlagen wurde, dabei die Linie überschritten hatte oder nicht. Auch Schiedsrichter Dienst war sich über die Situation offensichtlich nicht im klaren, so daß er den sowjetischen Linienrichter Bachramow befragen mußte. Erst dessen Bestätigung brachte die Anerkennung des 3:2-Erfolges für die Engländer, die weiterhin im Angriff blieben.« Endstand 4:2.

Wolfgang Weber – heute 62 Jahre alt – war sozusagen die Hebamme bei der Geburt des Wembley-Mythos, als er in buchstäblich letzter Sekunde im Strafraumgewühl das 2:2 schoß und damit die Verlängerung erzwang. »Es ging wie ein Blitz durch meinen Kopf: Schnell rein mit dem Ball in die freie Ecke, ehe der Schiedsrichter abpfeift«, erinnert sich Weber an das Tor, das ihn beinahe zum Helden von Wembley gemacht hätte. Weber stieß dann auch den besagten aufspringenden Ball vor seinem Gegenspieler Geoff Hunt in der festen Überzeugung ins Aus, daß nun ein normaler Eckstoß folgen würde – und nicht das historische »Wembley-Tor«.

Der Haudegen vom 1. FC Köln, bester deutscher Spieler des Finals, erzählt: »Natürlich haben wir kurz protestiert. Ich bin überzeugt, daß der Bachramow auf den Jubel der englischen Spieler reagiert hat, die glaub-

Fall des römischen Imperiums

Die Freude der FIFA über 119 Meldungen wurde durch 21 Rücktritte und Suspendierungen gemindert. Schwerwiegend der Protest der Afrikaner, die in ihrer Gruppe gemeinsam mit Asien und Ozeanien einen einzigen Finalisten ermitteln sollten. Die Folge war ihr kompletter Rückzug, womit nur noch zwei Teams übrig blieben: Australien und Nordkorea, das beide Spiele gewann.

Wer in den Nordkoreanern einen schwachen Außenseiter erkannte, sah sich in ihrem

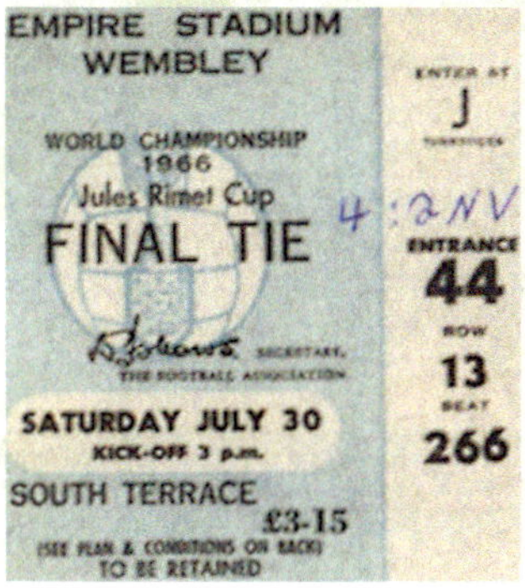

Hurst schießt das »Wembley-Tor« (links). Oben: Ticket für das WM-Finale. Daneben: Aus den Händen von Königin Elisabeth II. empfängt Englands Kapitän Bobby Moore den Jules-Rimet-Pokal. Ganz rechts: Plakat mit den Unterschriften der deutschen Mannschaft
Hurst scores the»Wembley goal« (left). Above: ticket for the World Cup final. Adjacent: English captain Bobby Moore receives the Jules Rimet cup from the hands of Queen Elizabeth II. Far right: poster with German team signatures.

ten: Der Ball muß drin gewesen sein. Ich sehe mich noch hinrennen zu ihm und glaube, ich war noch nie so schnell wie bei diesem Sprint. Aber als wir gemerkt haben, daß weder der Linienrichter noch der Schiedsrichter sich umstimmen ließen, haben wir die Entscheidung auch akzeptiert. Mit dieser Haltung, denke ich, haben wir die Sympathie der Welt des Fußballs gewonnen. In der Kabine waren wir dann viel zu müde, zu kaputt, um über dieses Tor zu lamentieren. Es war passiert, und wir konnten sowieso nichts daran ändern.«
Und Bundestrainer Helmut Schön, der seine erste WM als Nachfolger Sepp Herbergers erlebte, sagte unmittelbar nach dem Spiel im deutschen Fernsehen: »Es war sicher sehr schwer, beim Stand von 2:2 diese Entscheidung in so sauberer sportlicher Haltung hinzunehmen. England ist ein guter Weltmeister.«
Wenn ich mich an die WM von 1966 erinnere, gilt jedoch mein erster Gedanke nicht jenem legendären »Wembley-Tor«, sondern einem sensationellen Treffer, den ich im Villa Park von Birmingham erlebte und mit dem Lothar Emmerich im letzten, entscheidenden Gruppenspiel gegen Spanien das 1:1 erzielte. Aus dem spitzesten aller Winkel, kurz vor der Torauslinie und nahe der Eckfahne, haute die »Emma« das runde Leder mit »seine linke Klebe« in den oberen Winkel des entfernten Torecks. Der Name »Emma« stand anderntags in den Schlagzeilen.
Einen solchen Tag vergißt man einfach nicht: Es war der 21. Juli 1966, als in Frankfurt meine erste Tochter geboren wurde. Beim geselligen Umtrunk in einem Sheffielder Pub legten die Kollegen den Namen für das Kind fest: »Emma«! Doch die glücklichen Eltern entschieden dann anders. Namenspate wurde nicht Lothar Emmerich, sondern die französische Eiskunstläuferin Nicole Hassler. Die »Emma« hätte mir Nicole ansonsten wohl nie verziehen ...
Weil wir gerade bei Geburten sind, darf natürlich die »Geburt« des Weltstars Franz Beckenbauer mit seinen gerade 20 Jahren nicht vergessen werden. Im Finale hatte das damals noch etwas schüchterne Fußballgenie den großen Bobby Charlton ausgeschaltet. Und danach gab es in der Kabine bescheiden zu Protokoll: »Dieses Duell hat Spaß gemacht, und ich habe den Eindruck, daß ich nicht schlecht abgeschnitten habe. Bobby Charlton ist ein ausgezeichneter Fußballer. Und immer fair.« ■

Finale
30.7.1966, London, Wembley-Stadion

England-BR Deutschland 4:2 n.V. (2:2, 1:1)
England: *Gordon Banks; George Cohen, Jack Charlton, Bobby Moore, Ray Wilson; Nobby Stiles, Bobby Charlton, Martin Peters; Alan Ball, Geoff Hurst, Roger Hunt; Trainer: Alf Ramsey*
BR Deutschland: *Hans Tilkowski; Karl-Heinz Schnellinger, Wolfgang Weber, Willy Schulz, Horst-Dieter Höttges; Wolfgang Overath, Franz Beckenbauer, Helmut Haller; Lothar Emmerich, Sigfried Held, Uwe Seeler; Trainer: Helmut Schön*

Torfolge: *0:1 Haller (12.), 1:1 Hurst (18.), 2:1 Peters (78.), 2:2 Weber (90.), 3:2 Hurst (101.), 4:2 Hurst (120.)*
Schiedsrichter: *Gottfried Dienst (Schweiz)*
Linienrichter: *Karol Galba (ČSSR), Tofik Bachramow (UdSSR)*
Zuschauer: *96 924*

ersten Vorrundenspiel gegen die UdSSR bestätigt, das diese mit 0:3 verloren. Beim folgenden 1:1 gegen Chile ahnte noch keiner, daß sie die eigentliche Sensation noch parat hatten. Sie ereignete sich am 19. Juli 1966 in Middlesbrough, als ein Stürmer namens Pak Doo Ik die hochgehandelten Azzurris, die frühzeitig Bulgarelli durch Verletzung verloren hatten, aus dem WM-Wettbewerb kickte. Danach verglich der »Corriere della Sera« das Desaster mit dem Fall des römischen Imperiums.

Nordkoreanische Kopfball-Pyramide kontra Italiens Star Facchetti (rechts). Links: das erste Maskottchen namens »Willie« und WM-Sonderbriefmarken
North Korean heading pyramid versus Italian star Facchetti (right). Left: the first mascot – „Willie" – and World Cup stamps.

Torflut in dünner Luft

Wolfgang Hartwig

Rudi Glöckner, der Schiedsrichter aus Markranstädt bei Leipzig, lag noch in seinem Bett im Hotel »Maria Isabel«, dem FIFA-Hauptquartier im Zentrum von Mexiko-Stadt, als bei ihm das Telefon klingelte. Ein Journalist von »Bild« war dran. »Herr Glöckner, sitzen Sie bequem?«, fragte er. Und weiter: »Es ist entschieden. Sie pfeifen das Endspiel!«

Glöckner war sprachlos. Konnte das denn stimmen? Bisher hatte man doch immer einen der ganz Prominenten dafür ausgewählt, einen, der am Ende seiner Laufbahn stand – etwa vom Format eines Gottfried Dienst oder Nikolai Latyschew. Noch immer zweifelnd, eilte Glöckner zur Rezeption, wo er in seinem Fach einen Brief der FIFA vorfand. »Schiedsrichter beim Spiel 32«, las er auf einem Zettel – das war die offizielle Bestätigung.

FIFA-Präsident Sir Stanley Rous persönlich hatte den Sachsen vorgeschlagen, der bis zur Weltmeisterschaft mit nur sechs Länderspielen beinahe noch als Neuling gelten konnte. Doch der Brite schätzte dessen Stil. Und so war es auch kein Zufall, daß Glöckner seine meisten internationalen Einsätze in Großbritannien hatte. 19mal pfiff er auf der Insel.

Beim Skat mit Trainern und Journalisten aus der DDR suchte Glöckner die vorabendliche Ablenkung. Dabei sollte die Finalshow doch nur »Brazil« heißen, was dem Schiedsrichter das Agieren leicht machte. Allein die Südamerikaner verübelten Glöckner später ein wenig dessen geradlinige und kompromißlose Art, mit der er die legendären Auftritte des berühmten Masseurs Americo verhinderte, der zweimal minutenlang »Fußballgott« Pelé, der sich grundlos auf dem Rasen gewälzt hatte, auf dem Platz behandeln wollte.

»In diesem brasilianischen Feuer ist Italien mit 1:4 richtig verglüht«, klagte die Turiner Zeitung »Tutto Sport«. »Es wirkte völlig ausgelaugt vom Halbfinalkrimi gegen Beckenbauer & Co.« Die Londoner »Daily Mail« applaudierte: »Keine Mannschaft verdiente es mehr, diese einzigartige Trophäe zu gewinnen, keine hat mehr für den Fußball getan.«

Zum dritten Mal und damit auch endgültig hatte Brasilien den Coupe Jules Rimet erobert. Dreimal war dabei Pelé als Torjäger die herausragende Kraft.

Zum »Spiel des Jahrhunderts« aber erhob die Weltpresse das Halbfinale zwischen Italien und der Bundesrepublik. Denn da war keine Spur mehr von jener berüchtigten Betonabwehr, genannt Catenaccio, wie sie die Azzurris in der Vorrunde praktizierten, als sie ihre Gruppe mit einem einzigen Treffer gegen Schweden und zwei torlosen Unentschieden gegen Uruguay und Israel gewannen.

Die enttäuschten mexikanischen Zuschauer, deren Mannschaft im Viertelfinale an Italien gescheitert war, trieb das anfangs ins deutsche Lager. Doch Boninsegnas 1:0 aus der

Wolfgang Hartwig,

*1929; der gebürtige Hallenser war von 1953 bis 1980 Sportredakteur der Zeitung »Junge Welt«, ab 1980 der »Berliner Zeitung«, deren Sportressort er bis 1994 leitete; Berichterstatter bei vier Olympischen Spielen (seit 1972), vier Fußball-Weltmeisterschaften (seit 1970) sowie 16 Europameisterschaften (davon elf Junioren).

Mexikanische Farbenspiele

Fußballjunge »Juanito« – das Maskottchen (links). Rechts: Ticket vom WM-Finale

The boy football »Juanito« – the mascot (left). Right: ticket for the final.

Zum dritten Mal Weltmeister: Brasilien; ganz links: Schiedsrichter Rudi Glöckner. Andere Seite: Gerd Müller wird mit zehn Treffern Torschützenkönig.
Three-time champions: Brazil; far left: referee Rudi Glöckner. Other page: Gerd Müller becomes top scorer with ten goals.

achten Minute überlebte fast die gesamte reguläre Spielzeit, ehe Karl-Heinz Schnellinger praktisch mit dem Abpfiff sein Team in die Verlängerung retten konnte.
Was folgte, war eine irrsinnige halbe Stunde. Bei 40 Grad am Grund des Kessels und in der dünnen Luft in 2000 Meter Höhe geriet mancher Spieler an den Rand des Kollapses. Und Beckenbauer, mit kaputtem Schlüsselbein und einem mit Klebeband an der Brust befestigten rechten Arm weiterspielend, konnte nach zwei Auswechslungen nicht mehr ersetzt werden. Beim 2:1 rannte Müller in eine verunglückte Rückgabe von Poletti. Dann nutzte Burgnich einen Fehlpaß von Held zum 2:2. Riva narrte Schnellinger und Torwart Maier – 2:3. Dann das Finale: Seeler köpfte zu Müller, der ebenfalls per Kopf vollendete – 3:3. Eine Minute drauf stand Rivera mutterseelenallein am Elfmeterpunkt – 3:4 in der 111. Minute. Das war die Entscheidung.
Doch die Deutschen, die in diesen nervenaufreibenden 20 Minuten ihre Kraft verschlissen hatten, gingen – wie 1966 – als stolze Verlierer vom Platz. Wenigstens hatten sie sich diesmal an ihren Bezwingern revanchiert. Und wie! Dabei führte England im Glutofen von León bereits mit 2:0, und Trainer Alf Ramsey wähnte sich mit seinem Team schon im Halbfinale, als er den genialen, nun aber schwächelnden Bobby Charlton aus dem Spiel nahm, was Beckenbauer als dessen Widerpart förmlich aufblühen ließ. Prompt besorgte der Franz auch das 1:2.
Erneut bewährte sich, wie Trainer Helmut Schön auf die Mittelstürmerfrage »Müller oder Seeler?« geantwortet hatte: »Mit beiden!« Gesagt, getan. Zuerst überlistete Seeler den weit vorm Tor stehenden englischen Keeper Bonetti mit dem Hinterkopf, danach versetzte Müller den Briten den 3:2-k.o. »England verlor nicht den Weltcup, es warf ihn fort!«, stöhnte anschließend der »Daily Sketch«.

Zu guter Letzt wurden die Deutschen durch ein 1:0 gegen Uruguay wie schon 1934 noch Dritter einer Weltmeisterschaft, die für viele bis dahin die aufregendste und stimmungsvollste war. Kein Feldverweis, aber 95 Tore in 32 Spielen, davon allein 19 von Brasilien. Mit zehn Treffern wurde Gerd Müller Torschützenkönig, während Peru ohne jede Verwarnung den Fairneßpokal gewann. Traumhafte Fußballzeiten!
Das galt auch für das Azteken-Stadion mit seinen 110 000 Plätzen, das zum Modell für spätere Arenen wurde. Die in zwei Kränzen angeordneten 300 Logen, die man für die Dauer von 100 Jahren verkauft hatte, brachten einige Millionen Dollar ein. Und Rudi Glöckner, der bis 2006 als erster und einziger Deutscher ein WM-Finale geleitet hatte? Ihn schickte die FIFA gleich noch in den nächsten Hexenkessel nach Buenos Aires, wo er das Weltpokalfinale zwischen Estudiantes de La Plata und Feyenoord Rotterdam leitete. Die Niederländer siegten, was keinen Skandal zur Folge hatte. ■

Finale

21.6.1970, Mexiko-Stadt, Azteken-Stadion

Brasilien-Italien 4:1 (1:1)

Brasilien: *Félix; Carlos Alberto, Brito, Piazza, Everaldo; Clodoaldo, Gérson, Roberto Rivelino; Jairzinho, Pelé, Tostão; Trainer: Mário Zagalo*
Italien: *Enrico Albertosi; Giacinto Facchetti, Roberto Rosato, Pierluigi Cera, Tarcisio Burgnich (74. Antonio Juliano); Giancarlo De Sisti, Alessandro Mazzola, Mario Bertini; Luigi Riva, Roberto Boninsegna (84. Gianni Rivera), Angelo Domenghini; Trainer: Ferruccio Valcareggi*

Torfolge: *1:0 Pelé (18.), 1:1 Boninsegna (37.), Gérson (66.), 3:1 Jairzinho (71.), 4:1 Carlos Alberto (87.)*
Schiedsrichter: *Rudolf Glöckner (DDR),*
Linienrichter: *Rudolf Scheurer (Schweiz), Norberto Coerezza (Argntinien)*
Zuschauer: *107 412*

Plakette für den WM-Zweiten
Plaque for the runners-up

Nach dem Boykott der Afrikaner lenkte die FIFA vier Jahre später ein: Afrika bekam ebenso eine eigene Qualifikationsgruppe wie Asien/Ozeanien. Zu den acht europäischen Teams zählte die Bundesrepublik, die nur auswärts einen Punkt an Schottland abzugeben brauchte. Erneut Zaungast: Die DDR schlug zwar zweimal Wales und erreichte gegen Italien zu Hause ein 2:2, ehe die Azzurris in Neapel mit einem 3:0 den Sack zumachten. Sieben Monate später waren sie Vizeweltmeister.

»MEXICO 70« war die erste Weltmeisterschaft mit Fernsehen rund um die Uhr. Da die meisten Zuschauer die Sendungen noch in Schwarzweiß sahen, wurden die Mannschaften aufgefordert, Kontrastfarben zu tragen. Neu war die Regel, wonach pro Spiel zwei Kicker ohne Angabe von Gründen ausgewechselt werden durften. Verwarnungen wurden erstmals mit Gelben und Feldverweise mit Roten Karten angezeigt. 45mal zückten die Schiedsrichter Gelb, Rot ließen sie stecken.

Weltmeister dank »Sparwasser-Effekt«

Heinz Florian Oertel

Das Streitobjekt: Bundestrainer Helmut Schön mit dem Weltpokal. Rechts: Jürgen Sparwasser schießt das 1:0 von Hamburg.
Worth fighting for: German manager Helmut Schön with the World Cup. Right: Jürgen Sparwasser scores the only goal at Hamburg.

Erster und Sechster – das waren die Endpositionen der beiden Fußball-Deutschlands 1974. Längst legten wir das zu den Akten und gucken mit ungetrübtem Blick auf die Stimmungssituation vor 32 Jahren. Doch da räkelt sich auch noch ein Rest von Staunen. Vor allem Jüngere fragen: Wie konnte das damals passieren? DDR-Bundesrepublik 1:0 – das gibt's doch gar nicht!
So lebt jener 22. Juni 1974 mit dem Geschehen im Hamburger Volkspark-Stadion nur noch wenig von Tatsachen, stärker von der Legende. Natürlich war das 1:0 mit Sparwassers Tor in der 78. Minute ein Paukenschlag. Klar, es wurde bestaunt, beklatscht, lange, lange diskutiert. Fachleute erregten sich, Fans jubelten oder schimpften. Beides oftmals extrem. Doch heute verlangt der Abstand der Jahre vor allem Sachlichkeit. Das DDR-Team trat als Außenseiter an. Kaum jemand traute ihm Besonderes zu, denn viermal hintereinander waren die Vorgängermannschaften in der WM-Qualifikation gescheitert – zuletzt an Italien, das 1970 dann Vizeweltmeister wurde. Unmittelbar danach übernahm Georg Buschner das Amt des Nationaltrainers, und als er trotz eines 1:0-Heimerfolgs über die Niederlande die Teilnahme an der 1972er EM verfehlte, wechselte der Jenaer die Strategie. Der laufende Wettbewerb wurde zur Teststrecke, um eine schlagkräftige Truppe für 1974 zu formen. Und tatsächlich ging seine Rechnung auf: Auf der Strecke blieb mit Rumänien immerhin ein WM-Endrundenteilnehmer von 1970.
Nicht nur die Nationalelf, der gesamte DDR-Fußball hatte in den 70er Jahren an Substanz gewonnen. Der 1. FC Magdeburg bezwang am 8. Mai 1974 unter Trainer Heinz Krügel in Rotterdam den AC Mailand im Europacupfinale der Pokalsieger. Immerhin 2:0, und in der siegreichen Elf standen mit Jürgen Pommerenke, Martin Hoffmann und Jürgen Sparwasser Spitzenkönner, die zur Weltmeisterschaft dann auch Buschners Auswahlniveau mitbestimmten. Aber, noch nach 32 Jahren gefragt, wer nahm das damals im bundesdeutschen Fußball überhaupt zur Kenntnis? Mir fällt auch heute keine bessere Antwort ein als diese: Die Hauptursache für das Hamburger Resultat war vor allem dieses Nichtwissen oder Nichtwissenwollen.
So bekam der David seine Riesenchance. Und wieder einmal

Ein neuer Weltpokal mußte her

Als dreifacher Sieger holte Brasilien endgültig den Coupe Jules Rimet, worauf die FIFA einen neuen Weltpokal stiftete, den zuerst die Bundesrepublik gewann. Sie war als Gastgeber automatisch für die Endrunde qualifiziert, während sich die anderen Deutschen in Gruppe 4 mit Rumänien, Finnland und Albanien auseinanderzusetzen hatten. Die DDR schlug Rumänien in Leipzig 2:0, doch es wurde noch einmal spannend, als Rumänien Finnland mit 9:0 nach Hause schickte und die DDR ihr letztes Spiel gegen Albanien auswärts unbedingt gewinnen mußte, was ihr mit 4:1 auch überzeugend gelang. Unglücklich operierte die UdSSR, die als Sieger der Europagruppe 9 ein Entscheidungsspiel gegen Chile bestreiten sollte. Als sie sich aus nachvollziehbaren Gründen weigerte, im Nationalstadion von Santiago anzutreten, wo das Pinochet-Regime vorher politische Gegner exekutiert hatte, bekam Chile von der FIFA ein 2:0 und den WM-Platz geschenkt.

Zwei große Regisseure: Franz Beckenbauer und Johan Cruyff, den »Wadenbeißer« Berti Vogts im Finale im Griff hatte.
Two great playmakers: Franz Beckenbauer and Johan Cruyff, who was contained in the final by »terrier" Berti Vogts.

stolperte ein Goliath. Aus bundesdeutscher Sicht wird nicht zu Unrecht immer wieder behauptet: Erst diese Niederlage hat uns wachgerüttelt. Vom »Sparwasser-Effekt« war die Rede. Das 0:1 wurde im Gastgeberland zwar als Ärgernis empfunden, aber letztlich trug es dazu bei, Überhebliches zu überwinden, was der weitere Verlauf des Turniers bestätigte. Auch Bundestrainer Helmut Schön, ein ebenso sachlicher wie freundlicher »Fußball-Sachse«, sah das damals so.
Aus jetziger Sicht läßt sich auch über die DDR-Elf, die sich schon vor dem Hamburg-Spiel wegen des 0:0 zwischen den beiden anderen Vorrundengegnern Chile und Australien für die Zwischenrunde qualifiziert hatte, nur Gutes sagen. Ihr weiterer Weg war mit hohen Hindernissen gepflastert, die Brasilien (0:1), Niederlande (0:2) und Argentinien (1:1) hießen. Doch sie erzielte auch gegen diese Weltklasseteams Achtungserfolge, mit denen sie ihre Qualitäten unterstrich. Schöns Mannschaft bescherte dagegen die Zwischenrunde schwächere Gegner. Nacheinander schaltete sie Jugoslawien mit 2:0, Schweden mit 4:2 und schließlich Polen mit einem Müller-Treffer 1:0 aus. Damit hatte sich die Bundesrepublik für das Finale gegen die Niederlande qualifiziert, wo der zweite deutsche Weltmeistertitel wartete, den sich die Beckenbauer & Co. vollauf verdient hatten.
Der bundesdeutsche Fußball konnte sich in den Folgejahren weiterentwickeln, maßgeblich gefördert von der Substanz der Bundesliga und einer internationalen Belebung. Mit dem DDR-Fußball ging es leider wieder rückwärts. So blieb Buschners Auswahltrainerzeit die erfolgreichste. Doch auch unter seiner Regie folgte nach dem Olympiasieg von 1976 in Montreal nichts Großes mehr. In der nächsten WM-Qualifikation scheiterte die Mannschaft übrigens an den Österreichern, die einmal weniger remis spielten, und gegen die sich dann Schöns Elf in der Endrunde mit einer 2:3-Niederlage doch recht blamierte.
Es wäre aber kein korrekter Rückblick auf 1974, ließe es der Zeitzeuge nur bei solchen Erinnerungen. Ich kommentierte damals Spiele in Hamburg, Hannover, Gelsenkirchen und schließlich auch das Finale in München. Allerorts war und ist die erstklassige Organisation zu loben. In jeder Stadt, in jedem Stadion – damals mit die modernsten der Welt – zeichnete sich das Publikum durch Fairneß und Sachlichkeit aus. Mir war bis dahin leider auch schon anderes begegnet. So bleibt's dabei: eine ausgezeichnete Weltmeisterschaft mit deutschen Besonderheiten, die es nur einmal gab. ■

Finale

7.7.1974, München, Olympiastadion

BR Deutschland-Niederlande 2:1 (2:1)

BR Deutschland: *Sepp Maier; Berti Vogts, Hans-Georg Schwarzenbeck, Franz Beckenbauer, Paul Breitner; Uli Hoeneß, Rainer Bonhof, Wolfgang Overath; Jürgen Grabowski, Gerd Müller, Bernd Hölzenbein; Trainer: Helmut Schön*
Niederlande: *Jan Jongbloed; Ruud Krol, Wim Rijsbergen (69. Theo de Jong), Arie Haan, Wim Suurbier; Johan Neeskens, Wim van Hanegem, Wim Jansen, Rob Rensenbrink (46. René van de Kerkhof), Johan Cruyff, Johnny Rep; Trainer: Rinus Michels*

Torfolge: *0:1 Neeskens (2./Foulelfmeter), 1:1 Breitner (26./Foulelfmeter), 2:1 Müller (44.)*
Schiedsrichter: *Jack Taylor (England),*
Linienrichter: *Ramón Barreto Ruiz (Uruguay), Alonso González Archundia (Mexiko)*
Zuschauer: *77 833*

Und ab geht die Post ...! WM-Briefmarken mit Sonderstempel vom Finaltag Daneben: »Tip und Tap« – die Maskottchen, die sich der Grafiker Horst Schäfer ausdachte.
Off they go...! World Cup stamps with a final day franking. Adjacent: »Tip und Tap« – the mascots thought up by graphic artist Horst Schäfer (left).

Mit Grabowski im Doppelzimmer

Hartmut Scherzer

Brot und Spiele: Junta-Chef Varela überreicht den Argentiniern den Weltpokal. Links: Kapitän Daniel Passarella – Drehscheibe im Team des Weltmeisters
Bread and circuses: junta boss Varela presents the World Cup to the Argentinians. Left: captain Daniel Passarella – pivotal figure in the champions' team

Helmut Schön und Jürgen Grabowski lebten in Wiesbaden über ein Jahrzehnt lang in unmittelbarer Nachbarschaft. Doch es dauerte bis zum 2. März 1978, ehe der Biebricher den Bundestrainer in dessen Bungalow in Klarenthal besuchte. Schön hatte Grabowski drei Monate vor dem Eröffnungsspiel der WM '78 in Buenos Aires gegen Polen zu Kaffee und Kuchen eingeladen, um ihn abermals, diesmal nahezu kniefällig, zu einem Comeback zu überreden.
Nach dem Münchner Triumph von 1974 hatte Grabowski als Weltmeister an seinem 30. Geburtstag den Rücktritt verkündet. Seitdem himmelten die Kritiker das Ballgenie der Frankfurter Eintracht an wie die Opernpäpste ihre Callas. Mit 33 Jahren spielte »Grabi« als Mittelfeldstratege in der Bundesliga noch immer wie ein junger Gott, und er wurde gar mit Johan Cruyff und Alfredo di Stefano verglichen. »Jürgen, ich brauche dich«, flehte Schön daraufhin, denn dem Titelverteidiger fehlte der »Kopf«. Und der Bundestrainer fürchtete nach 14 glorreichen Jahren um einen würdigen Abschied. Doch schweren Herzens blieb Grabowski bei seinem »Nein«. Schön hätte andere bewährte Leader haben können. Doch in seiner »Überheblichkeit und Arroganz«, wie der damalige Kapitän Berti Vogts dem Deutschen Fußball-Bund vorwirft, seien Franz Beckenbauer und Uli Stielike trotz seines Drängens nicht nominiert worden. Beckenbauer spielte in der amerikanischen »Operetten-Liga« bei Cosmos New York und galt, so das abfällige Urteil von DFB-Präsident Hermann Neuberger, für die Weltmeisterschaft als nicht mehr leistungsfähig genug. Als ihm Vogts und Sepp Maier entgegenhielten, der Franz würde »untrainiert und mit einem Bein« noch locker mitspielen, gab Neuberger vor, daß Cosmos die Freigabe verweigert hätte. Tatsächlich hatte sich der DFB gar nicht darum bemüht. Und was Stielike betraf, so war sich Schön zu schade, »bei Real Madrid Klinken zu putzen«, wie er sich ausdrückte.
Die Folge: »Eine nicht intakte, von Grüppchen zersplitterte Mannschaft spielte eine schlechte Weltmeisterschaft«, bekennt Vogts heute. Deutschland gewann nur eines von sechs Spielen: die Vorrundenpartie gegen Mexiko mit 6:0. Den beiden torlosen Vorrunden-Begegnungen gegen Polen und Tunesien folgte in der Zwischenrunde das dritte 0:0 gegen Italien sowie ein 2:2 gegen die Niederlande. Den Einzug unter die letzten Vier verpaßte der Titelverteidiger anschließend in Córdoba durch eine peinliche 2:3-Niederlage gegen die bereits ausgeschiedenen Österreicher, die seit 47 Jahren keinen Sieg gegen den

Eine Hand wusch die andere

»Gauchito« – das Maskottchen (rechts). Daneben: Ticket vom WM-Finale. Ganz rechts: Argentina '78 als Sonderbriefmarke
»Gauchito« – the mascot (right). Adjacent: ticket for the final match. Far right: Argentina '78 as a special stamp.

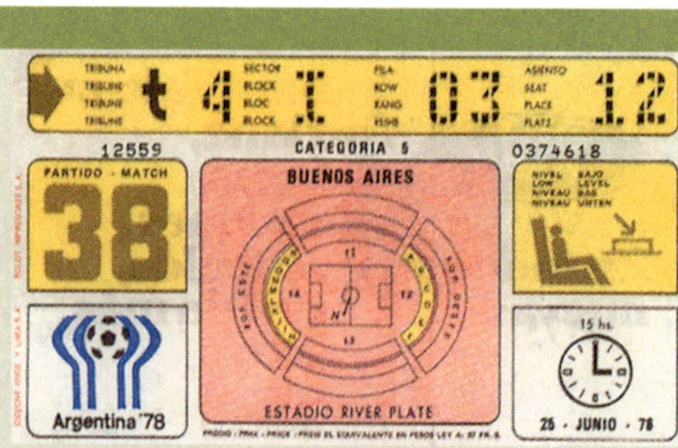

Österreich darf jubeln: Nach dem Führungstreffer von Karl-Heinz Rummenigge schießt Berti Vogts das Ausgleichstor. Sepp Maier kann da nur noch zusehen.

Austria can rejoice: after the opening goal by Karl-Heinz Rummenigge, Berti Vogts scores the equaliser. Sepp Maier can only watch.

großen Nachbarn errungen hatten. Voller Selbstironie erinnert sich Vogts heute an sein 96. und letztes Länderspiel: »Mein Eigentor zum 1:1 war das I-Tüpfelchen der verkorksten WM und für die Schlappe in diesem Spiel.« Trotz aller Bitten des designierten Bundestrainers Jupp Derwall sei es danach nicht mehr sein Ehrgeiz gewesen, die Hundert vollzumachen. »Reicht das?« schrie Bernd Hölzenbein in Richtung Bank, nachdem er den Ball ins österreichische Tor geköpft hatte. »Es reicht«, beruhigte ihn Schön, denn Holland führte gegen Italien mit 2:1 und stand im Endspiel, während Italien bei diesem Stand ausgeschieden war. Trotz aller Murkserei hätten die Deutschen gegen Brasilien also noch um den dritten Platz gespielt. Doch dann nutzte Hans Krankl drei Minuten vor Schluß einen Fehler Rolf Rüssmanns zum 2:3. Bitterer hätte der Abschied für Helmut Schön und Berti Vogts nicht ausfallen können. Übrigens: Auch Jürgen Grabowski war in Argentinien dabei – als Kolumnist der Frankfurter Zeitung »Abendpost/Nachtausgabe«, bei der ich damals beschäftigt war. Lange bevor ihn Schön zu beknien begann, hatte ich ihn für 20 000 DM engagiert. Als WM-Spieler hätte er allerdings das Zehnfache verdienen können. Die Idee, ihn als Autor zu verpflichten, diente einem reinen Selbstzweck. Alleine hätte mich mein Chefredakteur nie und nimmer nach Argentinien geschickt. Aber für einen »Weltmeister, der exklusiv die Weltmeisterschaft kommentiert«, so der Werbeslogan, übernahmen Vertrieb und Werbung sämtliche Kosten – selbstverständlich auch für den nun unverzichtbaren Redakteur als Ghostwriter. Einträchtig teilten wir uns ein Doppelzimmer in einem Córdobaer Hotel – 60 Kilometer vom gemeinsamen Mannschafts- und Journalisten-Quartier Ascochinga entfernt. Es waren gefährliche Zeiten im Argentinien der Militärdiktatur. Auf dem Rückweg von einem geselligen Abend in Ascochinga stoppte mich um Mitternacht mitten in der Pampa eine Militärkontrolle. Während ich meine Akkreditierungen und Ausweise vorzeigte, hielt mir ein Soldat den Lauf seiner Maschinenpistole an die Schläfe. Nur keine falsche Bewegung, dachte ich mir, sonst drückt der ab. Wegen der Menschenrechtsverletzungen hatte es zuvor in der Bundesrepublik Diskussionen gegeben, ob wir überhaupt teilnehmen sollten. Und nun waren die Deutschen auch noch unrühmlich ausgeschieden. Der Abend hatte mit Katzenjammer geendet und mir noch ein Geschenk beschert: Hölzenbeins Trikot mit der traditionellen »17«. »Nimm es!«, hatte er dazu gesagt. »Das war heute mein letztes Länderspiel.« ■

Finale

25.6.1978, Buenos Aires, Monumental-Stadion

Argentinien-Niederlande 3:1 n.V. (1:1, 1:0)

Argentinien: *Ubaldo Matildo Fillol; Jorge Mario Olguín, Luis Adolfo Galván, Daniel Alberto Passarella, Alberto César Tarantini; Osvaldo César Ardiles (66. Rubén Omar Larrosa), Américo Rubén Gallego, Mario Alberto Kempes; Ricardo Daniel Bertoni, Leopoldo Jacinto Luqué, Oscar Alberto Ortíz (75. René Orlando Houseman); Trainer: Cesar Luis Menotti*

Niederlande: *Jan Jongbloed; Jan Poortvliet, Erny Brandts, Ruud Krol, Wim Jansen (72. Wim Suurbier); Johan Neeskens, Arie Haan, Willy van de Kerkhof; Rob Rensenbrink, Johnny Rep (59. Dick Nanninga), René van de Kerkhof; Trainer: Ernst Happel*

Torfolge: *1:0 Kempes (38.), 1:1 Nanninga (81.), 2:1 Kempes (105.), 3:1 Bertoni (115.)*

Schiedsrichter: *Sergio Gonella (Italien)*

Linienrichter: *Ramon Barreto Ruiz (Uruguay), Erich Linemayr (Österreich)*

Zuschauer: *77 260*

1975 erhielt die FIFA einen neuen Technischen Direktor: Joseph S. Blatter, der bis dahin bei der Uhrenfirma Longines angestellt war. Der Schweizer residierte im elsässischen Landersheim, am Firmensitz seines Freundes Horst Dassler. Über Blatter kam der Adidas-Chef an den unerfahrenen FIFA-Präsidenten Havelange heran, der viel Geld benötigte, um seine Wahlversprechungen von 1974 zu verwirklichen. Dassler knüpfte dem Brasilianer den Kontakt zum US-Getränkehersteller Coca-Cola, der noch im selben Jahr mit der FIFA einen Werbevertrag schloß und dann zwei Jahrzehnte lang die Junioren-WM sponserte. Als Gegenleistung akzeptierte Havelange 1981 den Dassler-Intimus als Generalsekretär.
Geld stinkt nicht! Nachdem sich der argentinische General Jorge Videla im März 1976 blutig an die Macht geputscht und Tausende politische Gegner umgebracht hatte, mehrten sich die Stimmen, die WM in ein anderes Land zu verlegen. Die FIFA aber sah keinen Handlungsbedarf.

Eine italienische Metamorphose

Gottfried Weise

Jubelnde Juve-Stars mit dem Pokal: Claudio Gentile und der 40jährige Dino Zoff. Unten: das Apfelsinenmännchen »Naranjito« als Maskottchen
Rejoicing Juve stars with the Cup: Claudio Gentile and 40 year old Dino Zoff. Below: the orange manikin »Naranjito« as mascot.

Wo der Wind sich dreht ... Gonzalo Torrente Ballester beschreibt, wie sich der Wind an der wilden galicischen Küste dreht, bis ein verheerender Sturm die Landschaft gründlich verändert. Für dieses Werk wurde der Schriftsteller 1981 mit dem spanischen Literatur-Nationalpreis geehrt. Das war sechs Jahre nach dem Tod von Diktator Franco, nur Monate, nachdem König Juan Carlos die junge Demokratie vor putschenden Generälen bewahrt hatte, und nur ein Jahr vor der 12. Fußball-Weltmeisterschaft, die erstmals mit 24 Teams ausgetragen wurde, was 52 Spiele in 14 Städten und 17 Stadien nötig machte.

Die Diskussion um eine Erweiterung war nahezu zwei Jahrzehnte alt. Neu aufgegriffen hatte das Thema der Brasilianer João Havelange, der sich 1974 vor allem mit Unterstützung der »Dritten Welt« zum FIFA-Präsidenten wählen ließ, wobei er als Gegenleistung die Aufstockung der WM-Endrunde versprach. Da auch die Kassen des Weltverbandes leer waren, folgte ihm der FIFA-Kongreß fünf Jahre später willig, wodurch nicht nur das Ausrichterland – Spanien war die WM bereits 1966 zugesprochen worden –, sondern auch die Sponsoren ein Problem bekamen. Doch dann wurden die fehlenden Millionen mit einer zusätzlichen Lotterie noch eingespielt.

Ich berichtete damals für das DDR-Fernsehen über die Vorrundengruppe 1, deren Spiele in Galicien stattfanden, vor dem man mich gewarnt hatte. Die Region sei anders als die übrige Iberische Halbinsel. In der Tat: Ich fand im Nordwesten ein für spanische Verhältnisse sehr grünes, aber auch regnerisches Bergland vor, wo die Römer einst das »Ende der Welt« vermutet hatten. Und genau dorthin hatte das Losschicksal sinnigerweise die fußballspielenden Nachkommen von Julius Caesar verschlagen.

Um es vorwegzunehmen: In der vermeintlich leichten Gruppe bekleckerten sich die späteren Weltmeister aus Italien gegen Polen, Peru und Kamerun nicht mit Ruhm. Die Squadra Azzurra gewann kein einziges Spiel. Sie rettete sich nach drei Unentschieden nur als Gruppenzweiter in die Zwischenrunde, und auch nur deshalb, weil sie mit einem blassen Paolo Rossi ein mickriges Tor mehr als WM-Neuling Kamerun geschossen hatte, in dessen Mannschaft ein gewisser Roger Milla stürmte. Ja, das von den Römern gegründete Vigo war damals nicht wirklich eine Reise wert.

Wie später die ganze Region Galicien, setzten bald darauf die Italiener zu einer atemberaubenden Aufholjagd an. Zuerst entzauberten sie in ihrer Dreiergruppe Weltmeister Argentinien mit 2:1, danach vertrieben sie in einem der dramatischsten Spiele aller Zeiten die Samba-Kicker Brasiliens von der WM-Bühne. Rossi feierte mit einem Hat-Trick beim 3:2 von Barcelona seine Wiederauferstehung.

Ein Ölprinz winkt sein Team vom Feld

FIFA-Präsident João Havelange löste 1979 sein Wahlversprechen ein, die Endrunde von 1982 mit 24 Teilnehmern auszutragen. Schlagartig erhöhten sich die Chancen für Afrika, Asien/Ozeanien und Nord- und Mittelamerika, aber auch für die Europäer. In sechs ihrer sieben Gruppen qualifizierten sich die zwei Erstplazierten.

Leichtes Spiel für die Bundesrepublik, die ihre Gruppe ohne Punktverlust vor Österreich gewann. Pech für die DDR: In ihrer Dreiergruppe, zu der Polen und Malta gehörten, kam nur der Erste weiter – Polen.

In der Endrunde überraschten die von dem Brasilianer Carlos Parreira trainierten Kuweiter mit einem 1:1 gegen Olympiasieger ČSSR, wofür jeder von ihnen 175 000 Dollar kassierte.

Buhmann und Held: Zuerst foult Torhüter Toni Schumacher brutal Frankreichs Patrick Battiston, dann sichert er im Elfmeterschießen die deutsche Finalteilnahme.
Villain and hero: goalkeeper Toni Schumacher first commits a brutal foul on France's Patrick Battiston, then in the penalty shoot-out ensures Germany's participation in the final.

Auch im Halbfinale gegen Polen traf der wegen eines Wettskandals lange gesperrte Torjäger von Juventus Turin zweimal. Im Endspiel folgte Treffer Nummer sechs, womit »Pablito« zum Rekordschützen dieser WM avancierte. Später wurde er in Europa auch »Fußballer des Jahres«.
Ein Tor weniger schaffte Bayerns Stürmerstar Karl-Heinz-Rummenigge. Allein gegen Chile hatte er drei geschossen. Die Deutschen, die 1980 Europameister geworden waren, verscherzten sich zunächst viele Sympathien wegen des »Nichtangriffspakts«, den sie im letzten Vorrundenspiel von Gijón mit den Österreichern geschlossen hatten, denen eine 0:1-Niederlage genügte, um die punktgleichen Algerier aus dem Wettbewerb zu drängen. Der Vorwurf, man hätte Absprachen getroffen, wurde natürlich vehement zurückgewiesen, ebenso wie der Protest der Nordafrikaner. Allerdings empfahl das Organisationskomitee anschließend der FIFA, zukünftig alle Begegnungen am letzten Gruppenspieltag zeitgleich anpfeifen zu lassen.
Den Rest an Kredit verlor das deutsche Team, das unter Schöns Nachfolger Jupp Derwall das Fiasko von 1978 vergessen machen wollte, nach einer rüden Attacke von Torwart Toni Schumacher, der im Halbfinale von Sevilla den gerade eingewechselten Patrick Battiston mit der Hüfte und angewinkeltem Ellenbogen rammte, worauf der Franzose bewußtlos vom Platz getragen werden mußte. Die Wellen der Erregung schlugen hoch, so daß sich Bundeskanzler Helmut Schmidt und Frankreichs Staatspräsident François Mitterrand veranlaßt sahen, eine gemeinsame Erklärung abzugeben.
Trotz des häßlichen Vorfalls wurde es dennoch eine denkwürdige andalusische Nacht, in der zuerst die Franzosen mit ihrem genialen Regisseur Michel Platini triumphierten. Als die »Equipe tricolore« in der Verlängerung schon 3:1 führte, stach zunächst Joker Rummenigge. Sein Anschlußtor und Klaus Fischers spektakulärer Fallrückzieher, der zum 3:3 einschlug, hatten das erste Elfmeterschießen der WM-Geschichte zur Folge. Nachdem Maxime Bossis seinen »Elfer« vergeben hatte, war es dem wuchtigen Horst Hrubesch vorbehalten, das DFB-Team ins Endspiel zu schießen.
Beim Finale im Madrider Bernabéu-Stadion kam die »deutsche Kampfmaschine« dann allerdings ins Stottern. Nun traf ich »meine« Italiener wieder, die wie ausgewechselt spielten und mit 3:1 ihre dritte Weltmeisterschaft gewannen. Trainer Enzo Bearzot hatte alles richtig gemacht, als er an seinen gefallenen Engeln unbeirrt festhielt. Auch viele Spanier waren inzwischen Italien-Fans geworden. Das frühe Ausscheiden ihrer Elf hatten sie mit Leichtigkeit hingenommen. Ein Fußballärgernis konnte nach Francos Tod die neue Freiheit nicht trüben. So kann sich manchmal der Wind drehen! ■

Finale

11.7.1982, Madrid, Bernabéu-Stadion

Italien-BR Deutschland 3:1 (0:0)

Italien: *Dino Zoff; Claudio Gentile, Gaetano Scirea, Fulvio Collovati, Antonio Cabrini; Bruno Conti, Gabriele Oriali, Giuseppe Bergomi, Marco Tardelli; Paolo Rossi, Francesco Graziani (8. Alessandro Altobelli, 89. Franco Causio); Trainer: Enzo Bearzot*
BR Deutschland: *Harald Schumacher; Bernd Förster, Ulrich Stielike, Karlheinz Förster, Hans-Peter Briegel; Manfred Kaltz, Wolfgang Dremmler (63. Horst Hrubesch); Paul Breitner, Karl-Heinz Rummenigge (70. Hansi Müller), Klaus Fischer, Pierre Littbarski; Trainer: Jupp Derwall*

Torfolge: *1:0 Rossi (57.), 2:0 Tardelli (69.), 3:0 Altobelli (81.), 3:1 Breitner (83.)*
Schiedsrichter: *A. D. César Coelho Filho (Brasilien)*
Linienrichter: *Vojtech Christov (ČSSR) Abraham Klein (Israel)*
Zuschauer: *90 089*

Die Ernüchterung folgte gegen Frankreich. Als Giresse beim Stand von 1:3 ein weiteres Tor erzielte, winkte Fußballpräsident Al-Ahmad die Spieler vom Feld – angeblich hatte ein Zuschauerpfiff die Konzentration der Abwehr gestört. Das Spiel konnte erst fortgesetzt werden, als Schiedsrichter Stupar einwilligte, den Treffer zu annullieren, was ihm die FIFA verübelte. Der Russe bekam kein Spiel mehr und der Ölprinz einen Strafbefehl über 25 000 Franken.

Ticket vom Spiel gegen Algerien, das die Deutschen 2:1 verloren. Links: Briefmarken mit Final-Sonderstempel
Ticket to the game against Algeria which the Germans lost 2:1. Left: Stamps franked for the day of the final

Diego und die »Hand Gottes«

Gottfried Weise

Neapel sehen und dann sterben? Lieber nicht, doch wie wär's damit: Neapel besuchen und ihn – den »göttlichen« Diego Maradona – erleben! Das schon eher. Obwohl doch gerade die Engländer nach dem verlorenen Viertelfinalspiel damals nicht so recht wußten, ob sie den kleinen Argentinier wegen seines räuberischen Aktes, den er dem Allmächtigen anlasten wollte, besser verfluchen oder wegen seines darauffolgenden himmlischen Dribblings anbeten sollten.
Was war geschehen? In der 51. Minute hatte Maradona eine verunglückte Rückgabe von Steve Hodge auf Torwart Peter Shilton genutzt, um mit einem angedeuteten Kopfball, tatsächlich aber mit der Hand, das Leder ins englische Gehäuse zu schlagen. Die meisten hatten es gesehen, nur der tunesische Schiedsrichter Ben-Naceur nicht, der auf Tor erkannte. Während alles noch rätselte, kurvte drei Minuten später Maradona schon wieder durch die britischen Reihen, um den Ball zum 2:0 in die Maschen zu jagen. Realität oder Zauberei?
Der Sieg der Argentinier, die später im WM-Finale das von

»Ein wenig der Kopf, ein wenig die Hand ...« Maradonas berühmtes 1:0 gegen England. Unten: »Pique« – eine Chilischote als WM-Maskottchen
»A little with my head, a little with my hand...« Maradona's (in)famous 1:0 against England. Below: »Pique« – a chili pod as World Cup mascot

Franz Beckenbauer trainierte deutsche Team mit 3:2 bezwangen, lag ein knappes halbes Jahr zurück, als noch immer alle von Maradona schwärmten. Natürlich, die Weltmeisterschaft bestand nicht nur aus ihm. So hatte ich in Guadalajara im Viertelfinale ein »Jahrhundertspiel« zwischen Frankreich und Brasilien erlebt, das letztlich der Europameister in einem dramatischen Elfmeterschießen entschied, in dem Koryphäen wie Sócrates, Júlio César und Platini versagten.
Zweimal gab es Tor-Festivals zu feiern: Die Sowjetunion schlug Ungarn 6:0, Dänemark

Mexiko im zweiten Anlauf

Obwohl die FIFA angekündigt hatte, die Erweiterung der Endrunde von 16 auf 24 Teams auf 1982 zu beschränken, hielt sie sich nicht daran. Das war das Aus für Kolumbien, das 1974 den Zuschlag erhalten hatte und eine Verdoppelung der Stadien von sechs auf zwölf nach dem Erdbeben und der Überschwemmung von 1979 nicht verkraften konnte. 1982 gab es die WM zurück, die im Jahr darauf erneut an Mexiko vergeben wurde, das sich überraschend gegen Brasilien, die USA und Kanada durchgesetzt hatte. Die Mexikaner blieben auch bei der Stange, als sie 1985 ebenfalls vom Erdbeben heimgesucht wurden.
Die DFB-Elf, deren Teamchef seit 1984 Franz Beckenbauer hieß, qualifizierte sich in der Europagruppe 2, obwohl die beiden letzten Spiele schief gingen: in Stuttgart 0:1 gegen Portugal, in München 2:2 gegen die ČSSR.
Die DDR mußte als Dritter der Europagruppe 4 erneut zu Hause bleiben, obwohl ihr in Leipzig gegen Frankreich ein 2:0-Erfolg gelungen war.

Die Entscheidung: Am herausstürzenden Toni Schumacher zieht der von Hans-Peter Briegel bedrängte Jorge Burruchaga den Ball vorbei ins Tor.
The decision: as Toni Schumacher rushes forward, Jorge Burrachaga, harassed by Hans-Peter Briegel, gets the ball past the keeper into the goal.

deklassierte Uruguay mit 6:1. Alle Achtung auch vor Beckenbauer, der bei seiner WM-Premiere als Teamchef mit wenigen »Künstlern«, aber mit umso mehr »Facharbeitern« den Argentiniern fast die WM-Trophäe weggeschnappt hätte.
In einem aber sind sich bis heute wohl alle einig: Erinnert man an Mexico '86, denkt man vor allem an Maradona, weshalb ich nach der WM, kurz vor Weihnachten, nach Neapel reiste, wo der Superstar seit zwei Jahren unter Vertrag war. Dort sahen sie ihn längst als einen der Ihren an, und in nicht wenigen Häusern hing neben dem unverzichtbaren Bild der Jungfrau Maria auch das von »Santa Maradona«. Ein italienischer Kollege, mit dem ich sprach, entdeckte in ihm sogar den neapolitanischen Lausbub wieder, der all die Widersprüche dieser Stadt verkörperte.
Maradonas Privatsekretärin Cecilla hatte mir im »Campo Paradiso«, dem Trainingscamp des SSC Neapel, ein Exklusivinterview versprochen, was von Diego auch eingehalten wurde. Vor der Kamera wich er keiner Frage aus, auch nicht, als ich auf das umstrittene Tor aus dem England-Spiel zu sprechen kam. Er begann zu grinsen und antwortete in der dritten Person: »Man kann nicht sagen, Maradona hat das erste Tor mit der Hand erzielt. Es war ein wenig der Kopf, ein wenig die Hand, es war der ganze Maradona.« So ähnlich hatte es bereits in Argentinien geklungen, wo ihm allerdings das berühmt gewordene Zitat von einem italienischen Journalisten in den Mund gelegt worden war.
Erst später gestand Maradona ein, daß es ein »Handtor« gewesen war, was eine grobe Unsportlichkeit darstellte. Er gab sich in dieser Hinsicht lässig. Ein Betrug? Achselzucken: »Ein kleines Delikt, ein Taschendiebstahl. Na und? Ich habe niemanden umgebracht. ›Gottes Hand‹ war halt schneller als Shiltons Augen.« In der Tat: Man erboste sich zwar über den Betrüger, nicht aber über die Nachlässigkeit des Torwarts, der den Ball längst hätte fangen können, bevor ihn sich der Wirbelwind Maradona angelte.
Und welche Rolle spielte die Politik, schließlich lag der Falkland-Krieg, der Konflikt um die britische Kronkolonie im Südatlantik, die von Argentinien beansprucht wurde, erst wenige Wochen zurück? War es auch Rache für eine militärische Niederlage? Maradonas Erklärung lautete: »Vor dem Spiel hielten wir uns bedeckt und betonten, daß wir diese Dinge nicht miteinander in Verbindung bringen dürfen. Aber das war natürlich gelogen. Wir wußten, wie viele junge Argentinier dort gestorben waren, die man abgeknallt hatte wie die Hasen.« Und so wurde das Spiel doch zu einer Art Revanche, zu der auch die englischen Hooligans beitrugen, als sie anschließend schwere Krawalle anzettelten.
Diego Maradona war unbestritten einer der besten Fußballer aller Zeiten, der die WM von 1986 als genialer Solist prägte. Verdient wurde er anschließend zum »Weltfußballer des Jahres« ausgerufen. Er spielte wie ein »junger Gott«. Seine späteren Eskapaden, der Kokainrausch und der Dopingfall der 1994er WM zeigten, daß er eben auch nur ein Mensch ist. ■

Finale
29.6.1986, Mexiko-Stadt, Azteken-Stadion

Argentinien-BR Deutschland 3:2 (1:0)

Argentinien: *Nery Pumpido; José Luis Brown; José Luis Cuciuffo, Oscar Ruggeri, Julio Olarticoechea; Ricardo Giusti, Sergio Batista, Diego Armando Maradona; Héctor Enrique; Jorge Luis Burruchaga (88. Marcelo Trobbiani); Jorge Valdano; Trainer: Dr. Carlos Bilardo*
BR Deutschland: *Harald Schumacher; Ditmar Jakobs; Hans-Peter Briegel, Karlheinz Förster, Thomas Berthold; Norbert Eder, Felix Magath (60. Dieter Hoeneß), Lothar Matthäus, Andreas Brehme; Klaus Allofs (46. Rudi Völler), Karl-Heinz Rummenigge; Trainer: Franz Beckenbauer*

Torfolge: *1:0 Brown (23.), 2:0 Valdano (55.), 2:1 Rummenigge (74.), 2:2 Völler (82.), 3:2 Burruchaga (85.)*
Schiedsrichter: *Romualdo Arppi Filho (Brasilien)*
Linienrichter: *Erik Fredriksson (Schweden), Berny Ulloa (Kostarika)*
Zuschauer: *114 600*

Das Finalticket von Gottfried Weise (links). Daneben: mexikanische Sonderbriefmarken
Gottfried Weise's ticket for the final (left). Adjacent: Mexican special issues

Millas Bauchtanz, Franzens Abgang

Wolfgang Hartwig

Wenn es um »Italia 90« geht, sieht man immer die gleichen Szenen: Hier die ob ihres Triumphes freudetrunkenen Akteure um Lothar Matthäus, dort ein gedankenverloren über den Rasen schlendernder Franz Beckenbauer. Dazu Diego Maradona, tränenüberströmt, weil seine Genialität von der argentinischen Destruktivität erdrosselt worden war. In einem unerwartet blassen Auftritt, begleitet von zwei Feldverweisen, hatte man den vier Jahre vorher eroberten Titel an die Deutschen verloren. Brehmes Elfmeter brachte deren dritte Weltmeisterschaft.

Kurz danach – die deutsche Vereinigung stand vor der Tür – verblüffte Beckenbauer mit dieser Aussage: »Wenn nun noch die ostdeutschen Talente zu uns stoßen, werden wir für Jahre nur noch schwer zu schlagen sein.« Unbedacht war das nicht, denn die DDR-Elf hatte ihm 1989 in Leipzig beim 1:1 gegen Österreich und beim 2:1 gegen die UdSSR in Karl-Marx-Stadt so imponiert, daß er zu sagen wagte: »Vielleicht erleben wir noch mal zwei deutsche WM-Teams ...«

»Ciao« für Franz Beckenbauer, der sich mit dem WM-Titel als Teamchef verabschiedet. Oben: Keiner feiert so wie Kameruns Roger Milla.

»Ciao« for Franz Beckenbauer, who takes his leave as team manager with the world title. Above: nobody celebrates quite like Cameroun's Roger Milla.

Der 15. November 1989 spielte Schicksal für beide: In Köln erlöste Thomas Häßler mit dem 2:1 gegen Wales die Bundesrepublik aus allen Qualifikations-Ängsten. In Wien scheiterte das DDR-Team an Toni Polster, der beim 3:0 alle Tore schoß, und am Nervenkostüm, das von »Wende«-Wirren und millionenschweren Profi-Verheißungen überstrapaziert war. Was die Sammer, Thom, Kirsten und Doll dennoch bald ins Nationaltrikot mit dem Adler und viele andere talentierte Spieler in die Bundesliga brachte.

Wie üblich hatte 1990 Titelverteidiger Argentinien auch im italienischen »Teatro Calcio« den ersten Akt zu spielen, der in Mailand über die Bühne ging. Die Statisterie stellten die Kameruner. Aber diese spürten im lässigen Ballgeschiebe sehr bald die Arroganz der Favoriten. Zwei, drei kesse Konterzüge warnten diese nicht. Und plötzlich hieß es 0:1. Jenes Tor von Omam-Biyik verbreitete Aufregung. Und als der »Goliath« selbst an neun »Davids« scheiterte – zwei von ihnen sahen Rot, was Kamerun

Trauerspiel und Schmierenkomödie

Während die DDR-Junioren 1987 in Chile als WM-Dritte die erste Medaille gewannen, blieb das Nationalteam den Nachweis seiner Klasse weiter schuldig. Da man die Spieler nicht ablösen konnte, entschied man sich für das Trainer-Duo Stange/Irmscher, das nach dem 1:3 gegen die Türkei gehen mußte.

Im Herbst 1989 brach die Endzeit an, in der die DDR-Kicker andere Sorgen plagten, als Tore zu schießen. Die letzte Qualifikationschance vergaben sie in Wien, als Toni Polster nach zwei Minuten das 1:0 für Österreich schoß und Andreas Thom einen »Elfer« vergab. Bald wechselte er für 2,8 Millionen DM nach Leverkusen.

In Rio de Janeiro ging derweil eine Schmierenkomödie über die Bühne, als die Chilenen im letzten Match gegen das punktgleiche Brasilien die Teilnahme erzwingen wollten. Als in der 65. Minute bei Torhüter Rojas ein Knallkörper explodierte, ließ der sich fallen und von seinen Leuten mit »blutverschmiertem« Gesicht aus dem Stadion

Das Finale finden viele langweilig. Brehmes verwandelter Foulelfmeter bleibt das einzige Tor. Unten: WM-Endspielticket.
Many think the final boring. Brehme's converted penalty is the only goal. Below: World Cup final ticket.

40 000 Schweizer Franken Strafe kostete –, war das Gelächter weltweit. Dabei hatte Kameruns Staatspräsident Paul Biya den 38jährigen Roger Milla, der sich eigentlich auf Réunion aufs Altenteil begeben wollte, regelrecht zur WM bitten müssen. Glücklicherweise, denn der »Opa« schoß zwei Tore gegen Rumänien und Kolumbien, jeweils als Einwechsler, was er mit Bauchtänzen an der Eckfahne feierte. Kamerun wurde der erste Gruppensieger aus Afrika – und das vor Rumänien, Argentinien und der UdSSR!
Danach wurde Brasiliens Trainer Lazaroni vom großen Pelé zum »Volksfeind« erklärt, weil er die blau-gelben Ballkünstler in ein defensives Korsett gezwängt hatte. Vier Spiele, nur vier Tore und das Aus schon im Achtelfinale gegen Argentinien!
Mailand erlebte Deutschlands fulminanten Start: 4:1 gegen Jugoslawien. Italien-Legionäre waren die Torschützen: Lothar Matthäus (2), Jürgen Klinsmann, Rudi Völler. Dazu verdienten auch Andreas Brehme und Thomas Berthold Lire-Millionen in der Super-Serie A. Ihnen folgte nach der WM noch Thomas Häßler. Deutsche Kicker waren begehrt wie nie. Und heute?
Aber auch Beckenbauers Team hatte seine Krisen. Wie beim Vorrunden-1:1 gegen Kolumbien. Oder im Achtelfinale, als Europameister Niederlande schwungvoll startete, bis der argentinische Schiedsrichter nach einer Attacke von Frank Rijkaard, der Völler anspuckte, nicht nur den Täter vom Feld jagte, sondern auch das Opfer. In dem Moment blühte Klinsmann auf, der nun ohne zähen Widerpart war. Bei der mit 2:1 gelungenen EM-Revanche wurde er zum entscheidenden Angreifer. Auch die Tschechoslowaken konnte ein Matthäus-Elfmeter vom Halbfinale fernhalten.
Dort wartete England, das in Neapel eine Verlängerung und zwei Elfmeter von Gary Lineker brauchte, um die »Löwen« aus Kamerun mit 3:2 heimzuschicken, was alle außerhalb Albions betrauerten. Unter Ovationen zogen die fröhlich winkenden Afrikaner von dannen.
Die Pausen-Ergebnisse des 120-Minuten-Spiels Deutschland gegen England lassen erahnen, wie eng es zuging: 0:0, 1:1, 1:1, 1:1. »Beide sind über ihre Leistungsgrenzen gegangen«, urteilte Teamchef Beckenbauer. Da blieb nur noch eine Elfmeter-Entscheidung. Als Pearce an Bodo Illgner scheiterte und Waddle die Kugel übers Tor jagte, brachen bei den Deutschen Glücksgefühle aus, denn deren Schützen Brehme, Matthäus, Riedle und Thon hatten ihre Nerven bändigen können.
Ein zweites 5:4, das auf gleiche Weise entstanden war, wurde zeitgleich in Neapel zwischen Argentinien und Italien betrauert. Doch die Gastgeber konnten sich am Ende nach dem 2:1 gegen England wenigstens mit der Bronzemedaille trösten.
Am Abend des 8. Juli 1990 nahm Franz Beckenbauer Abschied von einem Lebensabschnitt. Binnen sechs Jahren hatte er den deutschen Fußball aus dem Keller auf den Gipfel zurückgeführt, von 66 Spielen 34 gewonnen und nur zwölf verloren. Außer ihm schaffte es nur noch einer, als Spieler und Trainer Weltmeister zu werden: der Brasilianer Mário Zagalo. ■

Finale

8.7.1990, Rom, Olympiastadion

BR Deutschland-Argentinien 1:0 (0:0)

BR Deutschland: *Bodo Illgner; Klaus Augenthaler; Guido Buchwald, Jürgen Kohler, Andreas Brehme; Thomas Berthold (74. Stefan Reuter), Thomas Häßler, Lothar Matthäus, Pierre Littbarski; Rudi Völler, Jürgen Klinsmann; Trainer: Franz Beckenbauer*
Argentinien: *Sergio Goycoechea; Juan Simón; Oscar Ruggeri (46. Pedro Monzón), José Serrizuela, Roberto Néstor Sensini; Néstor Lorenzo, José Basualdo, Jorge Luis Burruchaga (53. Gabriel Calderón), Pedro Troglio; Diego Armando Maradona, Gustavo Dezotti; Trainer: Dr. Carlos Bilardo*

Tor: *1:0 Brehme (85./Foulelfmeter)*
Schiedsrichter: *Edgardo Codesal Méndez (Mexiko)*
Linienrichter: *Michal Listkiewicz (Polen) Armando Pérez (Kolumbien)*
Zuschauer: *73 603*

tragen. Das Spiel wurde abgebrochen.
Wie die TV-Aufzeichnung später bewies, war das Blut aber nur Farbe, worauf die FIFA Rojas lebenslang sperrte, Brasilien die Punkte gab und Chile gleich noch für 1994 suspendierte.

»Ciao« – ein spillriges Männchen als Maskottchen. Außen: Auch die Sammler werden abkassiert. Alle sechs Vorrundengruppen – hier Gruppe B – werden von der Post verewigt.
»Ciao« – a spindly little chap as mascot. Adjacent: the collectors are asked to pay up too. All six first round groups – here Group B – are immortalised by the postal authorities.

»Stinkefinger« und Baggios Fehlschuß

Rainer Kalb

Alle Befürchtungen, diese schöne Sportart könnte 1994 im fußballerischen Entwicklungsland USA unter die Räder kommen, bewahrheiteten sich nicht. 3,59 Millionen Zuschauer in damals 52 Spielen bedeuteten einen Weltrekord. Die Organisatoren machten auch noch einen Gewinn von umgerechnet 50 Millionen Euro. Nichts zu gewinnen gab es dagegen für die Deutschen. Für den Titelverteidiger war nach dem Viertelfinale Schluß. Völlig überraschend setzte es eine 1:2-Niederlage durch Bulgarien. Doch der Reihe nach: Bundestrainer Berti Vogts, der erstmals bei einer Weltmeisterschaft die Nationalmannschaft verantwortlich betreute, hatte in Matthias Sammer und Ulf Kirsten zwei einstige DDR-Spieler nominiert. Aber die von Franz Beckenbauer nach dem 1990er Finale von Rom aufgestellte These, wonach die Deutschen »damit auf Jahre hinaus unschlagbar« sein sollten, entpuppte sich als Irrtum. Im Auftaktspiel gegen Bolivien gab es dank eines Klinsmann-Tores ein 1:0. Erleichterung im deutschen Lager, hatte doch seit 1970 kein amtierender Weltmeister sein Auftaktspiel mehr gewonnen. Doch die Ernüchterung folgte nach dem zweiten Gruppenspiel: Gegen Spanien kam die Vogts-Elf über ein 1:1 nicht hinaus. Es war Stolperfußball der übelsten Art. Wenigstens gelang Klinsmann noch der Ausgleich.

Dann der Eklat. Im Glutofen von Dallas, bei 42 Grad im Schatten, legten die Deutschen los wie die Feuerwehr und spielten gegen Südkorea ein vermeintlich sicheres 3:0 heraus. Jürgen Klinsmann – diesmal mit einem Doppelpack – und Karlheinz Riedle schossen die Tore. Doch plötzlich riß der Faden, so daß die Asiaten noch auf 2:3 herankamen. Das Spiel drohte zu kippen.

Die etwa 10 000 deutschen Fans hatten vor allem Stefan Effenberg als Sündenbock ausgemacht, worauf sich dieser zu

Ein Menschenleben für ein Eigentor

Aus der Werkstatt von Mickymouse: das Maskottchen »Striker«. Rechtsaußen: Ticket für das deutsche Schicksalsspiel gegen Bulgarien

From the Mickey Mouse workshop: the mascot »Striker«. Far right: Ticket for Germany's fateful game against Bulgaria.

Die Entdeckung Amerikas, das dem »Soccer« bisher verständnislos begegnet war, fiel auf den 4. Juli 1988 – den Unabhängigkeitstag. Die USA, denen die FIFA gegenüber Marokko und Brasilien den Vorzug gab, boten große Stadien und lange Wege. Zwischen dem Giants Stadium von New York (76 891 Plätze) und der Rose Bowl von Pasadena (102 083) lagen 3900 km. Am Ende stand ein Rekord: 3,59 Millionen Zuschauer wurden gezählt, pro Spiel durchschnittlich 69 000.

WM-Titel Nummer vier für die Brasilianer (unten), deren Post das einen Briefmarkenblock wert ist (rechts). Andere Seite: Baggio kann es nicht fassen. Daneben: Noch macht sich Stefan Effenberg für die Fans die Finger krumm.

World title number four for the Brazilians (below), and their post office thinks it's worth a block of stamps. Other page: Baggio can't believe it. Adjacent: At this stage of the competition Stefan Effenberg is only using his fingers for writing autographs.

einem »Stinkefinger« hinreißen ließ, als er in der 75. Minute gegen Thomas Helmer ausgewechselt wurde. Einen Tag nach dem Spiel, am 28. Juni 1994, sprach Berti Vogts die folgenschweren Worte: »Solange ich Bundestrainer bin, gehört Stefan Effenberg nicht mehr der Nationalmannschaft an.« DFB-Präsident Egidius Braun und Vogts hatten das im Alleingang entschieden. Der Mannschaftsrat war erst gar nicht gefragt worden. Effenberg packte die Koffer und verabschiedete sich mit Ehefrau Martina aus dem Oak Brook Hills Hotel & Resort. Das 3:2 im Achtelfinale über Belgien war das beste Spiel der Deutschen im Turnier. Es war auch das Comeback des Rudi Völler, der als Ersatzspieler mitgereist war, aber, da nicht viel zusammenlief, eingesetzt wurde. Er dankte es mit zwei Toren, und Klinsmann erzielte – auf Völler-Vorlage – seinen inzwischen obligatorischen Treffer. Dann kam der schwarze 10. Juli 1994, als die Deutschen im New Yorker Viertelfinale gegen Bulgarien antraten. Lothar Matthäus hatte sein Team kurz nach der Halbzeit per Foulelfmeter in Führung gebracht, aber der spätere WM-Torschützenkönig Christo Stoitschkow (sechs Treffer) mit einem sehenswerten Freistoß und der beim Hamburger SV spielende Jordan Letschkow drehten innerhalb von nur drei Minuten den Spieß um. Ganz Fußball-Deutschland war konsterniert; die erhoffte Titelverteidigung fand nicht statt. Nach dem Aus erklärte ein völlig frustrierter Torhüter Bodo Illgner seinen Rücktritt aus der Nationalmannschaft, was erahnen läßt, daß die Harmonie im Team nicht die allergrößte war. Überschattet wurde die WM von einem handfesten Dopingskandal: Diego Maradona tanzte seinen letzten Tango. Nach dem zweiten Gruppenspiel gegen Nigeria mußte der Argentinier zur Dopingprobe. Fünf verbotene Substanzen wurden im Urin entdeckt. Als Maradona daraufhin aus dem Verkehr gezogen wurde, kommentierte das der damalige FIFA-Generalsekretär Joseph S. Blatter mit den Worten: »Der König ist tot. Wir spielen weiter.«
Weltmeister wurde schließlich zum vierten Mal Brasilien, das gegen Italien nicht brillant, sondern sehr europäisch gespielt hatte. Bezeichnenderweise endete das Finale 0:0, worauf ein Endspiel erstmals durch ein Elfmeterschießen entschieden werden mußte. Der tragische Held war Juventus-Star Roberto Baggio, der den letzten Strafstoß »versemmelte«. Brasilien gewann mit 3:2. ■

Finale

17.7.1994, Pasadena, Rose Bowl

Brasilien-Italien 0:0 n.V., 3:2 nach Elfmeterschießen

Brasilien: *Taffarel; Aldair, Márcio Santos, Mauro Silva; Jorginho (21. Cafú), Dunga, Branco; Mazinho, Zinho (106. Viola); Bebeto, Romário; Trainer: Carlos Alberto Parreira*

Italien: *Gianluca Pagliuca; Antonio Benarrivo, Franco Baresi, Paolo Maldini, Roberto Mussi (34. Luigi Apolloni); Nicola Berti, Dino Baggio (95. Alberigo Evani), Demetrio Albertini, Roberto Donadoni; Daniele Massaro, Roberto Baggio; Trainer: Arrigo Sacchi*

Torfolge: *0:1 Albertini, 1:1 Romário, 1:2 Evani, 2:2 Branco, 3:2 Dunga*
Schiedsrichter: *Sándor Puhl (Ungarn)*
Linienrichter: *Venancio Zárate Vázquez (Paraguay), Mohammed Fanaei (Iran)*
Zuschauer: *94 194*

Auch sonst war manches anders: Für einen Vorrundensieg gab es drei Punkte. Die Rückpaßregel untersagte es dem Torwart, beim Rückpaß eines Abwehrspielers den Ball mit der Hand aufzunehmen. Gleiche Höhe galt nicht mehr als Abseits, und die Referees waren angewiesen, die Grätsche von hinten mit Rot zu ahnden.
England, Frankreich und Europameister Dänemark verpaßten die Qualifikation, aus der man das zerfallenende Jugoslawien ausgeschlossen hatte. Gastgeber USA erreichte mit einem 2:1 über Kolumbien das Achtelfinale, was den kolumbianischen Verteidiger Andrés Escobar, der ein Eigentor verschuldet hatte, das Leben kostete. Neun Tage später wurde er in Medellín erschossen.

Zizou, König von Frankreich

Oliver Trust

In diesem Sommer fühlen sich alle wie Franzosen. Auch in Castellane, am Rande von Marseille, wo Gegenwart und Zukunft gleichermaßen trostlos erscheinen. Wohin man schaut: Hochhäuser, die 25 Stockwerke in den Himmel hineinragen. Kein einziger Baum entlang der Wege, nur Beton.
Wenig Warmes strahlt dieser Ort aus. Nebenan steht das »Continent«, angeblich der größte Supermarkt Europas, der wie ein zufällig gelandetes Raumschiff aussieht. Farid ist dort Kaufhausdetektiv gewesen. Und er ist sein Bruder – der von Zinedine Zidane, dem Sohn algerischer Einwanderer und nunmehrigen König von Frankreich. Zinedine Zidane war einer dieser Getto-Bewohner. Hier hat er gelebt, und hier stellte er eines Tages einen kleinen Bus vor die Tore des örtlichen Fußballklubs. »Schöne Grüße von Zizou« stand auf einem Zettel im Wagen zu lesen. Und alle wußten, der »Mönch«, wie er genannt wird, hatte an sie gedacht. An das Viertel für Einwanderer und Emigranten, in dem viele ihr neues Leben beginnen.
Jetzt dachten sie an ihn, einen der begnadetsten Kopfballspieler und an den mit Sicherheit besten Fußballer, den Frankreich seit Michel Platini hervorbrachte. An jenen Mann, der am 12. Juli 1998 im Trikot der »Equipe tricolore« auf dem Rasen des Stade de France im Pariser Stadtteil St. Denis steht und der übers ganze Gesicht strahlt, als sein Team Weltmeister wird. »Frankreich 3, Brasilien 0« ist auf der Anzeigetafel zu lesen. Mit seiner unnachahmlich spektakulären Art hat Zidane die ersten beiden Treffer erzielt. Es war sein Spiel.
Im Jugendzentrum in Castellane wird gefeiert. Vor allem feiert man ihn. Auf große Häuserwände haben sie sein Bild gemalt. Riesig groß. Der Blick entschlossen. »Made in Marseille« steht darunter. Es handelt sich um Auftragswerke der Sponsoren, denn auch dort liebt man diesen Fußballer, der immer freundlich und ausgeglichen wirkt und von dem man kein böses Wort hört, wenn ihn die Gegner und Journalisten nur in Ruhe ließen.
Nicht immer ist das der Fall, weshalb sich Zidane oft auch ungerecht behandelt fühlt. Vor allem auf dem Rasen. Die Schiedsrichter erzählen, sie müßten auf ihn immer besonders aufpassen. Auf Zizou, der einmal Postzusteller werden wollte und jetzt das Idol einer ganzen Nation ist. Es ist eine steile Karriere, die hinter ihm

Die Geldspirale und das Golden Goal

Für Frankreich war es kein Problem, als die Endrunde von 24 auf 32 Teams aufstockt wurde. Mehr Teams, mehr Spiele – die Geldspirale drehte sich schneller. Einer kritischen Bestandsaufnahme kam der scheidende Präsident Havelange zuvor, als er die Wahl von UEFA-Chef Lennart Johansson sabotierte und seinen Generalsekretär Sepp Blatter als Erben einsetzte. So blieben die Geheimnisse in der Familie.
Daß die »Dritte Welt«, aus der Blatter Unterstützung erhielt, nur bedingt hinzugewonnen hatte, zeigte sich im Viertelfinale, als Europa und Südamerika wieder unter sich waren.
Neu war die Golden-Goal-Regel, die in den K.o.-Runden ein Spiel in der Verlängerung sofort beendete, wovon zuerst Frankreich gegen Paraguay profitierte. Der Linienrichter mutierte zum Schiedsrichterassistenten. Und mit dem »Bosman-Urteil« von 1995 stärkte der Europäische Gerichtshof die Macht der Spieler, deren beste Stars fortan für noch utopischere Summen den Verein wechselten.

FRANCE 98
COUPE DU MONDE

Randalierende deutsche Hooligans in Lens. Links: ein Torschützenkönig aus Kroatien – Davor Šuker. Andere Seite: der unwiderstehliche Zinedine Zidane
Rioting German hooligans in Lens. Left: a top scorer from Croatia – Davor Šuker. Other page: the irresistible Zinedine Zidane

liegt: Sie begann 1986 bei AS Castellane, führte über das Internat des AS Cannes zu Girondins Bordeaux und Juventus Turin, später auch zu Real Madrid. Seinen Eltern baute er ein Haus; für seine Geschwister sorgte er wie ein Vater.
Zidane ist keiner dieser künstlichen Stars. Deshalb ist er seinen Landsleuten wohl auch so sympathisch, die im Stade de France miterleben, wie die Brasilianer mit leerem Blick auf dem Feld sitzen und den Siegern beim Feiern zuschauen. Dabei sah man von den Franzosen bis dahin alles andere als einen Triumphzug. Im Achtelfinale gegen Paraguay saß Zidane gesperrt auf der Bank, und in der Verlängerung mußte erst das Golden Goal fallen, um in die nächste Runde zu kommen. Dort wartete Italien, das man mit 4:3 im Elfmeterschießen bezwang. Auch der 2:1-Sieg über Kroatien im Halbfinale ist nun Geschichte, ebenso wenig vergessen wie der feige Überfall deutscher Hooligans auf den französischen Polizisten Daniel Nivel am 21. Juni in Lens, der fortan einen dunklen Schatten über die WM legt. Nivel wird schwer verletzt und trägt dauerhafte Hirnschädigungen davon. Das Land erlebt diese Gewalt im Schockzustand. Englische Fans liefern sich mit der Polizei wahre Straßenschlachten. Es kostet Mühe, die Ausschreitungen zu beenden. Die Staatsmacht geht vor solchem Wahnsinn aber auch nicht in die Knie. Die Weltmeisterschaft kann friedlich zu Ende gebracht werden. Für Deutschland bringt sie eine schmerzvolle Niederlage. Das Aus wartet im Viertelfinale gegen Kroatien – 0:3. Ein Debakel. Bundestrainer Berti Vogts wird heftig kritisiert und tritt bald darauf zermürbt zurück. Im Halbfinale erleben die Brasilianer ihren letzten großen Sieg gegen die Niederlande. Sieben Gelbe Karten werden in diesem Klassiker gezückt. Am Ende steht es 5:3 nach Elfmeterschießen. Auch das anschließende Spiel um Platz drei gegen Kroatien geht für die Holländer verloren.
Doch in Frankreich ist das kein Thema. Auch nicht Brasiliens Superstar Ronaldo, dessen rätselhafte Knieverletzung und das undurchsichtige Theater um seine Finalnominierung, die angeblich sein Sponsor verlangt hat. Die Franzosen sprechen nur über einen: Zinedine Zidane – ihren Zizou. ■

Finale

12.7.1998, Saint-Denis, Stade de France

Frankreich-Brasilien 3:0 (2:0)

Frankreich : *Fabien Barthez; Lilian Thuram, Frank Lebœuf, Marcel Desailly, Bixente Lizarazu; Christian Karembeu (60. Alain Boghossian), Didier Deschamps, Emmanuel Petit; Zinedine Zidane; Youri Djorkaeff (75. Patrick Vieira), Stéphane Guivarc'h (66. Christophe Dugarry); Trainer: Aimé Jacquet*

Brasilien: *Taffarel; Roberto Carlos, Aldair, Júnior Baiano, Cafú; Dunga, César Sampaio (74. Edmundo); Rivaldo, Leonardo (46. Denílson); Bebeto, Ronaldo; Trainer: Mario Zagallo*

Torfolge: *1:0 Zidane (27.), 2:0 Zidane (45.), 3:0 Petit (90.)*

Schiedsrichter: *Saïd Belqola (Marokko)*

Schiedsrichterassistenten: *Mark Warren (England), Achmat Salie (Südafrika)*

Zuschauer: *75 000*

»Footix« – das Maskottchen. Daneben: Auch bei der Post geht's rund: französische Sonderbriefmarke. Ganz rechts: Finalticket
»Footix« – the mascot. Adjacent: Football at the post office too: French special issue. Far right: ticket for the final

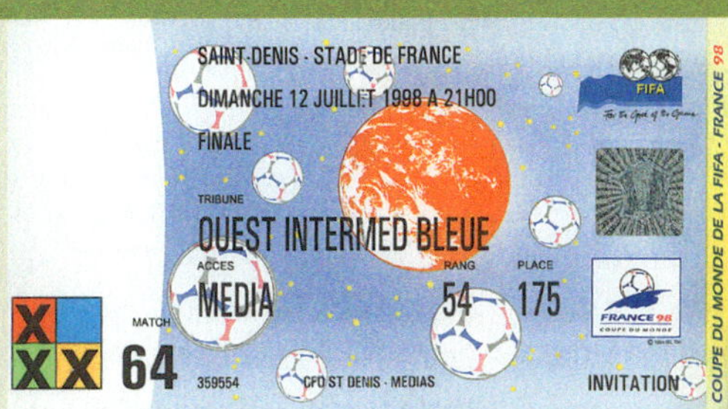

Ein Fehler in 630 Minuten

Jens-Jörg Rieck

Das Finale von Yokohama wurde von den Fußball-Großmächten Deutschland und Brasilien bestritten, doch die Akzente der 17. Weltmeisterschaft, die erstmals in zwei Staaten ausgetragen wurde, setzten die Kleinen: Die Türkei wurde Dritter, Gastgeber Südkorea Vierter, und WM-Debütant Senegal erreichte bei seiner Premiere das Viertelfinale. »Vielleicht war es fußballerisch nicht die beste, aber dafür eine der interessantesten Weltmeisterschaften. Sie war überraschend, attraktiv und unterhaltsam«, so die Einschätzung von FIFA-Präsident Joseph Blatter. Doch die gepriesenen Favoritenstürze waren nicht in erster Linie auf eine plötzliche Stärke der vermeintlich Schwachen zurückzuführen, sondern auf die Schwäche der vermeintlich Starken. Hochgewettete Teams wie Titelverteidiger Frankreich, das als Nr. 1 gehandelte Argentinien, der WM-Dritte Kroatien oder das in der Qualifikation so überzeugende Polen befanden sich längst nicht im Zenit ihres Könnens. »Man kommt zur WM und hat nur müde Spieler um sich«, klagte England-Trainer Sven-Göran Eriksson. Und Franz Beckenbauer – nun Präsident des FC Bayern und DFB-Vizepräsident – stellte fest: »Viele der besten Spieler sind zur WM in einem unannehmbaren Zustand angereist. Ohne Vorbereitung kannst du kein Turnier spielen, das drückt das Niveau.«
Vom Terminstreß im europäischen Klubfußball profitierten diejenigen, die eine intensive Vorbereitung absolviert hatten. Südkorea stellte neben dem zweiten Gastgeber Japan ohne Zweifel die am besten präparierte Mannschaft. Die Resultate sprachen für sich: Erstmals kamen gleich zwei Achtelfinalisten aus Asien, und daß das Spiel um Platz drei kein Match um einen Trostpreis, sondern das große Finale der kleinen Mannschaften war, daran hatten die Koreaner großen Anteil. Lange vertagt wurde auch die Frage nach dem »besten Spieler des Turniers« – genau genom-

Ronaldo besiegt zweimal Oliver Kahn und macht Brasilien zum fünffachen Weltmeister.
Ronaldo beats Kahn twice and makes Brazil champions for the fifth time.

FIFA durch ISL-Konkurs in Bredouille

198 von 204 Mitgliedsländern wollten in die Endrunde, die erstmals in Asien und zwei Ländern stattfand: Japan und Südkorea. Havelange dachte anfangs an das aufstrebende China, das aber eine Olympiabewerbung für 2000 favorisierte. Dagegen bekundete Japan Interesse, wo es eine florierende Profiliga gab. Zur gleichen Zeit kletterte der Südkoreaner Chung Mong Joon in der FIFA-Hierarchie empor, bis er Vizepräsident war.
1994 tauchte erstmals die Idee auf, die WM gemeinsam von Japan und Südkorea ausrichten zu lassen. Havelange war dagegen, er änderte aber seine Meinung, als sein Schwiegersohn Ricardo Teixeira die brasilianische Hyundai-Generalvertretung bekam. »Zufällig« war Chung der Sohn des Konzernchefs.
Der Konkurs der Sportmarketing-Agentur ISL von 2001 warf einen langen Schatten auf die WM. Die FIFA verlor viel Geld, seltsamerweise erlahmte aber bald der Aufklärungsbedarf, in welche Kanäle die Millionen geflossen waren.

Ein versöhnlicher Abschluß: Die Türkei gewinnt das kleine Finale gegen die südkoreanische Mannschaft, die der niederländische Trainer Guus Hiddink vorbereitet hatte.
Reconciled at last: Turkey wins the third place play-off against the South Korean team, who had been prepared by manager Guus Hiddink.

men bis zur 67. Minute des Finales gegen Brasilien. Ausgerechnet Oliver Kahn, bis dahin überragender Akteur der DFB-Auswahl und in der engeren Auswahl für den Titel, leistete sich den einzigen Fehler in 630 WM-Minuten. Der Bayern-Keeper ließ den nassen, von Rivaldo geschossenen Ball abprallen, worauf Ronaldo ins Netz traf, bevor er zwölf Minuten später die Partie mit einem weiteren Treffer entschied.
Angeführt von der herausragenden Figur, Torschützenkönig Ronaldo, eroberte Brasilien seinen fünften Titel allerdings knapper, als es das 2:0-Resultat ausdrückt. Das Team von Rudi Völler, in dem Bernd Schneider als brillant zaubernder Ballverteiler und der lauf- und dribbelstarke Oliver Neuville sich besonders auszeichneten, lieferte dem Favoriten einen leidenschaftlichen Kampf. Dagegen wirkte Miroslav Klose nach seiner grandios gespielten Vorrunde ausgebrannt, und auch der junge Christoph Metzelder konnte nicht zu gewohnter Form auflaufen.
Einer fehlte: Mittelfeldspieler Michael Ballack. Im Halbfinale hatte er seine dritte Gelbe Karte gesehen, als er einen groben Fehler von Frings mit einem Foul ausbügelte. Obwohl der gebürtige Sachse wußte, daß er damit für das Finale gesperrt sein würde, schoß er nur Minuten später sein Team ins Endspiel. Für Rudi Völler ein klarer Nachweis von Charakterstärke. Die Zahl solch großer Momente war dennoch klein. Die meisten Teams blieben hinter dem zurück, was man von den Klubmannschaften in der Champions League sehen konnte.
Im Vergleich zu den letzten Titelkämpfen, als die von den Franzosen gezeigte taktische Raffinesse stilbildend für die kommenden Jahre wurde, waren die Spiele in Asien kein Schritt nach vorn. Den schlechtesten Auftritt aber hatten nicht die Aktiven, sondern die Referees, allen voran die Assistenten, deren oftmals haarsträubende Fehlurteile zum größten Ärgernis wurden. Die FIFA, die in einigen Fällen Schieds- und Linienrichter eines Spiels aus drei Kontinenten aufstellte, durfte einen Großteil der Schuld bei sich suchen. Auch bei den Zuschauerzahlen wurden keine neuen Maßstäbe gesetzt. Gut 2,7 Millionen sahen die 64 Spiele in den Stadien. Mit durchschnittlich 42 268 Zuschauern hatte dieser Titelkampf sogar den geringsten Zuspruch seit Spanien 1982. Trotzdem hat die Weltmeisterschaft die Türen weit aufgestoßen, lieferte sie doch den Nachweis, daß die Vergabe eines sportlichen Ereignisses dieser Größenordnung an zwei Länder durchaus eine realistische Option ist. Und das Wichtigste: Asien ist seitdem weit mehr als ein exotischer Außenposten des Weltfußballs. ■

Finale

30.6.2002, Yokohama, International Stadium

Brasilien-BR Deutschland 2:0 (0:0)

***Brasilien:** Marcos; Lúcio, Edmílson, Roque Júnior; Cafú, Gilberto Silva, Roberto Carlos; Klebérson, Rivaldo; Ronaldo (90. Denílson), Ronaldinho (85. Juninho Paulista); Trainer: Luiz Felipe Scolari*
***Deutschland:** Oliver Kahn; Christoph Metzelder, Carsten Ramelow, Thomas Linke; Marco Bode (84. Christian Ziege), Jens Jeremies (77. Gerald Asamoah), Dietmar Hamann, Torsten Frings; Bernd Schneider; Oliver Neuville, Miroslav Klose (74. Oliver Bierhoff); Trainer: Rudi Völler/Michael Skibbe*

***Torfolge:** 1:0 Ronaldo (67.), 2:0 Ronaldo (79.)*
***Schiedsrichter:** Pierluigi Collina (Italien)*
***Schiedsrichterassistenten:** Philip Sharp (England), Leif Lindberg (Schweden)*
***Zuschauer:** 69 029*

Ticket vom Eröffnungsspiel. Daneben: koreanische Sonderbriefmarke und die Maskottchen »Ato«, »Nik« und »Kaz« im Dreierpack
Ticket for the opening match. Adjacent: Korean special stamp and the mascots »Ato«, »Nik« and »Kaz« in a triple pack.

Fakten und Zahlen

Facts and Figures

FIFA Fußball-Weltmeisterschaft Deutschland 2006

Offizieller Markenname:	FIFA WM 2006
	2006 FIFA World Cup

WM-Motto:

Die Welt zu Gast bei Freunden

A time to make friends

Organisationskomitees

FIFA Organising Committee for FIFA World Cup

Präsident	Lennart Johansson (SWE)
Vizepräsident	Julio H. Grondona (ARG)

OK FIFA WM 2006

Präsident	Franz Beckenbauer
Vizepräsident	Horst R. Schmidt
Exekutiv-Vizepräsidenten	Wolfgang Niersbach
	Dr. Theo Zwanziger

WM-Vergabe

6. Juli 2000, 14.07 Uhr, Messe Zürich

Abstimmungsergebnis:

Deutschland	12
Südafrika	11
England	2 (2. Wahlgang)
Marokko	3 (1. Wahlgang)

Auslosung der Endrunde

9. Dezember 2005, Leipzig, Neue Messe

Endrundenteilnehmer

32	Mannschaften
736	Spieler
26	Schiedsrichter
52	Schiedsrichterassistenten

Superlative

Jüngste Spieler:

Alter	Spieler	Land	Geburtstag
17	Theo Walcott	ENG	16.3.1989
18	José Montiel	PAR	19.3.1988
	Assimiou Touré	TOG	1.1.1988
19	Lionel Messi	ARG	24.6.1987
	Francesc Fabregas	ESP	4.5.1987
	Mohammad Al-Bishi	KSA	3.5.1987
	Aaron Lennon	ENG	16.4.1987
	Johannes Djourou	SUI	18.1.1987
	Ryan Babel	NED	19.12.1986
	Dimitro Tschigrinski	UKR	7.11.1986

Jüngster Spieler aller Zeiten:

Norman Whiteside	NIR	17 Jahre 41 Tage

(1982 im Spiel gegen Jugoslawien)

Jüngste Teams:

GHA	24,6
TOG	25,0
ENG	25,3
SUI	25,3
CIV	25,5
10. GER	26,3

Älteste Teams:

TRI	28,8
CZE	28,5
FRA	28,4
BRA	28,3
USA	28,3
ITA	28,2

Älteste Spieler:

40	Ali Boumnijel	TUN	13.4.1966
37	Russell Latapy	TRI	2.8.1968
	Claudio Suárez	MEX	17.12.1968
	Shaka Hislop	TRI	22.2.1969
	Ali Daei	IRN	21.3.1969
	Oliver Kahn	GER	15.6.1969
36	Jens Lehmann	GER	10.11.1969
	Kasey Keller	USA	29.11.1969
	Santiago Cañizares	ESP	18.12.1969
	João Ricardo	ANG	7.1.1970

Ältester Spieler aller Zeiten:

Roger Milla	CMR	42 Jahre 39 Tage

(1994 im Spiel gegen Rußland)

Himmlisch: Fußball als Sternbild – das Plakat der WM.
Unten: Der Jüngste: Theo Walcott (England).
Heavenly: football as constellation – the World Cup poster.
Below: the youngest: Theo Walcott (England).

Kleinste Spieler:

Christian Lara	ECU	1,62
Mohammad Al-Shlhoub	KSA	1,63
Bakary Koné	CIV	1,63
Sinha	MEX	1,63
Aaron Lennon	ENG	1,65

Größte Spieler:

Zeljko Kalać	AUS	2,02
Jan Koller	CZE	2,02
Nikola Žigić	SCG	2,02
Dennis Lawrence	TRI	2,01
Andreas Isaksson	SWE	1,99

Meistvertretene Vereine

	Spieler
Arsenal London	15
FC Chelsea	14
AC Mailand	13
Juventus Turin	12
Manchester United	12
FC Barcelona	11
Bayern München	11
Olympique Lyon	10
Real Madrid	10

Spieler in der Bundesliga

72

davon:

SUI 7

CZE 5

CRO 5

(Mit dem Australier Joshua Kennedy von Dynamo Dresden gab es auch einen Zweitligaspieler.)

Endrundenteilnehmer ohne »Legionäre«

ITA, KSA

Ausgetragene Spiele

64

Zuschauer

3,332 Millionen

Ø pro Spiel 52 000

Nicht ausverkaufte Spiele

		Zuschauer
9.6. München	GER-CRC	64 950
10.6. Dortmund	TRI-SWE	62 959
11.6. Leipzig	SCG-NED	37 216
21.6. Leipzig	IRN-ANG	38 000

Höchste/r Sieg/Niederlage

ARG-ANG 6:0 (Vorrunde)

Torlose Vorrundenspiele

TRI-SWE

FRA-SUI

MEX-ANG

JPN-CRO

NED-ARG

Höchste Siege/Niederlagen aller Zeiten

AUS-ASA	31:0	Qualif. 2001
TON-AUS	0:22	Qualif. 2001
IRN-GUA	19:0	Qualif. 2000

Höchste/r Endrundensieg/-niederlage

HUN-KOR	9:0	1954

Seit 2003 erschienen jährlich WM-Sonderbriefmarken.

Since 2003 special World Cup stamps have appeared every year.

Schnellstes WM-Tor aller Zeiten

Hakan Sükür	11 s	TUR-KOR 2002

Torreichste Endrundenspiele aller Zeiten

AUT-SUI	7:5	1954
HUN-GER	8:3	1954
BRA-POL	6:5	1938

WM-Stadien

Berlin

Olympiastadion

Eröffnung: 2004 (erstmalige Eröffnung 1936)

Zuschauer: 73 000

Baukosten Rekonstruktion: 242 Millionen Euro

Dortmund

FIFA WM-Stadion Dortmund

(Signal Iduna Park)

Eröffnung: 2003 (1974)

Zuschauer: 63 700

Baukosten Rekonstruktion: 34 Mio. Euro

Frankfurt/Main

FIFA WM-Stadion Frankfurt

(Commerzbank-Arena)

Eröffnung: 2005 (1925)

Zuschauer: 48 900

Baukosten Rekonstruktion: 188 Mio. Euro

Gelsenkirchen

FIFA WM-Stadion Gelsenkirchen

(Veltins-Arena)

Eröffnung: 2001

Zuschauer: 52 500

Baukosten: 192 Mio. Euro

Hamburg

FIFA WM-Stadion Hamburg

(AOL-Arena)

Eröffnung: 2000

Zuschauer: 49 700

Baukosten: 100 Mio. Euro

Hannover

FIFA WM-Stadion Hannover

(AWD Arena)

Eröffnung: 2005 (1954)

Zuschauer: 43 200

Baukosten Rekonstruktion: 64 Mio. Euro

Kaiserslautern

Fritz-Walter-Stadion Kaiserslautern

Eröffnung: 2006 (1920)

Zuschauer: 45 800

Baukosten Rekonstruktion: 71,2 Mio. Euro

Köln

FIFA WM-Stadion Köln

(RheinEnergie Stadion)

Eröffnung: 2004 (1923/1975)

Zuschauer: 44 700

Baukosten Rekonstruktion: 110 Mio. Euro

Leipzig

Zentralstadion Leipzig

Eröffnung: 2004 (1956)

Zuschauer: 42 900

Baukosten: 116 Mio. Euro

München

FIFA WM-Stadion München

(Allianz-Arena)

Eröffnung: 2005

Zuschauer: 64 700

Baukosten: 340 Mio. Euro

Nürnberg

Franken-Stadion Nürnberg

(easycredit-Stadion)

Eröffnung: 2005 (1928)

Zuschauer: 42 600

Baukosten Rekonstruktion: 56 Mio. Euro

Stuttgart

Gottlieb-Daimler-Stadion

Eröffnung: 2005 (1933)

Zuschauer: 51 500

Baukosten Rekonstruktion: 51,3 Mio. Euro

(Zuschauerkapazitäten laut FIFA-Angaben. In Klammern die bisherigen Bezeichnungen. Die FIFA untersagte den Stadionbetreibern kommerzielle Namen, sofern sie nicht – wie in Stuttgart – schon vor längerem eingeführt worden waren. Mit der Wahl der neutralen Bezeichnung »FIFA WM-Stadion« vermieden viele Städte einen Konflikt mit den aktuellen Namenssponsoren.)

WM-Quartiere

ANG	Celle, Gr. Hehlen, Ringhotel
ARG	Herzogenaurach, Hotel HerzogsPark
AUS	Wald & Schloßhotel Friedrichsruhe
BRA	Königstein/Taunus, Kempinski Hotel Falkenstein
CIV	Niederkassel, Hotel Clostermanns Hof
CRC	Heidelberg-Walldorf, Holiday Inn
CRO	Bad Brückenau, Dorint Resort & Spa Bad Brückenau
CZE	Rotenburg an der Wümme, Lindner Hotel Wiesensee
ECU	Bad Kissingen, Hotel Bristol
ENG	Bühl/Baden-Baden, Schloßhotel Bühlerhöhe
ESP	Kamen, Kaiserau Sportakademie
FRA	Aerzen, Golf- und Schloßhotel Münchhausen
GER	Berlin-Grunewald, Schloßhotel Grunewald
GHA	Würzburg, Maritim Hotel Würzburg
IRN	Friedrichshafen, Ringhotel Krone Schnetzenhausen
ITA	Duisburg, Landhaus Milser
JPN	Bonn, Hilton Bonn
KOR	Bergisch-Gladbach, Grandhotel Schloß Bensberg
KSA	Bad Nauheim, Dolce Bad Nauheim
MEX	Göttingen, Hotel Freizeit Inn
NED	Hinterzarten, Parkhotel Adler
PAR	Oberhaching, Oberhaching Sportakademie
POL	Barsinghausen, Gilde Sporthotel Fuchsbachtal
POR	Marienfeld, Hotel Klosterpforte
SCG	Billerbeck, Hotel Weißenburg
SUI	Bad Bertrich, Kurhotel Fürstenhof
SWE	Bremen, Park Hotel Bremen
TOG	Wangen/Allgäu, Hotel Waltersbühl
TRI	Rotenburg an der Wümme, Hotel Landhaus Wachtelhof
TUN	Schweinfurt, Hotel Mercure
UKR	Potsdam, Seminaris Seehotel Potsdam
USA	Hamburg, Park Hyatt Hamburg

Volunteers

15 000

(ausgewählt aus 50 000 Kandidaten aus 168 Ländern)

Gäste

400 000

davon:

Offizielle Partner:	50 000
FIFA- und OK-VIP:	40 000
Commercial Hospitality Guests:	310 000

Sicherheitspersonal

17 000

Kosten: 25 Millionen Euro

Akkreditierte Medienvertreter

15 000

Länder mit TV-Übertragungen

213

(von den FIFA-Mitgliedsländern fehlte nur Turkmenistan)

Sendestunden

41 100

Radio- und Fernsehstationen

300

Geschätzte Zahl der Fernsehzuschauer

30 Milliarden

Die lachenden »Celebrating Faces« – das offizielle WM-Logo.
Unten: »Partylöwe« ohne Höschen – das Maskottchen »GOLEO VI«.
The laughing »Celebrating Faces« – the official World Cup logo.
Below: »Party lion« without pants – the mascot »GOLEO VI«.

Höchste deutsche TV-Einschaltquote

4.7.2006 ZDF	Halbfinale GER-ITA	29,66 Mio.
	Verlängerung	31,31 Mio.

(bisheriger Rekord: WM-Finale 1990 28,66 Mio.)

Fernsehrechte

EM-TV (Europa)

Dentsu (Japan)

Warner Bros. Inc. (alle anderen Gebiete)

FIFA-Lizenzen

1,9 Milliarden Euro

TV-Rechte:	62 %
Marketing:	27 %
Hospitality:	10 %
Andere:	1 %

Die beste Show: der »Miroslav-Klose-Salto«
The best show: the »Miroslav Klose somersault«

Bonus-Gelder für die 32 Endrundenteilnehmer

194,2 Millionen Euro

Die Verteilung (in Millionen Euro):

1. Platz	15,6
2. Platz	14,6
3. Platz	13,9
4. Platz	13,9
Viertelfinalisten	7,5
Achtelfinalisten	5,5
Plätze 17-32	3,9

(Darüberhinaus trug die FIFA die Reisekosten für alle Delegationen, die bis zu 45 Personen stark sein konnten. Jeder Delegationsangehörige erhielt zusätzlich ein Tagegeld von 259 Euro.)

DFB-Spielerprämie

100 000 Euro pro Spieler und Trainer
(bisheriger Rekord: 71 600 Euro 2002)

Kunst- und Kulturprogramm

40 Projekte an 48 Orten in Deutschland und 78 Orten weltweit (Tour-Auftakt im September 2003 vor dem Brandenburger Tor in Berlin mit dem »Globus«)

Logo

Celebrating Faces Of Football
Design: Agentur Whitestone (London) in Zusammenarbeit mit Andreas Abold (München)

Song

»Zeit, daß sich was dreht« (Herbert Grönemeyer)

Maskottchen

GOLEO VI

Produzent: Nici AG
(Die Firma meldete während der WM Insolvenz an.)

Pille

Sprechender Fußball im Zyklopenstil
Design: Ute Krafft (Köln)

Offizieller Ball

»Teamgeist«
Firma adidas

Offizielles Poster

Sternenkonstellation
Design: WE DO communication
(Die Berliner Werbeagentur setzte sich mit ihrem Entwurf in einer öffentlichen Telefonabstimmung gegen vier Konkurrenten durch. Insgesamt hatte sich die Jury unter 900 Einsendungen zu entscheiden.)

Sponsorbeitrag

642 Millionen Euro

Offizielle FIFA-Partner

Adidas (Sportartikel)
Anheuser Busch Bud (Bier)
AVAYA (Service, Kommunikationssysteme)
Coca-Cola (Getränke)
Continental (Autoreifen)
Deutsche Telekom (Telekommunikation)
Emirates Airline (Fluglinie mit Sitz in Dubai)
Fujifilm (Foto, Film, Imaging)
Gillette (Rasiergeräte und -produkte)
Hyundai (Automobile)
MasterCard (Kreditkarten)
McDonald's (Imbißkette)
Philips (TV, Elektronik)
Toshiba (Informationstechnologie)
Yahoo (Internet)
Deutsche Bahn AG (Transport und Logistik)
EnBW (Energie Baden-Württemberg)
Hamburg-Mannheimer (Versicherungen)
OBI (Heimwerker- und Baumarkt)
Oddset (Sportwetten)
Postbank (Finanzwirtschaft)

Qualifikation (10.10.2003-16.11.2005)

EUROPA

14 Plätze: CRO, CZE, ENG, ESP, FRA, ITA, NED, POL, POR, SCG, SUI, SWE, UKR; Gastgeber Deutschland (GER)

Gruppe 1

RUM-FIN 2:1, MKD-ARM 3:0, FIN-AND 3:0, ROU-MKD 2:1, ARM-FIN 0:2, AND-ROU 1:5, NED-CZE 2:0, FIN-ARM 3:1, CZE-ROU 1:0, MKD-NED 2:2, AND-MKD 1:0, ARM-CZE 0:3, NED-FIN 3:1, ARM-ROU 1:1, MKD-CZE 0:2, AND-NED 0:3, MKD-AND 0:0, ARM-AND 2:1, CZE-FIN 4:3, ROU-NED 0:2, AND-CZE 0:4, MKD-ROU 1:2, NED-ARM 2:0, CZE-AND 8:1, ARM-MKD 1:2, NED-ROU 2:0, CZE-MKD 6:1, ROU-ARM 3:0, FIN-NED 0:4, MKD-FIN 0:3, ROU-AND 2:0, AND-FIN 0:0, ARM-NED 0:1, ROU-CZE 2:0, CZE-ARM 4:1, FIN-MKD 5:1, NED-AND 4:0, FIN-ROU 0:1, CZE-NED 0:2, AND-ARM 0:3, FIN-CZE 0:3, NED-MKD 0:0

1. Niederlande (NED)	12	10	2	0	27:3	32
2. Tschechien(CZE)	12	9	0	3	35:12	27
3. Rumänien (ROU)	12	8	1	3	20:10	25
4. Finnland (FIN)	12	5	1	6	21:19	16
5. Mazedonien (MKD)	12	2	3	7	11:24	9
6. Armenien (ARM)	12	2	1	9	9:25	7
7. Andorra (AND)	12	1	2	9	4:34	5

Gruppe 2

TUR-GEO 1:1, DEN-UKR 1:1, ALB-GRE 2:1, KAZ-UKR 1:2, GEO-ALB 2:0, GRE-TUR 0:0, UKR-GRE 1:1, TUR-KAZ 4:0, ALB-DEN 0:2, KAZ-ALB 0:1, UKR-GEO 2:0, DEN-TUR 1:1, GEO-DEN 2:2, TUR-UKR 0:3, GRE-KAZ 3:1, ALB-UKR 0:2, GRE-DEN 2:1, GEO-GRE 1:3, TUR-ALB 2:0, DEN-KAZ 3:0, UKR-DEN 1:0, GEO-TUR 2:5, GRE-ALB 2:0, UKR-KAZ 2:0, TUR-GRE 0:0, ALB-GEO 3:2, KAZ-TUR 0:6, DEN-ALB 3:1, GRE-UKR 0:1, KAZ-GEO 1:2, GEO-UKR 1:1, ALB-KAZ 2:1, TUR-DEN 2:2, KAZ-GRE 1:2, UKR-TUR 0:1, DEN-GEO 6:1, GEO-KAZ 0:0, UKR-ALB 2:2, **DEN-GRE** 1:0, KAZ-DEN 1:2, ALB-TUR 0:1, GRE-GEO 1:0

1. Ukraine (UKR)	12	7	4	1	18:7	25
2. Türkei (TUR)	12	6	5	1	23:9	23
3. Dänemark (DEN)	12	6	4	2	24:12	22
4. Griechenland (GRE)	12	6	3	3	15:9	21
5. Albanien (ALB)	12	4	1	7	11:20	13
6. Georgien (GEO)	12	2	4	6	14:25	10
7. Kasachstan (KAZ)	12	0	1	11	6:29	1

Gruppe 3

LIE-EST 1:2, SVK-LUX 3:1, RUS-SVK 1:1, EST-LUX 4:0, LVA-POR 0:2, LUX-LVA 3:4, SVK-LIE 7:0, POR-EST 4 :0, LUX-RUS 0:4, SVK-LVA 4 :1, LIE-POR 2:2, LVA-EST 2:2, LUX-LIE 0:4, POR-RUS 7:1, RUS-EST 4:0, LIE-LVA 1:3, LUX-POR 0:5, LIE-RUS 1:2, EST-SVK 1:2, EST-RUS 1:1, LVA-LUX 4:0, SVK-POR 1:1, RUS-LVA 2:0, EST-LIE 2:0, POR-SVK 2:0, LVA-LIE 1:0, EST-POR 0:1, LUX-SVK 0:4, LVA-RUS 1:1, LIE-SVK 0:0, EST-LVA 2:1, RUS-LIE 2:0, POR-LUX 6:0, RUS-POR 0:0, LVA-SVK 1:1, LIE-LUX 3:0, SVK-EST 1:0, RUS-LUX 5:1, POR-LIE 1:1, LUX-EST 0:2, SVK-RUS 0:0, POR-LVA 3:0

1. Portugal (POR)	12	9	3	0	35:5	30
2. Slowakei (SVK)	12	6	5	1	24:8	23
3. Rußland (RUS)	12	6	5	1	23:12	23
4. Estland (EST)	12	5	2	5	16:17	17
5. Lettland (LVA)	12	4	3	5	18:21	15
6. Liechtenstein (LIE)	12	2	2	8	13:23	8
7. Luxemburg (LUX)	12	0	0	12	5:48	0

Gruppe 4

IRL-CYP 3:0, SUI-FRO 6:0, FRA-ISR 0:0, FRO-FRA 0:2, ISR-CYP 2:1, SUI-IRL 1:1, CYP-FRO 2:2, ISR-SUI 2:2, FRA-IRL 0:0, IRL-FRO 2:0, CYP-FRA 0:2, CYP-ISR 1:2, ISR-IRL 1:1, FRA-SUI 0:0, SUI-CYP 1:0, ISR-FRA 1:1, FRO-SUI 1:3, IRL-ISR 2:2, FRO-IRL 0:2, FRO-CYP 0:3, SUI-ISR 1:1, FRA-FRO 3:0, FRO-ISR 0:2, CYP-SUI 1:3, IRL-FRA 0:1, ISR-FRO 2:1, CYP-IRL 0:1, SUI-FRA 1:1, IRL-SUI 0:0, FRA-CYP 4:0

1. Frankreich (FRA)	10	5	5	0	14:2	20
2. Schweiz (SUI)	10	4	6	0	18:7	18
3. Israel (ISR)	10	4	6	0	15:10	18
4. Irland (IRL)	10	4	5	1	12:5	17
5. Zypern (CYP)	10	1	1	8	8:20	4
6. Färöer-Inseln (FRO)	10	0	1	9	4:27	1

Gruppe 5

SVN-MDA 3:0, ITA-NOR 2:1, NOR-BLR 1:1, SCO-SVN 0:0, MDA-ITA 0:1, SCO-NOR 0:1, BLR-MDA 4:0, SVN-ITA 1:0, NOR-SVN 3:0, MDA-SCO 1:1, ITA-BLR 4:3, ITA-SCO 2:0, MDA-NOR 0:0, SVN-BLR 1:1, SCO-MDA 2:0, BLR-SVN 1:1, NOR-ITA 0:0, BLR-SCO 0:0, MDA-BLR 2:0, SCO-ITA 1:1, SVN-NOR 2:3, BLR-ITA 1:4, NOR-SCO 1:2, MDA-SVN 1:2, SCO-BLR 0:1, NOR-MDA 1:0, ITA-SVN 1:0, ITA-MDA 2:1, SVN-SCO 0:3, BLR-NOR 0:1

1. Italien (ITA)	10	7	2	1	17:8	23
2. Norwegen (NOR)	10	5	3	2	12:7	18
3. Schottland (SCO)	10	3	4	3	9:7	13
4. Slowenien (SVN)	10	3	3	4	10:13	12
5. Belorußland (BLR)	10	2	4	4	12:14	10
6. Moldawien (MDA)	10	1	2	7	5:16	5

Gruppe 6

NIR-POL 0:3, AZE-WAL 1:1, AUT-ENG 2:2, POL-ENG 1:2, AUT-AZE 2:0, WAL-NIR 2:2, ENG-WAL 2:0, AZE-NIR 0:0, AUT-POL 1:3, AZE-ENG 0:1, NIR-AUT 3:3, WAL-POL 2:3, ENG-NIR 4:0, WAL-AUT 0:2, POL-AZE 8:0, POL-NIR 1:0, AUT-WAL 1:0, ENG-AZE 2:0, AZE-POL 0:3, NIR-AZE 2:0, WAL-ENG 0:1, POL-AUT 3:2, AZE-AUT 0:0, POL-WAL 1:0, NIR-ENG 1:0, NIR-WAL 2:3, ENG-AUT 1:0, AUT-NIR 2:0, ENG-POL 2:1, WAL-AZE 2:0

1. England (ENG)	10	8	1	1	17:5	25
2. Polen (POL)	10	8	0	2	27:9	24
3. Österreich (AUT)	10	4	3	3	15:12	15
4. Nordirland (NIR)	10	2	3	5	10:18	9
5. Wales (WAL)	10	2	2	6	10:15	8
6. Aserbaidschan (AZE)	10	0	3	7	1:21	3

Gruppe 7

BEL-LTU 1:1, SMR-SCG 0:3, LTU-SMR 4:0, BIH-ESP 1:1, BIH-SCG 0:0, ESP-BEL 2:0, SCG-SMR 5:0, LTU-ESP 0:0, BEL-SCG 0:2, SMR-LTU 0:1, ESP-SMR 5:0, BEL-BIH 4:1, BIH-LTU 1:1, SMR-BEL 1:2, SCG-ESP 0:0, SCG-BEL 0:0, SMR-BIH 1:3, ESP-LTU 1:0, ESP-BIH 1:1, BIH-BEL 1:0, SCG-LTU 2:0, LTU-BIH 0:1, BEL-SMR 8:0, ESP-SCG 1:1, LTU-SCG 0:2, BIH-SMR 3:0, BEL-ESP 0:2, SCG-BIH 1:0, LTU-BEL 1:1, SMR-ESP 0:6

1. Serbien-Montenegro (SCG)	10	6	4	0	16:1	22
2. Spanien (ESP)	10	5	5	0	19:3	20
3. Bosnien-Herzegowina (BIH)	10	4	4	2	12:9	16
4. Belgien (BEL)	10	3	3	4	16:11	12
5. Litauen (LTU)	10	2	4	4	8:9	10
6. San Marino (SMR)	10	0	0	10	2:40	0

Gruppe 8

ISL-BUL 1:3, CRO-HUN 3:0, MLT-SWE 0:7, SWE-CRO 0:1, HUN-ISL 3:2, SWE-HUN 3:0, MLT-ISL 0:0, CRO-BUL 2:2, BUL-MLT 4:1, ISL-SWE 1:4, MLT-HUN 0:2, BUL-SWE 0:3, CRO-ISL 4:0, CRO-MLT 3:0, HUN-BUL 1:1, BUL-CRO 1:3, SWE-MLT 6:0, ISL-HUN 2:3, ISL-MLT 4:1, SWE-BUL 3:0, ISL-CRO 1:3, HUN-MLT 4:0, BUL-ISL 3:2, MLT-CRO 1:1, HUN-SWE 0:1, BUL-HUN 2:0, CRO-SWE 1:0, MLT-BUL 1:1, HUN-CRO 0:0, SWE-ISL 3:1

1. Kroatien (CRO)	10	7	3	0	21:5	24
2. Schweden (SWE)	10	8	0	2	30:4	24
3. Bulgarien (BUL)	10	4	3	3	17:17	15
4. Ungarn (HUN)	10	4	2	4	13:14	14
5. Island (ISL)	10	1	1	8	14:27	4
6. Malta (MLT)	10	0	3	7	4:32	3

Relegation

ESP-SVK 5:1/1:1, SUI-TUR 2:0/2:4, NOR-CZE 0:1/0:1

SÜDAMERIKA

4 Plätze: ARG, BRA, ECU, PAR

PER-BOL 4:1, BRA-VEN 3:0, URU-ARG 1:0, CHI-ECU 0:0, PAR-COL 0:1, ARG-PER 2:0, BOL-BRA 1:1, VEN-PAR 0:1, COL-CHI 1:1, ECU-URU 0:0, ARG-CHI 2:2, ECU-VEN 2:0, PER-PAR 4:1, URU-BOL 5:0, COL-BRA 1:2, VEN-ARG 0:3, CHI-PER 2:1, BOL-COL 4:0, PAR-URU 4:1, BRA-ECU 1:0, URU-CHI 2:1, COL-VEN 0:1, PAR-ECU 2:1, ARG-BOL 3:0, PER-BRA 1:1, VEN-BOL 2:1, CHI-PAR 0:1, COL-ARG 1:1, ECU-PER 0:0, BRA-URU 3:3, BOL-CHI 0:2, ARG-ECU 1:0, URU-VEN 0:3, PAR-BRA 0:0, PER-COL 0:2, BOL-PAR 2:1, VEN-CHI 0:1, URU-PER 1:3, ECU-COL 2:1, BRA-ARG 3:1, ECU-BOL 3:2, ARG-PAR 0:0, PER-VEN 0:0, COL-URU 5:0, CHI-BRA 1:1, PER-ARG 1:3, URU-ECU 1:0, BRA-BOL 3:1, PAR-VEN 1:0, CHI-COL 0:0, ARG-URU 4:2, BOL-PER 1:0, COL-PAR 1:1, VEN-BRA 2:5, ECU-CHI 2:0, BOL-URU 0:0, PAR-PER 1:1, CHI-ARG 0:0, BRA-COL 0:0, VEN-ECU 3:1, ECU-BRA 1:0, URU-PAR 1:0, COL-BOL 1:0, PER-CHI 2:1, ARG-VEN 3:2, BOL-ARG 1:2, VEN-COL 0:0, CHI-URU 1:1, BRA-PER 1:0, ECU-PAR 5:2, BOL-VEN 3:1, PAR-CHI 2:1, ARG-COL 1:0, URU-BRA 1:1, PER-ECU 2:2, COL-PER 5:0, ECU-ARG 2:0, VEN-URU 1:1, CHI-BOL 3:1, BRA-PAR 4:1, PER-URU 0:0, COL-ECU 3:0, PAR-BOL 4:1, CHI-VEN 2:1, ARG-BRA 3:1, BOL-ECU 1:2, PAR-ARG 1:0, VEN-PER 4:1, BRA-CHI 5:0, URU-COL 3:2

1. Brasilien (BRA)	18	9	7	2	35:17	34
2. Argentinien (ARG)	18	10	4	4	29:17	34
3. Ekuador (ECU)	18	8	4	6	23:19	28
4. Paraguay (PAR)	18	8	4	6	23:23	28
5. Uruguay (URU)	18	6	7	5	23:28	25
6. Kolumbien (COL)	18	6	6	6	24:16	24
7. Chile (CHI)	18	5	7	6	18:22	22
8. Venezuela (VEN)	18	5	3	10	20:28	18
9. Peru (PER)	18	4	6	8	20:28	18
10. Bolivien (BOL)	18	4	2	12	20:37	14

AFRIKA

5 Plätze: ANG, CIV, GHA, TOG, TUN

1. Runde

Guinea-Bissau (GNB)-**Mali (MLI)** 1:2/0:2, **Uganda (UGA)**-Mauritius (MRI) 3:0/1:3 n.V., Tansania (TAN)-**Kenia (KEN)** 0:0/0:3, Sao Tomé & Principe (STP)-**Libyen (LBY)** 0:1/0:8, Seychellen (SEY)-**Sambia (ZAM)** 0:4/1:1, Niger (NIG)-**Algerien (ALG)** 0:1/0:6, Madagaskar (MAD)-**Benin (BEN)** 1:1/2:3, Äquatorial-Guinea (EQG)-**Togo (TOG)** 1:0/0:2, **Botswana (BOT)**-Lesotho (LES) 4:1/0:0, **Burkina Faso (BFA)**-Zentralafrikanische Republik (CTA) kampflos, **Simbabwe (ZIM)**-Mauretanien (MTN) 3:0/1:2, Swasiland (SWZ)-**Kap Verde (CPV)** 1:1/0:3, **Sudan (SUD)**-Eritrea (ERI) 3:0/0:0, **Ruanda (RWA)**-Namibia (NAM) 3:0/1:1, **Guinea (GUI)**-Mosambik (MOZ) 1:0/4:3, Gambia (GAM)-**Liberia (LBR)** 2:0/0:3, Äthiopien (ETH)-**Malawi (MWI)** 1:3/0:0, Tschad (CHA)-**Angola (ANG)** 3:1/0:2, **Kongo (CGO)**-Sierra Leone (SLE) 1:0/1:1, Burundi (BDI)-**Gabun (GAB)** 0:0/1:4, Somalia (SOM)-**Ghana (GHA)** 0:5/0:2

Gruppe 1

ZAM-TOG 1:0, SEN-CGO 2:0, LBR-MLI 1:0, MLI-ZAM 1:1, CGO-LBR 3:0, TOG-SEN 3:1, SEN-ZAM 1:0, CGO-MLI 1:0, LBR-TOG 0:0, ZAM-LBR 1:0, TOG-CGO 2:0, MLI-SEN 2:2, LBR-SEN 0:3, TOG-MLI 1:0, CGO-ZAM 2:3, ZAM-CGO 2:0, SEN-LBR 6:1, MLI-TOG 1:2, CGO-SEN 0:0, TOG-ZAM 4:1, MLI-LBR 4:1, ZAM-MLI 2:1, SEN-TOG 2:2, LBR-CGO 0:2, ZAM-SEN 0:1, MLI-CGO 2:0, TOG-LBR 3:0, LBR-ZAM 0:5, SEN-MLI 3:0, CGO-TOG 2:3

1. Togo (TOG)	10	7	2	1	20:8	23
2. Senegal (SEN)	10	6	3	1	21:8	21
3. Sambia (ZAM)	10	6	1	3	16:10	19
4. Kongo (CGO)	10	3	1	6	10:14	10
5. Mali (MLI)	10	2	2	6	11:14	8
6. Liberia (LBR)	10	1	1	8	3:27	4

Gruppe 2

RSA-CPV 2:1, UGA-COD 1:0, BFA-GHA 1:0, CPV-UGA 1:0, GHA-RSA 3:0, COD-BFA 3:2, CPV-COD 1:1, RSA-BFA 2:0, UGA-GHA 1:1, BFA-UGA 2:0, COD-RSA 1:0, GHA-CPV 2:0, CPV-BFA 1:0, UGA-RSA 0:1, GHA-COD 0:0, RSA-UGA 2:1, BFA-CPV 1:2, COD-GHA 1:1, CPV-RSA 1:2, COD-UGA 4:0, GHA-BFA 2:1, UGA-CPV 1:0, RSA-GHA 0:2, BFA-COD 2:0, BFA-RSA 3:1, COD-CPV 2:1, GHA-UGA 2:0, RSA-COD 2:2, UGA-BFA 2:2, CPV-GHA 0:4

1. Ghana (GHA)	10	6	3	1	17:4	21
2. DR Kongo (COD)	10	4	4	2	14:10	16
3. Südafrika (RSA)	10	5	1	4	12:14	16
4. Burkina Faso (BFA)	10	4	1	5	14:13	13
5. Kap Verde (CPV)	10	3	1	6	8:15	10
6. Uganda (UGA)	10	2	2	6	6:15	8

Gruppe 3

CMR-BEN 2:1, CIV-LBY 2:0, SUD-EGY 0:3, LBY-CMR 0:0, BEN-SUD 1:1, EGY-CIV 1:2, SUD-LBY 0:1, CMR-CIV 2:0, BEN-EGY 3:3, LBY-BEN 4:1, EGY-CMR 3:2, CIV-SUD 5:0, LBY-EGY 2:1, SUD-CMR 1:1, BEN-CIV 0:1, CMR-SUD 2:1, CIV-BEN 3:0, EGY-LBY 4:1, LBY-CIV 0:0, BEN-CMR 1:4, EGY-SUD 6:1, CMR-LBY 1:0, CIV-EGY 2:0, SUD-BEN 1:0, LBY-SUD 0:0, CIV-CMR 2:3, EGY-BEN 4:1, SUD-CIV 1:3, CMR-EGY 1:1, BEN-LBY 1:0

1. Elfenbeinküste (CIV)	10	7	1	2	20:7	22
2. Kamerun (CMR)	10	6	3	1	18:10	21
3. Ägypten (EGY)	10	5	2	3	26:15	17
4. Libyen (LBY)	10	3	3	4	8:10	12
5. Sudan (SUD)	10	1	3	6	6:22	6
6. Benin (BEN)	10	1	2	7	9:23	5

Gruppe 4

GAB-ZIM 1:1, NGA-RWA 2:0, ALG-ANG 0:0, RWA-GAB 3:1, ZIM-ALG 1:1, ANG-NGA 1:0, RWA-ZIM 0:2, GAB-ANG 2:2, NGA-ALG 1:0, ZIM-NGA 0:3, ANG-RWA 1:0, ALG-GAB 0:3, RWA-ALG 1:1, GAB-NGA 1:1, ANG-ZIM 1:0, NGA-GAB 2:0, ZIM-ANG 2:0, ALG-RWA 1:0, ZIM-GAB

1:0, RWA-NGA 1:1, ANG-ALG 2:1, GAB-RWA 3:0, NGA-ANG 1:1, ALG-ZIM 2:2, ZIM-RWA 3:1, ANG-GAB 3:0, ALG-NGA 2:5, NGA-ZIM 5:1, RWA-ANG 0:1, GAB-ALG 0:0

1. Angola (ANG)	10	6	3	1	12:6	21
2. Nigeria (NGA)	10	6	3	1	21:7	21
3. Simbabwe (ZIM)	10	4	3	3	13:14	15
4. Gabun (GAB)	10	2	4	4	11:13	10
5. Algerien (ALG)	10	1	5	4	8:15	8
6. Ruanda (RWA)	10	1	2	7	6:16	5

Gruppe 5

MWI-MAR 1:1, TUN-BOT 4:1, BOT-MWI 2:0, GUI-TUN 2:1, BOT-MAR 0:1, MWI-GUI 1:1, KEN-MWI 3:2, MAR-TUN 1:1, GUI-BOT 4:0, MWI-TUN 2:2, BOT-KEN 2:1, GUI-MAR 1:1, KEN-GUI 2:1, MAR-KEN 5:1, KEN-BOT 1:0, TUN-MWI 7:0, MAR-GUI 1:0, BOT-TUN 1:3, MAR-MWI 4:1, GUI-KEN 1:0, TUN-GUI 2:0, MWI-BOT 1:3, KEN-MAR 0:0, TUN-KEN 1:0, KEN-TUN 0:2, MAR-BOT 1:0, GUI-MWI 3:1, MWI-KEN 3:0, BOT-GUI 1:2, TUN-MAR 2:2

1. Tunesien (TUN)	10	6	3	1	25:9	21
2. Marokko (MAR)	10	5	5	0	17:7	20
3. Guinea (GUI)	10	5	2	3	15:10	17
4. Kenia (KEN)	10	3	1	6	8:17	10
5. Botswana (BOT)	10	3	0	7	10:18	9
6. Malawi (MWI)	10	1	3	6	12:26	6

NORD- u. MITTELAMERIKA/KARIBIK (CONCACAF)

3 Plätze: CRC, MEX, USA

1. Runde

Antigua & Barbuda (ATG)-**Niederländische Antillen (ANT)** 2:0/0:3, Amerikanische Jungferninseln (VIR)-**St. Kitts & Nevis (SKN)** 0:4/0:7, **Haiti (HAI)**-Turks & Caicos-Inseln (TCA) 5:0/2:0, Britische Jungferninseln (VGB)-**St. Lucia (LCA)** 0:1/0:9, Kaiman-Inseln (CAY)-Kuba (CUB) 1:2/0:3, Grenada (GRN)-Guyana (GUY) 5:0/3:1, Aruba (ARU)-**Surinam (SUR)** 1:2/1:8, **Bermuda (BER)**-Montserrat (MSR) 13:0/7:0, **Dominikanische Republik (DOM)**-Anguilla (AIA) 0:0/6:0, **Dominica (DMA)**-Bahamas (BAH) 1:1/3:1

2. Runde

CUB-**Costa Rica (CRC)** 2:2/1:1, SUR-**Guatemala (GUA)** 1:1/1:3, HAI-Jamaika (JAM) 1:1/0:3, AHO-**Honduras (HON)** 1:2/0:4, USA-GRN 3:0/3:2, Nikaragua (NCA)-**St. Vincent/Grenadinen (VIN)** 2:2/1:4, **El Salvador (SLV)**-BER 2:1/2:2, DOM-**Trinidad & Tobago (TRI)** 0:2/0:4, **Panama (PAN)**-LCA 4:0/3:0, **Kanada (CAN)**-Belize (BLZ) 4:0/4:0, Barbados (BRB)-**SKN** 0:2/2:3, DMA-**Mexiko (MEX)** 0:10/0:8

3. Runde

Gruppe 1

JAM-USA 1:1, SLV-PAN 2:1, USA-SLV 2:0, JAM-PAN 1:2, PAN-USA 1:1, SLV-JAM 0:3, SLV-USA 0:2, PAN-JAM 1:1, USA-PAN 6:0, JAM-SLV 0:0, USA-JAM 1:1, PAN-SLV 3:0

1. USA	6	3	3	0	13:3	12
2. Panama (PAN)	6	2	2	2	8:11	8
3. Jamaika (JAM)	6	1	4	1	7:5	7
4. El Salvador (SLV)	6	1	1	4	2:11	4

Gruppe 2

CAN-GUA 0:2, CRC-HON 2:5, CAN-HON 1:1, GUA-CRC 2:1, HON-GUA 2:2, CRC-CAN 1:0, HON-CAN 1:1, CRC-GUA 5:0, CAN-CRC 1:3, GUA-HON 1:0, HON-CRC 0:0, GUA-CAN 0:1

1. Costa Rica (CRC)	6	3	1	2	12:8	10
2. Guatemala (GUA)	6	3	1	2	7:9	10
3. Honduras (HON)	6	1	4	1	9:7	7
4. Kanada (CAN)	6	1	2	3	4:8	6

Gruppe 3

VIN-TRI 0:2, SKN-TRI 1:2, TRI-MEX 1:3, VIN-SKN 1:0, MEX-VIN 7:0, TRI-SKN 5:1, VIN-MEX 0:1, SKN-VIN 0:3, MEX-TRI 3:0, SKN-MEX 0:5, TRI-VIN 2:1, MEX-SKN 8:0

1. Mexiko (MEX)	6	6	0	0	27:1	18
2. Trinidad & Tobago (TRI)	6	4	0	2	12:9	12
3. St. Vincent/G. (VIN)	6	2	0	4	5:12	6
4. St. Kitts & N. (SKN)	6	0	0	6	2:24	0

4. Runde

TRI-USA 1:2, PAN-GUA 0:0, CRC-MEX 1:2, CRC-PAN 2:1, GUA-TRI 5:1, MEX-USA 2:1, TRI-CRC 0:0, USA-GUA 2:0, PAN-MEX 1:1, TRI-PAN 2:0, USA-CRC 3:0, GUA-MEX 0:2, MEX-TRI 2:0, PAN-USA 0:3, CRC-GUA 3:2, USA-TRI 1:0, MEX-CRC 2:0, GUA-PAN 2:1, TRI-GUA 3:2, USA-MEX 2:0, PAN-CRC 1:3, CRC-TRI 2:0, GUA-USA 0:0, MEX-PAN 5:0, CRC-USA 3:0, MEX-GUA 5:2, PAN-TRI 0:1, GUA-CRC 3:1, USA-PAN 2:0, TRI-MEX 2:1

1. USA	10	7	1	2	16:6	22
2. Mexiko (MEX)	10	7	1	2	22:9	22
3. Costa Rica (CRC)	10	5	1	4	15:14	16
4. Trinidad & Tobago (TRI)	10	4	1	5	10:15	13
5. Guatemala (GUA)	10	3	2	5	16:18	11
6. Panama	10	0	2	8	4:21	2

ASIEN

4 Plätze: IRI, JPN, KOR, KSA

1. Runde

Turkmenistan (TKM)-Afghanistan (AFG) 11:0/2:0, **Taiwan (TPE)**-Macau (MAC) 3:0/3:1, Bangladesh (BAN)-**Tadschikistan (TJK)** 0:2/0:2, Pakistan (PAK)-**Kirgisien (KGZ)** 0:2/0:4, Laos (LAO)-**Sri Lanka (SRI)** 0:0/0:3, Mongolei (MGL)-**Malediven (MDV)** 0:1/0:12

2. Runde

Gruppe 1

JOR-LAO 5:0, IRN-QAT 3:1, LAO-IRN 0:7, JOR-QAT 1:0, IRN-JOR 0:1, QAT-LAO 5:0, LAO-QAT 1:6, JOR-IRN 0:2, LAO-JOR 2:3, QAT-IRN 2:3, QAT-JOR 2:0, IRN-LAO 7:0

1. Iran (IRN)	6	5	0	1	22:4	15
2. Jordanien (JOR)	6	4	0	2	10:6	12
3. Katar (QAT)	6	3	0	3	16:8	9
4. Laos (LAO)	6	0	0	6	3:33	0

Gruppe 2

UZB-IRQ 1:1, PLE-TPE 8:0, TPE-UZB 0:1, PLE-IRQ 1:1, UZB-PLE 3:0, IRQ-TPE 6:1, TPE-IRQ 1:4, PLE-UZB 0:3, IRQ-UZB 1:2, TPE-PLE 0:1, IRQ-PLE 4:1, UZB-TPE 6:1

1. Usbekistan (UZB)	6	5	1	0	16:3	16
2. Irak (IRQ)	6	3	2	1	17:7	11
3. Palästina (PLE)	6	2	1	3	11:11	7
4. Taiwan (TPE)	6	0	0	6	3:26	0

Gruppe 3

JPN-OMA 1:0, IND-SIN 1:0, SIN-JPN 1:2, IND-OMA 1:5, JPN-IND 7:0, OMA-SIN 7:0, IND-JPN 0:4 ; SIN-OMA 0:2, SIN-IND 2:0, OMA-JPN 0:1, JPN-SIN 1:0, OMA-IND 0:0

1. Japan (JPN)	6	6	0	0	16:1	18
2. Oman (OMA)	6	3	1	2	14:3	10
3. Indien (IND)	6	1	1	4	2:18	4
4. Singapur (SIN)	6	1	0	5	3:13	3

Gruppe 4

MAS-HKG 1:3, CHN-KUW 1:0, HKG-CHN 0:1, MAS-KUW 0:2, CHN-MAS 4:0, KUW-HKG 4:0, HKG-KUW 0:2, MAS-CHN 0:1, HKG-MAS 2:0, KUW-CHN 1:0, KUW-MAS 6:1, CHN-HKG 7:0

1. Kuwait (KUW)	6	5	0	1	15 :2	15
2. China (CHN)	6	5	0	1	14:1	15
3. Hongkong (HKG)	6	2	0	4	6:15	6
4. Malaysia (MAS)	6	0	0	6	2:18	0

Gruppe 5

YEM-PRK 1:1, UAE-THA 1:0, PRK-UAE 0:0, YEM-THA 0:3, THA-PRK 1:4, UAE-YEM 3:0, PRK-THA 4:1, YEM-UAE 3:1, PRK-YEM 2:1, THA-UAE 3:0, THA-YEM 1:1, UAE-PRK 1:0

1. Nordkorea (PRK)	6	3	2	1	11:5	11
2. Vereinigte Arab. Em. (UAE)	6	3	1	2	6:6	10
3. Thailand (THA)	6	2	1	3	9:10	7
4. Jemen (YEM)	6	1	2	3	6:11	5

Gruppe 6

KGZ-TJK 1:2, BHR-SYR 2:1, KGZ-SYR 1:1, TJK-BHR 0:0, BHR-KGZ 5:0, SYR-TJK 2:1, KGZ-BHR 1:2, TJK-SYR 0:1, TJK-KGZ 2:1, SYR-BHR 2:2, SYR-KGZ 0:1, BHR-TJK 4:0

1. Bahrain (BHR)	6	4	2	0	15:4	14
2. Syrien (SYR)	6	2	2	2	7:7	8
3. Tadschikistan (TJK)	6	2	1	3	5:9	7
4. Kirgistan (KGZ)	6	1	1	4	5:12	4

Gruppe 7

KOR-LIB 2:0, VIE-MDV 4:0, VIE-LIB 0:2, MDV-KOR 0:0, KOR-VIE 2:0, LIB-MDV 3:0, VIE-KOR 1:2, MDV-LIB 2:5, MDV-VIE 3:0, LIB-KOR 1:1, KOR-MDV 2:0, LIB-VIE 0:0

1. Südkorea (KOR)	6	4	2	0	9:2	14
2. Libanon (LIB)	6	3	2	1	11:5	11
3. Vietnam (VIE)	6	1	1	4	5:9	4
4. Malediven (MDV)	6	1	1	4	5:14	4

Gruppe 8

TKM-SRI 2:0, KSA-IDN 3:0, SRI-KSA 0:1, TKM-IDN 3:1, IDN-SRI 1:0, KSA-TKM 3:0, SRI-IDN 2:2, TKM-KSA 0:1, SRI-TKM 2:2, IDN-KSA 1:3, IDN-TKM 3:1, KSA-SRI 3:0

1. Saudi-Arabien (KSA)	6	6	0	0	14:1	18
2. Turkmenistan (TKM)	6	2	1	3	8:10	7
3. Indonesien (IDN)	6	2	1	3	8:12	7
4. Sri Lanka (SRI)	6	0	2	4	4:11	2

3. Runde

Gruppe A

UZB-KSA 1:1, KOR-KUW 2:0, KSA-KOR 2:0, KUW-UZB 2:1, KOR-UZB 2:1, KUW-KSA 0:0, UZB-KOR 1:1, KSA-KUW 3:0, KUW-KOR 0:4, KSA-UZB 3:0, KOR-KSA 0:1, UZB-KUW 3:2

1. Saudi-Arabien (KSA)	6	4	2	0	10:1	14
2. Südkorea (KOR)	6	3	1	2	9:5	10
3. Usbekistan (UZB)	6	1	2	3	7:11	5
4. Kuwait (KUW)	6	1	1	4	4:13	4

Gruppe B

JPN-PRK 2:1, BHR-IRN 0:0, PRK-BHR 1:2, IRN-JPN 2:1, PRK-IRN 0:2, JPN-BHR 1:0, IRN-PRK 1:0, BHR-JPN 0:1, PRK-JPN 0:2, IRN-BHR 1:0, JPN-IRN 2:1, BHR-PRK 2:3

1. Japan (JPN)	6	5	0	1	9:4	15
2. Iran (IRN)	6	4	1	1	7:3	13
3. Bahrain (BHR)	6	1	1	4	4:7	4
4. Nordkorea (PRK)	6	1	0	5	5:11	3

Entscheidungsspiel: UZB-**BHR** 1:0/1:1/0:0

OZEANIEN

1. Runde

Gruppe 1

SOL-TON 6:0, TAH-COK 2:0, SOL-COK 5:0, TAH-NCL 0:0, TON-COK 2:1, SOL-NCL 2:0, NCL-COK 8:0, TAH-TON 2:0, NCL-TON 8:0, SOL-TAH 1:1

1. Salomonen (SOL)	4	3	0	14:1 10		
2. Tahiti (TAH)	4	2	2	0	5:1	8
3. Neukaledonien (NCL)	4	2	1	1	16:2	7
4. Tonga (TON)	4	1	0	3	2:17	3
5. Cook-Inseln (COK)	4	0	0	4	1:17	0

Gruppe 2

PNG-VAN 1:1, SAM-ASA 4:0, ASA-VAN 1:9, FIJ-PNG 4:2, FIJ-ASA 11:0, SAM-VAN 0:3, ASA-PNG 0:10, SAM-FIJ 0:4, FIJ-VAN 0:3, SAM-PNG 1:4

1. Vanuatu (VAN)	4	3	1	0	16:2	10
2. Fidschi-Inseln (FIJ)	4	3	0	1	19:5	9
3. Papua-Neuguinea (PNG)	4	2	1	1	17:6	7
4. Samoa (SAM)	4	1	0	3	5:11	3
5. Amerik. Samoa (ASA)	4	0	0	4	1:34	0

2. Runde

VAN-SOL 0:1, TAH-FIJ 0:0, AUS-NZL 1:0, NZL-SOL 3:0, AUS-TAH 9:0, FIJ-VAN 1:0, AUS-FIJ 6:1, TAH-SOL 0:4, NZL-VAN 2:4, NZL-TAH 10:0, FIJ-SOL 1:2, VAN-AUS 0:3, TAH-VAN 2:1, FIJ-NZL 0:2, SOL-AUS 2:2

1. Australien (AUS)	5	4	1	0	21:3	13
2. Salomonen (SOL)	5	3	1	1	9:6	10
3. Neuseeland (NZL)	5	3	0	2	17:5	9
4. Fidschi-Inseln (FIJ)	5	1	1	3	3:10	4
5. Tahiti (TAH)	5	1	1	3	2:24	4
6. Vanuatu (VAN)	5	1	0	4	5:9	3

3. Runde

AUS-SOL 7:0/2:1

INTERKONTINENTALE RELEGATION

2 Plätze: TRI, AUS

TRI-BRN 1:1/1:0, URU-**AUS** 1:0/0:1 n.V., 2:4 n. 11-m-Schießen

Teilnahme: 194 Länder

keine Beteiligung: 11 Länder

Bhutan (BHU), Brunei Darussalam (BRU), Djibuti (DJI), Guam (GUM), Kambodscha (CAM), Komoren (COM), Myanmar (MYA), Nepal (NEP), Philippinen (PHI), Puerto Rico (PUR), Timor-Leste (TLS)

IMPRESSUM

Neue Grünstraße 18, 10179 Berlin

ISBN-10: 3-360-01285-2
ISBN-13: 978-3-360-01285-2

Lierhaus, Monica (Hg); Kluge, Volker (Red)

Projektmanagement: creAtiv Werbeagentur, Berlin
Umschlag/Layout/DTP: Sibylle Bock, Berlin
Übersetzung: Donald Macgregor, St. Andrews, Schottland
Repro: Magentur Gesellschaft für Kommunikation und Medien GmbH, Berlin
Druck: Druckerei Wagner GmbH, Großschirma
Papier: Luxo Samtoffset / Furioso, geliefert von Schneidersöhne Deutschland, gefertigt von M-real Biberist

Redaktionsschluß: 09.07.2006

Fotos: dpa Picture-Alliance GmbH, EPA
Oliver Berg, Uli Deck, Arne Dedert, Maurizio Gambarini, Gero Breloer, Michael Hanschke, Felix Heyder, Carmen Jaspersen, Reiner Jensen, Daniel Karmann, Peter Kneffel, Youri Kochetkov, Wolfgang Kumm, Kim Ludbrook, Frank May, Kay Nietfeld, Robert Ghement, Alexander Rüsche, Achim Scheidemann, Matthias Schrader, Patrick Seeger, Bernd Settnik, Bernd Thissen, Rolf Vennenbernd, Ingo Wagner, Roland Weihrauch, Oliver Weiken, Bernd Weißbrod, Ronald Wittek, Jan Woitas, Jens Wolf, Rungroj Yongrit und viele weitere dpa-Fotografen

Zusatzmotive: Archiv Kluge (25), Bettina Fürst-Fastré (1), thorsten-eichhorst.com (1), Weise (2), Privat (12)

www.das-neue-berlin.de

NONSTOP POP UND ROCK
DIE NEUE